Wahrnehmung von Gegenwart

Interventionen 1

Eine Koproduktion von
Stroemfeld/Roter Stern, Basel und Frankfurt am Main
und
Museum für Gestaltung Zürich

Wahrnehmung von Gegenwart

Interventionen von

Hartmut Böhme

Karl Heinz Bohrer

Christina von Braun

Jean François Lyotard

Eva Meyer

Hans Ulrich Reck

Hans-Wolfgang Schaffnit

Wolfgang Welsch

herausgegeben von

Jörg Huber

Stroemfeld / Roter Stern

Museum für Gestaltung Zürich

CIP-Titelaufnahme der Deutschen Bibliothek

Wahrnehmung von Gegenwart:
Interventionen/Museum für Gestaltung Zürich.
Von Hartmut Böhme ... Hrsg. von Jörg Huber. –
Basel; Frankfurt am Main: Stroemfeld/Roter Stern, 1992
(Interventionen; 1)

ISBN 3-87877-403-6

NE: Böhme, Hartmut; Huber, Jörg [Hrsg.];
Museum für Gestaltung ‹Zürich›; GT

Copyright © 1992 für diese Ausgabe
Stroemfeld/Roter Stern
CH-4007 Basel, Oetlingerstraße 19
D-6000 Frankfurt am Main, Holzhausenstraße 4
und
Museum für Gestaltung Zürich
CH-8031 Zürich, Ausstellungsstraße 60
Alle Rechte vorbehalten.
Die Rechte für die einzelnen Beiträge liegen bei den Autoren.

Gesamtherstellung
Offizin Andersen Nexö Leipzig

Inhalt

Jörg Huber *Vorwort*	7
Jean François Lyotard *Eine postmoderne Fabel*	15
Hartmut Böhme *Aussichten einer ästhetischen Theorie derNatur*	31
Wolfgang Welsch *Zwei Wege der Ästhetisierung*	55
Karl Heinz Bohrer *Zeit und Imagination – Die Zukunftslosigkeit der Natur*	81
Eva Meyer *Erzählen und Zählen*	103
Hans-Wolfgang Schaffnit *Die Armut des Individuums in der Gesellschaft offenbarer Indifferenz*	121
Christina von Braun *Nada Dada Ada – oder Die Liebe im Zeitalter ihrer technischen Reproduzierbarkeit*	137
Hans Ulrich Reck *Medientheorie und -technologie als Provokation gegenwärtiger Ästhetiken*	169
Zu den AutorInnen	189

Vorwort

Ausgangspunkt der vorliegenden Arbeiten bildet die Absicht, Fragen der Ästhetik und Gestaltung in der Kontextualität von Gesellschafts- und Naturgeschichte, von Kulturbetrieb und philosophischer Theorie zu entwerfen. Dabei stand das Interesse im Zentrum, in der Reflexion des Infragestellens die Funktionsweisen kultureller Prozesse und künstlerischer Produktion, das heißt auch des Denkens, der Wahrnehmung, der Imagination zu beobachten und darzustellen.

Die Gegenwart ist uns Heutigen selbst in vielfachem Sinn »bedenklich« geworden. Die »Neue Unübersichtlichkeit« als Epochen-Logos kursiert Jahre nach seiner Prägung ebenso inflationär wie das seit den frühen achtziger Jahren gängige Präfix »post-«, das scheinbar beliebig jeder kategorialen Beschreibung von gesellschaftlichen, politischen und kulturellen Zuständen vorangestellt werden kann. Während sich die Zeitgeschehen beschleunigen und die politischen Landschaften in stetem Wandel sich befinden, werden im Kostüm wiederholter fin de siècle-Stimmung Wendungen von »menschheitsgeschichtlicher Dimension« prognostiziert. Reelle und hysterische Pandemien bedrängen die Individuen mit Ungewissheit und erwecken Ängste in einer Zeit, in der der Verlust von Letztbegründungen und übergreifend verbindlichen Ideen eine alte Geschichte ist, und in der die Zerstörung der Natur in uns und außer uns zum Feuilleton-Thema gemacht wird. Restauration wird restauriert. Manche suchen ihr Heil in ethnischer und regionaler Selbstbesinnung. Gedächtnis und Erinnerung werden zum ideologischen Programm. In derselben Tendenz erprobt man das Zukünftige als das Machbare in simulativen Szenarien und der Mensch sich als künstliche Reproduktion seiner selbst sowie als Astro- und Bionaut. Die weltweite mediale Verschaltung der Individuen und die damit begründete Gleichzeitigkeit sowie Ortlosigkeit des Vorgehens und seiner Wahrnehmung schafft nicht Übersicht, sondern befördert das Diffundieren von Realem und Fiktivem, von Erlebtem und Gedachtem. Die Verlustmeldungen von »Wirklichkeit« häufen sich wie das Begehren nach Unmittelbarkeit und Authentischem sich steigert. Die als total erfahrene Mediatisierung der Produktion und Rezeption von Realitäten verlangt nach einer Inszenierung des Zufälligen und nach einer Sensibilität für die Ereignisse kodierter Wahrnehmung. Vielfältige, gleich gültige Lebenskonzepte und -formen, Diskurse und Sinngestalten treten in Konkurrenz. Sie betreffen nicht nur die Umstände, sondern auch das Individuum in seiner Selbstbehauptung und -darstellung. Und sie betreffen die Produktion der Wahrnehmung von Wirklichkeiten. Es gilt also in der Differenzerfahrung das Unterscheiden zu lernen und die normativen Vorprägungen und Denkperspektiven zu dekonstruieren.

Die hier versammelten Beiträge haben, was ihre Veranlassung anbelangt, darin ein Gemeinsames. Die »Gattungsbezeichnung« der *Intervention* verweist auf die Absicht, nicht Prognosen zu unternehmen oder irgendeinen Verlust von »Welt« oder Orientierung zu beklagen, sondern gegen die Beliebigkeit von Denkperspektiven und die Borniertheit der institutionalisierten Fachdisziplinierung der Diskurse einen Raum eigensinniger Eingriffe in die laufenden Debatten offen zu halten. Thematisch und methodisch offen ist denn auch die Zusammenstellung dieser *Interventionen* konzipiert. Organisiert wurde die Vortrags- und Seminarreihe von der Institution »Höhere Schule und Museum für Gestaltung Zürich«, einem Ort der Vermittlung von Theoriebildung und Praxis im Widerstreit von professionellen und Laienkulturen in verschiedenen Bereichen der Ästhetik und Gestaltung.

Probleme der Ästhetik im Kontext aktueller Kulturstrategien bilden den allgemeinen Rahmen der *Interventionen*:

Ästhetik
- in der Abgrenzung zu den »Nachbardisziplinen« der Geschichtstheorie und Philosophie
- und ihr Gegenstandsbereich, die »Künste«, in Bezug auch auf die neuen Medientheorien und -technologien,
- im Spannungsfeld von Kultur und Natur,
- im Gesamtzusammenhang einer Gestaltung von Lebenswelten,
- im Kontext von sinnlicher Wahrnehmung *(aisthesis)* und vernunftsorientiertem Logozentrismus der Gesellschaftsgeschichte,

- in Bezug auf die Herstellung und Rezeption sozialer Interaktion,
- als Mittel der Selbstunterscheidung der Individuen.

Diese »Ästhetik-Debatte« ergibt sich aus der Entwicklungsgeschichte der Moderne, die zur gegenwärtigen Reflexion ihrer Bedingtheit geführt hat.

Zu den einzelnen Beiträgen

Jean François Lyotard, der seit über zehn Jahren an der Beschreibung der Postmoderne arbeitet, begreift diese nicht als neue Epoche, sondern als weitere Phase in der Entwicklung der Moderne. Sie muß ihre eigenen Bedingungen verstehen. Die Form, die Lyotard diesmal seiner Beschreibung gibt, ist die der Fabel, und zwar einer Fabel, die, so Lyotards Konstruktion, die Postmoderne selber erzählt. Er versucht diese Fabel von den »großen Erzählungen« , die die Moderne immer wieder entwarf, zu unterscheiden: Die Menschheitsgeschichte ist nur eine Phase im kosmischen Ereignis. Während die »großen Erzählungen« das Denken und die Praxis perspektivisch ausrichten – eschatologisch, zukunftsvergewissernd und fortschrittsgläubig –, will Lyotard, das Berechenbare und das Machbare der Zukunft relativierend, das Augenmerk auf das Ereignishafte richten, für das der Mensch, je gegenwärtig, (wieder) empfänglich werden muß. Dieser »unkontrollierten«, unmittelbaren, zu-fälligen Wahrnehmung von gegenwärtigen Ereignissen entspricht denn auch Lyotards Selbstverständnis als Fabelerzähler, in dem er sich nicht als Autor, sondern als »Medium« begreifen möchte.

Hartmut Böhme sucht die neue Selbstbegrenzung des Menschen im Verhältnis zur Natur in sich und außer sich. Die Rahmenbedingungen steckt auch hier die Geschichte der Moderne ab, die von der Befreiung des Individuums aus der selbstverschuldeten Unmündigkeit zu dessen mündiger Selbstverschuldung geführt hat. Gegen die eskalierende Naturzerstörung sind ökologische Gegenbewegungen und Systemtheorien von durchaus punktueller Bedeutung. Sie vermögen grundsätzlich die Krise der Natur jedoch nicht zu lösen. Gefordert ist vielmehr eine ästhetische Theorie, die den Ansatz bildet für die Formulierung eines »naturphilosophisch Angemessenen«. Das verlangt nicht zuletzt eine Sensibilisierung der Naturwahrnehmung. Die »Anmutungen« der Natur stellen eine subversive Kraft dar gegen die Zweckrationalität der

Naturausbeutung im Dienste des Fortschritts. Gegenüber der Ästhetik der Kultur fordert die Ästhetik der Natur ihr Recht ebenso wie gegenüber den Naturwissenschaften.

Wolfgang Welsch hebt ebenfalls die Bedeutung der sinnlichen Wahrnehmung, der *aisthesis*, im Widerstreit mit dem Rationalismus der Moderne hervor. Die Entwicklung der Moderne, so Welsch, tendiert auf eine Ästhetisierung sämtlicher Lebenssphären, die allerdings heute in verschiedenen Bereichen in ihr Gegenteil, in Anästhetisierung umschlägt. In der Geschichte der Moderne ist gleichzeitig aber ein zweiter Weg der Ästhetisierung, der »wissensbezogene, epistemologische Weg« angelegt und ausgebildet. Auf diesen gilt es heute zu setzen: Der totalen Ästhetisierung und Anästhetisierung der Lebenswelten kann man nur kritisch begegnen, indem man Ästhetik auf *aisthesis* zurückführt und das Denken als ästhetisches in der sinnlichen Wahrnehmung begründet.

Karl Heinz Bohrer widerspricht dieser Ausweitung des Begriffs der Ästhetik. Er zeigt, daß die Ästhetik als Theorie ihren spezifischen Gegenstand hat. Sie läßt sich nicht auf einen lebensweltlichen Handlungszusammenhang anwenden. An Beispielen der klassischen modernen Literatur erarbeitet Bohrer die Kategorie des »absoluten Präsens« und wendet sich mit ihr gegen die Geschichtstheorie und die Philosophie. Die Ästhetik hat sich von deren Vormundschaft zu befreien. Bohrer beruft das Ästhetische in der modernen Literatur beispielhaft im augenblicklichen Jetzt zeitloser Gegenwartserfahrung. Und er stellt diese der Zeiterfahrung des Ideenromans und der kommentierenden, agitierenden Literatur gegenüber: Das ästhetische Moment entzieht sich sowohl den »großen Erzählungen« wie auch den gestalterischen Zurichtungen der Lebenswelt. Will ein Ästhetisches sich auf Zukünftiges ausrichten, hat es keine Zukunft. Es hat vielmehr und ausschließlich statt im Aufblitzen eines unverfügbaren Ereignisses von Anmutung und Empfängnis. Dies jedoch, so betont Bohrer in kritischer Wendung gegen George Steiner, ohne metaphysische Referenz.

Eva Meyer geht in ihren Ausführungen von der Philosophie Gotthard Günthers aus. Diese wendet sich gegen die tradierten Einheitskonzepte von »Welt« und Geschichte, die selbst den pragmatisch orientierten Theorien einer vernunftsbegründeten Kommunikationsgesellschaft immer noch zugrunde liegen. Sie sind Beispiel für den vergeblichen Versuch, den sogenannten postmodernen Pluralismus in der Ausrichtung auf einen durch Kommunikation hergestellten allgemein verbindlichen Konsens zu überwinden. Günther verweist dagegen mit Nachdruck darauf, daß das Prinzip der Evidenz, das Kommunikation unter verschiedenen Individuen überhaupt ermöglicht, von der Erfahrung der Differenz geprägt ist. Das Individuum erfährt sich in einer Vielfalt von Kontexten, in der sich auch Kommunikation ereignet und ihre Grenzen findet. Diese Vielfalt ist nicht aufzulösen – und schon gar nicht durch Kommunikation. Nur die Logik, die in ihr eine begrenzte Rolle spielt, zeichnet sich durch Einheitlichkeit aus. Aus der Anerkennung dieser Polykontextualität entwickelt Günther »ein neues Konzept von Sprache und Schrift, von Begriff und Zahl«, das nach Eva Meyer in dem Erzählbegriff Gertrude Steins eine Entsprechung findet. Ihn entwickelt Eva Meyer in ihrem Vortrag.

Hans-Wolfgang Schaffnit bestätigt, daß die Erfahrung der Differenz nicht zu beseitigen ist. Er geht aber weiter und stellt fest, daß, indem die Individuen sich in verschiedenen gleich gültigen Differenzen darstellen und behaupten, sie in ihrer Gesellschaft Indifferenz erfahren. Darin liegt die »Armut« des Individuums begründet. Es erfährt die Vergeblichkeit seiner gleich gültigen Illusionen und muß sich in ihnen zu orientieren erst lernen. Schaffnit fragt sich als Philosoph und Epigone gleich gültiger Philosophie aber auch, was das Individuum gewinnt, wenn es die neue Freiheit in der Gleich-Gültigkeit des sich Darstellenden unter sich ebenso Darstellenden erfährt. Aus der Konkurrenz der sich gleich gültig Darstellenden ergibt sich die Frage, wie es dem Individuum in der »Gesellschaft offenbarer Indifferenz« überhaupt gelingen kann, eine »Sprache«, einen »Ausdruck seiner Aufrichtigkeit« zu finden.

Christina von Braun behandelt in ihrem Beitrag ebenfalls Probleme einer Differenzerfahrung: »Welche Bedeutung hat der neue Mythos von Andersartigkeit für das weibliche und männliche Selbstbild, für das Begehren und für das künstlerische Schaffen?« Sie untersucht dazu den Topos der Geschwisterliebe in verschiedenen literarischen Beispielen. In der deutschsprachigen Literatur vor 1945 wird dieses Motiv oft als symbiotisches Ereignis interpretiert, in dem die Frau geopfert wird, während der Mann sich als Autor und Erlöser erfährt. Dem gegenüber stellt von Braun die Konzepte von Marguerite Duras und Vladimir Nabokov, in denen die Schwester, wenn auch auf unterschiedliche Weise, ihre Andersartigkeit erhalten kann. An Nabokovs *Ada oder Das Verlangen* kann sie zeigen: die literarische Imagination des Mannes Nabokov und sein Liebesmythos lassen eine Andersartigkeit der Frau nur als Bild männlicher Vorstellung zu. Die Frau könne selbst als Schriftstellerin ihre Eigenständigkeit nur in Bezug auf dieses Bild verwirklichen. Sie entkomme diesem »double bind« nur im Tod, der »zur einzigen Möglichkeit einer Unterscheidung zwischen dem Ich und dem fiktiven Frauenbild wird«.

Hans Ulrich Reck kritisiert ästhetische Theorien wie auch die institutionell etablierte Kunstgeschichte insgesamt, die vorgeben, ihren Gegenstand, die »Kunst«, beschreiben und bestimmen zu können, und die das auch heute tun, ohne die neuen Horizonte der Medientechnologien zu berücksichtigen. Es kann nicht darum gehen, so Reck, die neuen Medien als weiteres »Thema« in überlieferte Ästhetiken einzubeziehen. Es gilt vielmehr, eine grundsätzliche nachholende Reflexion einzuleiten: Die geforderte Medientheorie, die durch die aktuelle künstlerische Praxis inspiriert ist, muß und kann erst ästhetische Theorie und Kunstgeschichte begründen. Die gegenwärtige visuelle Kultur hat die wertende Unterscheidung von hoher Kultur und Massenkultur aufgelöst zugunsten einer Vielfalt gleich gültiger Mediatisierungen ästhetischer Produktion und sinnlicher Wahrnehmung. Reck untersucht das an der Veränderung der Kategorien Körper, Sehen und Zeit. Differenzierungen und Unterscheidungen sind dringlich, denn die Verselbständigung apparativer Logistik und die besinnungslose Euphorie totaler Ästhetisierung entwickeln ihr Potential rücksichtslos gegen ihre akademische Vernachlässigung. Nur wird sich die Medientheorie nicht auf Moral stützen und keine Wertmaßstäbe setzen, sondern wird Differenzleistungen gleich gültiger Medien- und Kunststrategien in ihrer Selbstreferenz anerkennen müssen. Denn diese beweisen sich in der Gestaltung von mächtigen Lebenswelten.

Die hier zusammengestellten *Interventionen* wurden 1991 erstmals als Projekt der Information, Diskussion und persönlicher Kontakte initiiert. In der vorliegenden Publikation sind die zum Teil überarbeiteten Vortragstexte wiedergegeben. Im Umfeld der seminarartigen Gespräche, die in dieses Buch nicht Eingang finden konnten, ergab sich eine Vielfalt von Anregungen und Kontroversen, die die Veranstalter und den Herausgeber animierten, das Projekt in den kommenden Jahren weiterzuführen und in ähnlicher Form zu dokumentieren.

Abschließend sei den Referentinnen und Referenten sowie allen, die zum Gelingen des Projekts und der Publikation beigetragen haben, bestens gedankt. Namentlich danken möchte ich Christina Reble, Hans Ulrich Reck, Alois Martin Müller, Martin Heller, Rudolf Schilling und Hans-Wolfgang Schaffnit. Sie alle haben wesentlich in verschiedenen Bereichen mitorganisierend und mitdenkend an der Konzeption und Durchführung der »Interventionen 1991« sowie an der Herstellung der Publikation mitgewirkt.

Jörg Huber

Jean François Lyotard

Eine postmoderne Fabel

Womit hatte das Menschliche und sein Gehirn, vielmehr das Gehirn und sein Menschliches, wohl Ähnlichkeit, im Moment, wo es den Planeten Erde, vor dessen Zerstörung, für immer verließ – darüber sagte die Geschichte nichts.

So schließt die Fabel, die wir hören werden. Die Sonne wird explodieren. Das ganze Sonnensystem, der kleine Planet Erde eingeschlossen, verwandelt sich in eine riesige Nova. Viereinhalb Milliarden Sonnenjahre sind vergangen seit dem Zeitpunkt, zu welchem diese Fabel sich erzählt. Das Ende der Geschichte war von diesem Moment an bereits vorgegeben.

Ist es wirklich eine Fabel? Die Lebensdauer eines Gestirns ist wissenschaftlich bestimmbar. Ein Gestirn ist eine Glut, eine Feuerstätte im leeren Raum, die ihre Elemente transformiert, indem sie sich selbst aufzehrt. Ein Gestirn ist also auch ein Labor. Als Glut wird es schließlich erlöschen, das Labor wird geschlossen. Das Aufleuchten der Glut kann analysiert, ihre Zusammensetzung definiert werden. Somit läßt sich sagen, wann die Glut erlöschen wird. Dies ist auch der Fall für das Gestirn namens Sonne. In sich ist die Erzählung vom Ende der Erde nicht fiktiv. Sie ist eher realistisch.

Was Anlaß zum Träumen gibt in den letzten Worten der Geschichte, die hier am Anfang stehen, ist nicht der Befund, daß die Erde mit der Sonne verschwinden soll, sondern daß es etwas gibt, das dem Feuer der Systeme und seiner Asche entkommen muß. Und so zögert die Fabel auch, das, was überleben soll, zu benennen: Ist es das Menschliche und sein Gehirn oder das Gehirn und sein Menschliches? Und schließlich: Wie läßt sich dieses »entkommen muß« verstehen? Bezeichnet das »muß« eine Notwendigkeit, eine Pflicht, eine Eventualität?

Die Ungewißheit ist nicht weniger realistisch als die Vorhersage des großen Untergangs.

Man sieht den immensen Schutthaufen, der die Erde vor dem Tod der Sonne über Jahrtausende hinweg sein wird. Die Menschheit – das, was dann vielleicht noch Menschheit genannt wird, – bereitet minutiös die Raumschiffe für ihren Exodus vor. Sie hat eine ganze Vorortlandschaft von Raumfahrtstationen errichtet, die als Relais dienen sollen, und richtet nun die Raketen gegen den Himmel. Sie legt die Verladeoperationen fest.

Solch ameisenhafte Betriebsamkeit kann mit einigem Realismus betrachtet werden, sind doch bestimmte Mittel schon realisierbar zu der Zeit, in der die Fabel sich erzählt. Es bleiben nurmehr wenige Milliarden Sonnenjahre, um die restlichen Mittel zu realisieren. Im besonderen: um das, was sich heute Menschheit nennt, zu befähigen, diese Mittel zu realisieren. Es gibt noch viel zu tun, und die Menschen *müssen* sich sehr ändern, um dorthin zu gelangen. Die Fabel sagt, daß sie es schaffen können (als Eventualität), daß sie es schaffen müssen (als Notwendigkeit) und daß es in ihrem Interesse liegt, es zu schaffen (als Pflicht). Die Fabel kann aber nicht sagen, was dann aus den Menschen geworden sein wird. – Hier nun, was die Fabel erzählte:

In der unermeßlichen Weite des Kosmos geschah es, daß die zufällig auf Partikel verteilte Energie sich hier und dort zu Körpern zusammenschloß. Diese Körper bildeten isolierte Systeme: Galaxien, Gestirne. Sie verfügten über eine begrenzte Menge an Energie, die sie aufzehrten, um sich als stabile Systeme zu erhalten. Dabei transformierten sie beständig die Partikel, aus welchen sie zusammengesetzt waren, und setzten dabei neue Partikel frei, im besonderen Lichtquanten und Wärme. Ohne die Zufuhr neuer Energie jedoch waren diese Systeme dazu bestimmt, mit der Zeit zu verschwinden, weil die Energie immer knapper wurde. In ihrer differentiellen Anordnung, die die Umwandlungsarbeit und das Überleben des Ganzen garantierte, begann die Energie sich zu desorganisieren, kehrte in ihren wahrscheinlichsten Zustand – das Chaos – zurück und verteilte sich völlig zufällig im Raum. Dieser Prozeß war schon seit langem bekannt und mit dem Begriff Entropie bezeichnet worden.

In einem winzigen Teil der kosmischen Unendlichkeit existierte ein winziges galaktisches System namens Milchstraße und inmitten seiner Milliarden Gestirne, aus denen es sich zusammensetzte, gab es eines na-

mens Sonne. Wie alle geschlossenen Systeme, sendete die Sonne Wärme, Licht und Strahlungen aus in Richtung der Körper, auf die ihre Anziehung wirkte. Und wie für alle geschlossenen Systeme war die Lebenserwartung der Sonne durch die Entropie begrenzt; als die Fabel erzählt wurde, hatte die Sonne gerade etwa die Hälfte ihrer Zeit gelebt.

Unter den Planeten war auch die Erde. Und auf ihrer Oberfläche geschah etwas Unerwartetes. Durch die zufällige Abwandlung von verschiedenen Energieformen – die konstitutiven Moleküle der terrestrischen Elemente, im besonderen das Wasser, die Filtration der Sonnenstrahlen durch die Atmosphäre, die Raumtemperatur etc. – geschah es, daß sich die molekularen Systeme durch Synthese mit komplexeren und unwahrscheinlicheren Systemen, den Zellen, verbanden. Dies war das erste Ereignis, dessen rätselhaftes Eintreffen den ganzen Verlauf der Geschichte bestimmen wird – und auch die Möglichkeit, diese Geschichte zu erzählen. Die Bildung sogenannt lebender Zellen bedeutete in der Tat, daß differenzierte Systeme einer bestimmten Ordnung – das Mineralreich – unter den Bedingungen, die damals auf der Erdoberfläche herrschten, noch differenziertere Systeme einer höheren Ordnung produzieren konnten: die ersten Algen. Ein gegenläufiger Prozeß zur Entropie war also möglich.

Ein besonders auffälliges Zeichen dieser Komplexifizierung, wie sie die Einzeller darstellten, war ihre Fähigkeit, sich durch Teilung in zwei in Bezug zum Original praktisch identische, aber unabhängige Hälften zu reproduzieren. Die Fortpflanzung durch Teilung schien das Fortleben der einzelligen Systeme insgesamt zu garantieren, ungeachtet des Verschwindens der Einzelwesen selbst.

So entstanden Leben und Tod. Im Unterschied zu den Molekülen, waren die lebenden Systeme gezwungen, regelmäßig von außen Energie aufzunehmen, um zu überleben; sie brauchten Stoffwechsel. Diese Abhängigkeit machte sie einerseits außerordentlich fragil, lebten sie doch in der ständigen Bedrohung, daß die für ihren Stoffwechsel benötigte Energie ausgehen könnte. Andrerseits entzogen sie sich, durch diesen Zufluß von äußerer Energie, dem absehbaren Schicksal des zeitigen Verschwindens, das die isolierten Systeme gewöhnlich ereilte. Über ihre Lebenserwartung konnte – zumindest in bestimmtem Maß – verhandelt werden.

Ein anderes Ereignis bewegte die lebenden Systeme: das der geschlechtlichen Fortpflanzung. Diese Prozedur der Fortpflanzung war noch viel unwahrscheinlicher als die Fortpflanzung durch Teilung, je-

doch erlaubte sie den Nachkommen stark von ihren Erzeugern abzuweichen, denn ihre Ontogenese hatte ihren Ursprung in der mehr oder minder zufälligen Kombination von zwei unterschiedlichen genetischen Codes. Die Unsicherheitsfaktoren vermehrten sich so von Generation zu Generation. Unerwartete Ereignisse konnten sich immer leichter einstellen. Vor allem durch eine »Fehllektüre« der Verwandtschaftscodes konnte Raum für genetische Mutationen entstehen.

Was die nun folgende Phase unserer Geschichte anbelangt, so hat sie ein gewisser Herr Darwin eigentlich schon erzählt. Das Bemerkenswerte dessen, was er Evolution nannte, war, daß mehr noch als in der vorhergehenden Entwicklung vom Physischen zum Biologischen, überhaupt keine Zweckhaftigkeit angenommen wurde, sondern ausschließlich die mechanische Beziehung der am besten zueinander passenden Systeme. So tauchten, insbesondere als Folge von Mutationen, zufällig neue lebende Systeme auf, die sich konfrontiert sahen mit bereits existierenden Systemen. Und alle mußten sich Energie beschaffen, um zu überleben. Da die brauchbaren Energiequellen nur über beschränkte Vorräte verfügten, war es unvermeidlich, daß die Systeme in Konkurrenz zueinander traten. Also entstand Krieg. Die effizientesten Systeme hatten die besten Aussichten darauf, in einem mechanischen Verfahren selektioniert zu werden.

So kam es nach einiger Zeit, einer sehr kurzen Zeit auf der astronomischen Uhr, daß das System namens Mensch selektioniert wurde. Ein außerordentlich unwahrscheinliches System – genau so unwahrscheinlich wie der Versuch eines Vierfüßers, sich auf den Fußsohlen seiner zwei Hinterpfoten aufrechtzuhalten. Die unmittelbaren Implikationen dieses Aufrechtstehens sind bekannt: Hände zum Greifen bildeten sich aus, die Hirnschale balancierte dies auf vertikaler Ebene aus, das Volumen des Gehirns wurde größer, die Maße der Neuronenrinden nahm zu und wurde vielfältiger. Gleichzeitig mit den komplexen Techniken des Körpers, besonders den manuellen, entwickelten sich die symbolischen Techniken weiter, die man die menschlichen Sprachen nennt. Diese Techniken waren gewissermaßen Prothesen, anpassungs- und leistungsfähige Prothesen, die es dem so unwahrscheinlichen und so prekären System Mensch möglich machten, seine Schwächen gegenüber seinen Feinden zu kompensieren.

Mit diesen Techniken ereignete sich etwas nicht weniger Unerwartetes als mit dem Erscheinen der Einzeller. Waren jene in der Lage, sich aus sich selbst zu reproduzieren, so hatte die symbolische Sprache durch ihre Eigenschaft der Rekursivität eine Möglichkeit, ihre Elemente unendlich untereinander zu kombinieren und dabei fortwährend Sinn zu produzieren, das heißt, Anlaß zum Denken und Handeln zu geben.

Die symbolische Sprache hatte aufgrund ihrer Selbstbezüglichkeit zudem die Eigenschaft, sich selbst zum Objekt machen zu können, also sich zu memorisieren und zu kritisieren. Auf der Sprache beruhend, wurden die materiellen Techniken ihrerseits einem Wandel unterzogen: Sie konnten sich auf sich selbst beziehen, sich akkumulieren und so ihre Leistungen verbessern.

Im übrigen erlaubte es die Sprache den Menschen, den anfangs rigiden und nahezu instinktiven Formen, nach welchen sich das Zusammenleben in den ersten Gemeinschaften gestaltete, eine andere Ausrichtung zu geben. Es entstanden immer weniger wahrscheinliche Arten der Selbstorganisation, die sich stark voneinander unterschieden und zueinander in Konkurrenz traten. Wie bei allen lebenden Systemen hing ihr Erfolg von der Begabung ab, Energiequellen, derer sie bedurften oder derer sie zu bedürfen glaubten, zu entdecken, zu gewinnen und zu bewahren. Zwei große Ereignisse nur markieren in dieser Hinsicht die Geschichte der menschlichen Gemeinschaften: die jungsteinzeitliche Revolution und die industrielle Revolution. In beiden wurden neue Energiequellen entdeckt oder neue Mittel, sie auszuschöpfen. In beiden Fällen wirkte dies auf die Struktur der sozialen Systeme ein.

Während langer Zeit – lang in der Zeitrechnung der Menschen – traten Techniken und kollektive Institutionen zufällig auf. Das Überleben von unwahrscheinlichen und fragilen Systemen, wie die Menschen eines waren, lag somit nicht in deren Kontrolle. Die komplizierteren Techniken galten so sehr als Kuriositäten, daß sie bald dem Vergessen anheim fielen. So geschah es auch, daß Gemeinschaften, die in politischer und ökonomischer Hinsicht differenzierter funktionierten als andere, von einfacheren, aber robusteren Systemen besiegt wurden (wie dies auch bei anderen Lebewesen üblich war).

Mit den sozialen Organisationsformen war es wie mit den materiellen Techniken: Die Eigenschaften der symbolischen Sprache erlaubten ihnen, sich zu erhalten, sich zu verbessern und ihre Leistungsfähigkeit zu optimieren. Die Aufgabe, das Überleben der Gemeinschaft zu sichern, verlangte die Fähigkeit, innere und äußere Ereignisse, die ihre Energieversorgung gefährden konnten, zu kontrollieren. Autoritätsinstanzen mit Kontrollbefugnissen erschienen im sozialen, ökonomischen und politischen Bereich.

Nach einiger Zeit kam es, daß jene Systeme, die liberal-demokratisch genannt werden, sich als am geeignetsten erwiesen, diese regulative Funktion auszuüben. Tatsächlich ließen sie in den Programmen ihrer Kontrolle Raum für Debatten offen, erlaubten es prinzipiell jeder Einheit, Entscheidungsbefugnisse zu erhalten und maximierten so die dem System nützliche menschliche Energie. Es stellte sich heraus, daß die Flexibilität auf die Dauer leistungsfähiger war als die rigide Fixierung hierarchischer Rollen. Im Gegensatz zu den im Lauf der Menschheitsgeschichte noch bis jüngst heraufgekommenen geschlossenen Systemen, ließen die liberalen Demokratien in ihrem Inneren einen Raum für Konkurrenz unter ihren Einheiten zu, der das Aufblühen neuer materieller, symbolischer und wirtschaftlicher Techniken begünstigte. Daraus entstanden gewiß häufige und für das Überleben der menschlichen Systeme bisweilen auch gefährliche Krisen. Aber im Ganzen konnte die Leistungskraft der liberal-demokratischen Systeme weiter gesteigert werden. Man hieß diesen Prozeß Fortschritt und das führte zu einer eschatologischen Repräsentation der Geschichte der menschlichen Verhältnisse.

Mit der Zeit sicherten sich die offenen Systeme die umfassende Herrschaft über alle anderen menschlichen, lebenden und physischen Systeme, die auf der Erdoberfläche im Kampf miteinander lagen. Nichts schien ihre Entwicklung aufhalten oder auch nur anders ausrichten zu können. Krisen, Kriege, Revolutionen trugen nur zu ihrer Beschleunigung bei, im besonderen, weil sie Zugang zu neuen Energiequellen eröffneten und die Kontrolle über deren Ausbeutung festigten. Es wurde sogar notwendig, daß die offenen Systeme ihren Erfolg über andere mäßigten, um das Ganze, was das Ökosystem genannt wird, vor einer katastrophalen Entregelung zu bewahren.

Nur das Schwinden des gesamten Sonnensystems schien den Fortgang der Entwicklung zum Scheitern bringen zu müssen. Als Antwort auf diese Herausforderung hatte das System, zur Zeit, da die Fabel erzählt wurde, schon mit der Entwicklung von Prothesen begonnen, die fähig wären, es über das Verschwinden der Energieressourcen solarer Herkunft hinaus zu perpetuieren, jener Ressourcen also, die zur Entstehung und zum Weiterbestehen der lebenden und besonders der menschlichen Systeme beigetragen hatten.

Alle Forschungen, die damals bereits im Gang, das heißt unabgeschlossen waren – Logik, Ökonometrie und monetäre Theorie, Informatik, Konduktorphysik, Astrophysik, Biologie und Medizin, Genetik und Diätetik, Katastrophentheorie, Chaostheorie, Kriegsstrategie und Ballistik, Sporttechniken, Systemtheorie, Sprachwissenschaft und potentielle Literatur –, drehten sich zum Zeitpunkt, als die Fabel erzählt wurde, tatsächlich, und vielleicht ohne daß man es wußte, im engeren oder weiteren Sinn darum, den sogenannt menschlichen Körper zu erkunden, zu gestalten oder ihn zu ersetzen. Und zwar so, daß das Gehirn, einzig mit Hilfe der im Kosmos verfügbaren energetischen Ressourcen funktionsfähig bliebe. Der letzte Exodus aus dem megaentropischen System, weit von der Erde wegführend, wurde also bereits vorbereitet.

Womit hatte das Menschliche und sein Gehirn, vielmehr das Gehirn und sein Menschliches, wohl Ähnlichkeit im Moment, wo es den Planeten Erde, vor dessen Zerstörung, für immer verließ – darüber sagte die Geschichte nichts.

Realismus ist die Kunst, Realität herzustellen, sie zu kennen und zu wissen, wie sie sich herstellen läßt. Die Geschichte, von der die Rede ist, besagt, daß sich diese Kunst künftig noch weiter entwickeln wird. Die Realität wird sich verändern; Herstellung, Kenntnis und die Kenntnis ihrer Herstellung werden verändert sein.

Zwischen dem, was wir sind, und dem, was der Protagonist des letzten Exodus sein wird, haben sich die Realität und die Kunst der Realität mindestens ebenso verwandelt wie die Amöben sich bis zu uns hin verwandelt haben. Die Fabel ist realistisch, weil sie die Geschichte einer Kraft erzählt, die die Realität herstellt, auflöst und neu gestaltet. Sie ist auch deshalb realistisch, weil sie Notiz davon nimmt, daß diese Kraft die Realität und ihre Kunst schon stark transformiert hat und daß diese Transformation – außer im Katastrophenfall – fortgesetzt werden muß. Sie ist auch insofern realistisch, als sie ein unvermeidliches Hindernis einräumt in der Fortsetzung dieser Transformation: das Ende des Sonnensystems. Ist sie nun auch realistisch in ihrer Vorhersage, daß dieses Hindernis überwunden werden kann und daß die Kraft dem Desaster entgehen wird?

Die Fabel erzählt die Geschichte eines Konfliktes zwischen zwei Prozessen, die Energie aufzehren. Der eine führt zur Zerstörung aller Systeme, aller lebenden oder toten Körper, die auf dem Planeten Erde und im Sonnensystem existieren. Im Inneren des entropischen, kontinuierlichen und notwendigen Prozesses verläuft ein anderer Prozeß (wenn es überhaupt ein Prozeß ist), ein seit langem diskontinuierlicher und kontingenter Prozeß, der durch zunehmende Differenzierungen der Systeme in entgegengesetzter Richtung arbeitet. Die kontingente Bewegung kann die entropische nicht aufhalten (es sei denn, man fände ein Mittel, die Sonne mit Kohlenstoff zu versorgen). Sie kann sich der Katastrophe nur entziehen, indem sie ihren Platz im Kosmos, das Sonnensystem verläßt.

Wie anderswo auch, überführt die Entropie auf der Erde die Energie in ihren wahrscheinlichsten Zustand, in eine Art korpuskulare Brühe, in ein kaltes Chaos. Die negative Entropie dagegen kombiniert die Energie zu differenzierten, komplexen Systemen, die wir entwickelte Systeme nennen. Die Entwicklung ist keine Erfindung der Menschheit. Die Menschheit ist eine Erfindung der Entwicklung. Der Held der Fabel ist nicht das menschliche Wesen, sondern die Energie. Die Fabel erzählt eine Folge von Episoden, in welchen sich bisweilen der Erfolg des Wahrscheinlichsten – der Tod – abzeichnet und bisweilen der Erfolg des Unwahrscheinlichsten, Prekärsten, aber auch Effizientesten: das Komplexe. Es handelt sich gewissermaßen um die Tragödie der Energie. Wie *König Oidipus* endet sie schlecht, die Sonne explodiert. Und wie *Oidipus auf Kolonos* nimmt sie eine letzte Möglichkeit an, das Gehirn entkommt.

Der Protagonist ist also kein Subjekt. Das Wort Energie besagt nichts anderes, als daß eine Kraft vorhanden ist. Was der Energie und ihrer Formation in Systemen zustößt – Tod, Überleben, Auftauchen neuer, differenzierter Systeme –, davon weiß die Energie nichts und dafür *kann* sie nichts. Sie gehorcht blind Gesetzen und Zufällen.

Das menschliche Wesen ist nicht der Held der Fabel. Es ist nur eine komplexe Organisationsform der Energie. Wie alle anderen Formen ist es zweifellos transitorisch. Es können andere, komplexere Formen auftreten, die es übertreffen werden. Vielleicht ist eine dieser Formen im wissenschaftstechnischen Fortschritt zur Zeit, als die Fabel erzählt wird, bereits in Vorbereitung. Deshalb kann die Fabel auch das System, welches der Held des Exils sein wird, nicht identifizieren und benennen. Sie kann nur voraussagen, daß der Held, wenn es ihm gelingt, der Zerstörung des Sonnensystems zu entkommen, komplexer sein *muß* als das menschliche Wesen zum Zeitpunkt der Erzählung der Fabel. Zu diesem Zeitpunkt aber hat die Menschheit die Mittel zu ihrem Exodus nicht, obschon sie die komplexeste Organisationsform von Energie ist, die man im Universum kennt. Der Held muß also noch komplexer sein, sollte er doch fähig sein, die Zerstörung des irdischen Kontextes zu überleben. Es wird nicht genügen, daß ein lebender Organismus, das heißt ein menschlicher Körper, in Symbiose mit den spezifischen Energien, die er auf der Erde findet, dieses System, im besonderen das Gehirn, zu nähren fortfährt. Der Held des Exodus müßte jene Formen physischer Energie, die im Kosmos verfügbar sind, direkt nutzen können, nämlich die nicht im menschlichen Metabolismus präorganisierten Partikel. Deshalb gibt die Fabel zu verstehen, daß der Held des Exodus, der dazu bestimmt ist, die Zerstörung des irdischen Lebens zu überdauern, kein einfacher Überlebender sein wird, kein Lebender sein kann im Sinne, wie wir das verstehen.

Diese Bedingung ist notwendig, aber im Moment, da die Fabel erzählt wird, kann nicht gesagt werden, wie sie erfüllt werden wird. Es gibt eine Ungewißheit in dieser Geschichte, denn die negative Entropie arbeitet auf kontingente Art und das Auftauchen komplexer Systeme bleibt – trotz immer systematischer arbeitenden Forschungen und Kontrollen – unvorhersehbar. Man kann das Auftauchen solcher Systeme begünstigen, aber man kann es nicht befehlen. Es ist eine Eigenart der offenen Systeme, die in der Fabel liberal-demokratisch genannt werden, unberechenbare Räume offen zu lassen, die das Erscheinen komplexer Organisationsformen begünstigen können, und zwar in allen Bereichen. Was wir Forschung nennen, ist ein trivial gewordenes Vorhandensein solcher Räume, die offen sind für Erfindungen und Entdeckungen. Denn ihr Vorhandensein ist selbst Zeichen einer mächtigeren Entwicklung, in der sich Notwendigkeit und Zufälligkeit nicht nur nach epistemologischer Ordnung kombinieren, wie Monod das gesehen hatte, sondern gemäß der Wirklichkeit einer neuen Allianz, wie sie Prigogine und Stengers beschreiben. Es ist nicht die Allianz vom Objektiven und Subjektiven, sondern die Allianz von Gesetz und Zufall, von Abfolge und Diskontinuität.

Gäbe es keine unberechenbaren Bereiche in der Geschichte der Energie, wäre die Fabel, die diese Geschichte erzählt, selbst nicht möglich. Denn eine Fabel ist eine Organisationsform der Sprache, die wiederum ein sehr komplexer Zustand der Energie, ein symbolischer Apparat ist. Um sich entfalten zu können, verlangt die Fabulation selbst mithin eine bestimmte Leerstelle räumlich-zeitlicher und materieller Art, in der die sprachliche Energie nicht von den unmittelbaren Erfordernissen des Tuns, Wissens und Könnens aufgebraucht wird. In der Fabel wird die sprachliche Energie dafür aufgewendet, zu imaginieren. Sie fabriziert also die Realität der Geschichte, die sie erzählt, aber diese Realität befindet sich im Hinblick auf ihre technische oder kognitive Verwendbarkeit in der Schwebe. Die Energie des Fabulierens läßt sich nur reflexiv verwerten, insofern, als sie auf die Sprache verweist und damit die Sprache in ihre Absichten einbindet (was ich hier gerade vorführe). Die sich in der Schwebe haltende Realität ist es, was das Poetische vom Praktischen und Pragmatischen unterscheidet. Das Fabulieren reserviert für die Realität einen Platz abseits von einer direkten Verwertung im System. Diese Realität nennt sich das Imaginäre. Die Existenz von imaginären Realitäten setzt im System, in dem sie auftaucht, Zonen voraus, die sozusagen neutralisiert sind in Bezug auf die bloß realistischen Zwänge der Leistungsfähigkeit des betreffenden Systems. Starre Systeme wie der Reflexbogen oder wie das Programm der Instinkte (um Beispiele aus dem Lebendigen zu nehmen, das wir kennen), untersagen den Amöben, den Sykomoren oder den Aalen zu fabulieren.

Der Realismus akzeptiert nicht nur, sondern verlangt die Anwesenheit eines Imaginären in seinem Inneren, er verlangt, daß das Imaginäre, das keineswegs realitätsfremd ist, einer seiner Zustände sei, und zwar ein Zustand im Werden. Das Imaginäre ist also die Realität im Zustand des Werdens. Die Wissenschaft und die Technik fabulieren selbst nicht weniger, sie sind nicht weniger poetisch als die Malerei, die Literatur oder das Kino. Der einzige Unterschied zwischen den beiden Aktivitäten liegt im Zwang, Hypothesen verifizieren oder falsifizieren zu müssen. Die Fabel ist eine Hypothese, die sich diesem Zwang entzieht.

Die Fabel, die hier erzählt wurde, ist weder neu noch originell. Ich behaupte aber, daß sie postmodern ist. Postmodern meint nicht neu, postmodern meint einen bestimmten Zustand der Schrift – im weitesten Sinn –, des Denkens und des Handelns. Es ist der Zustand, in dem die Schrift sich befindet, nachdem sie von ihrer Ansteckung durch die Krankheit der Moderne geheilt ist. Auch die Moderne ist nicht neu. Sie ist nicht einmal eine Epoche. Auch die Moderne ist ein Zustand der Schrift im weitesten Sinn.

Die ersten Anzeichen der Moderne kann man in den Arbeiten entdecken, die der Apostel Paulus, dann der Kirchenvater Augustinus unternommen haben, in den Arbeiten, mit welchen sie die klassisch heidnische Tradition und die christliche Eschatologie einander angeglichen haben. Ein distinktives Merkmal des modernen Imaginären ist die Historizität, die im klassischen Imaginären nicht vorkommt. Die Modernen ordnen die Legitimation eines kollektiven Subjekts wie Europa oder der Okzident der Auffächerung historischer Zeit unter. Mit Herodot, Thukydides, mit Livius und Tacitus haben die Antiken gewiß die *Geschichte* erfunden und sie dem Mythos und dem Epos, den anderen narrativen Genres, entgegengestellt. Andrerseits haben sie mit Aristoteles das *telos* als Konzept festgelegt, den Zweck als Vervollkommnung gedacht und damit das ganze teleologische Denken begründet. Aber es ist der von Paulus und Augustinus ausgedachte Christianismus, der die Eschatologie im eigentlichen Sinn im Inneren des okzidentalen Denkens fixiert und das moderne Imaginäre der Historizität unterstellt. Die Eschatologie erzählt von der Erfahrung eines Subjektes, das mit einem Mangel behaftet ist, und prophezeit, daß diese Erfahrung am Ende aller Zeiten durch die Erlösung vom Bösen, die Überwindung des Todes und durch die Rückkehr ins Haus des Vaters, das heißt ins Reich des großen Signifikanten, abgeschlossen sein wird.

Verbunden mit dieser Eschatologie, hat sich die christliche Hoffnung in der Rationalität klassischer Herkunft wiederbegründet. Es wird nun vernünftig zu hoffen. Und reziprok dazu transformiert sich die griechische Vernunft. Sie ist nicht mehr die angemessene Verteilung von Argumenten unter Bürgern, die darüber nachdenken, was es angesichts der Prüfung durch das tragische Schicksal oder die politische Unordnung zu tun und zu denken gibt. Die Vernunft wird teilbar mit dem andern, wer immer er sei, Sklave, Frau, Immigrant. Es wird zur eigenen Erfahrung eines jeden, gesündigt zu haben und erlöst werden zu müssen. Die Ethik der *virtù* krönt die antike Erfahrung der Vernunft, jene der *Verzeihung* ihre moderne Einübung. Das klassische Bewußtsein liegt im Konflikt mit der leidenschaftlichen Unordnung, die vom Olymp ausgeht, das moderne Bewußtsein legt sein Schicksal vertrauensvoll in die Hände eines einzigen, guten und gerechten Vaters zurück.

Solche Charakterisierung mag vielleicht zu christlich scheinen. Aber die laizistische Moderne hat durch unzählige Episoden hindurch dieses zeitliche Dispositiv aufrechterhalten, das Dispositiv einer »großen Erzählung«, wie man es nannte, die mit ihrem Ende eine Versöhnung des Subjektes mit sich selbst sowie die Aufhebung seiner Isolation *verspricht*. Wenn auch säkularisiert, so entwerfen die Erzählungen der Aufklärung, die romantische oder spekulative Dialektik und die Erzählung des Marxismus dieselbe Historizität wie der Christianismus, weil sie sein eschatologisches Prinzip beibehalten. Die Erfüllung von

Geschichte, wird sie auch immer zurückgestellt, wird eine ungebrochene, sinnvolle Beziehung herstellen mit dem Gesetz des großen Andern?* Eine Beziehung, die am Anfang von allem steht als Gesetz Gottes im christlichen Paradies, als Gesetz der Natur, wie Rousseau es in seinem Naturrecht phantasiert, als klassenfreie Gesellschaft, die vor der Familie, dem Eigentum, dem Staat liegt, wie sie Engels imaginiert. Immer handelt es sich um eine unvordenkliche Vergangenheit, die der Menschheit als letztes Ziel versprochen wird. Es liegt im Wesen des modernen Imaginären, seine Legitimität nach vorne zu projizieren, indem es sie aber in einem verlorenen Ursprung begründet. Die Eschatologie verlangt eine Archäologie. Dieser Zirkel, der ein Zirkel der Hoffnung und der Melancholie ist, ist auch ein hermeneutischer und kennzeichnet die Historizität als das moderne Imaginäre der Zeit.

Die Fabel, die wir gehört haben, ist sicherlich auch eine Erzählung. Die Geschichte allerdings, die sie erzählt, trägt keines der wesentlichen Merkmale von Historizität.

Es ist zunächst eine Geschichte der Physik, die einzig die Energie betrifft und die Materie als Zustand der Energie. Der Mensch gilt darin als komplexes materielles System, das Bewußtsein als Effekt von Sprache und die Sprache als sehr komplexes materielles und symbolisches System.

Zweitens ist die Zeit, die in dieser Geschichte im Spiel ist, nichts als banale Diachronie. Ihre Abfolge gliedert sich nach den Einheiten einer Uhr, die willkürlich und nach gleichförmigen und regelmäßigen physischen Abläufen festgelegt werden. Die Zeit entspricht also nicht der Zeitlichkeit des Bewußtseins, das eine Vergangenheit und eine Zukunft voraussetzt, die in ihrer Abwesenheit für so »gegenwärtig« gehalten werden wie die Gegenwart. Eine solche Zeitlichkeit sieht die Fabel nur für jene Systeme vor, die über eine symbolische Sprache verfügen, denn nur diese erlaubt tatsächlich die Memorisierung und die Erwartung von Vergangenheit und Zukunft, das heißt, die Vergegenwärtigung des Abwesenden. Was die Ereignisse anbelangt, die die fabelhafte Geschichte der Energie markieren (»so geschah es, daß ...«), kann die Energie diese weder voraussehen, noch kann sie sie festhalten.

Drittens kennt diese Geschichte keinerlei Zweckausrichtung im Hinblick auf eine Emanzipation. Gewiß erzählt das Ende der Fabel von der Rettung eines sehr differenzierten Systems, einer Art Superhirn.

---

* *im frz. Original*: l'Autre

Wenn es einen Ausweg aufzeigen und vorbereiten soll, dann muß es aber – was immer dieses Hirn sei – notwendigerweise über eine symbolische Sprache verfügen. Wenn nicht, wäre es weniger komplex als unser Gehirn. Der Effekt und die Annahme einer Finalität gehen genau von dieser Eigenschaft der symbolischen Systeme aus, denn diese nur gestatten es, aufgrund des Gedächtnisses für das, was geschehen ist, vermehrte Kontrolle zu haben über das, was geschehen wird. Die Fabel stellt weniger einen hermeneutischen Zirkel dar, als diesen Effekt – ein Resultat zunehmender kybernetischer Rückkoppelungen.

Viertens ist für uns heute die Zukunft, die in der Fabel (nicht ganz zufällig) in der Vergangenheit erzählt wird, nicht ein Gegenstand des Hoffens. Hoffen ist Sache eines Subjektes der Geschichte, das mit einer letzten Vollkommenheit rechnet oder dem eine solche versprochen wurde. Die postmoderne Fabel erzählt etwas ganz anderes. Das Menschliche, oder sein Gehirn, ist eine materielle (das heißt energetische) Formation, die von großer Unwahrscheinlichkeit ist. Diese Formation ist notwendigerweise transitorisch, weil sie von den Bedingungen der terrestrischen Verhältnisse abhängt, die nicht ewig sind. Die Formation, die sich Menschliches oder Gehirn nennt, müßte von etwas Komplexerem überholt werden, wenn sie das Schwinden dieser Bedingungen überleben soll. Das Menschliche oder sein Gehirn wird eine Episode gewesen sein im Konflikt zwischen Differenzierung und Entropie. Die Fortsetzung der Komplexifizierung verlangt keine Vervollkommnung des Menschlichen, sondern seine Mutation oder Niederlage zu Gunsten eines leistungsfähigeren Systems. Die Menschen machen also ganz zu unrecht für sich geltend, die Motoren der Entwicklung zu sein, denn sie verwechseln dabei die Entwicklung mit dem Fortschritt von Bewußtsein und Zivilisation. Sie sind vielmehr Produkte, Vermittler und Zeugen der Entwicklung. Sogar die Kritik, die sie der Entwicklung, ihrer Ungleichheit, ihrer Unregelmäßigkeit, ihrer Fatalität, ihrer Unmenschlichkeit entgegenzusetzen haben, ist Ausdruck der Entwicklung und trägt selbst weiter dazu bei. Revolutionen, Kriege, Krisen, Beschlüsse, Entdeckungen und Erfindungen sind nicht »Menschenwerk«, sondern Effekte und Bedingungen der Komplexifizierung. Sie sind immer ambivalent für die Menschen, bedeuten für sie das Beste und das Schlechteste.

Ohne noch weiter zu gehen, läßt sich wohl sagen, daß die Fabel keines der Merkmale einer der »großen modernen Erzählungen« aufweist.

Sie entspricht nicht der Forderung nach Erlösung und Emanzipation. Mechanizismus und Kontingenz, die von der Geschichte der Fabel konjugiert werden, nehmen dem Denken, weil sie ohne Eschatologie auskommen, seine Finalität. Und dieser Mangel an Finalität ist der postmoderne Zustand des Denkens, wobei man in unserer Zeit nun übereingekommen ist, von der Krise des Denkens zu sprechen, von seinem Unbehagen und seiner Melancholie. Die Fabel bietet diesem Zustand kein einziges Rezept an, sie schlägt einzig eine Erklärung dafür vor. Eine Erklärung ist keine Legitimation, sie ist aber auch keine Verurteilung. Die Fabel kennt weder gut noch böse. Was das Wahre und das Falsche anbelangt, so bemißt es sich danach, was operational ist und nicht, was im Moment, da mit dem Maßstab dessen, was sich Realismus nennt, geurteilt wird.

Der Inhalt der Fabel liefert eine Erklärung der Krise, die fabelhafte Erzählung ist selbst, in ihrer Form, ein Ausdruck der Krise. Der Inhalt, der Sinn, von dem er spricht, bedeutet das Ende von Hoffnung (was in der Moderne die Hölle ist). Die Form der Erzählung schreibt diesen Inhalt in die Erzählung selber ein, indem sie von ihr als von einer einfachen Fabel spricht. Die Fabel bietet sich weder für eine Argumentation noch für eine Falsifikation an. Sie ist nicht einmal ein kritischer Diskurs, sondern nur ein imaginärer. Und damit profitiert sie von jenem Unbestimmtheitsraum, den jedes offene System dem hypothetischen Denken freihält.

Die Fabel macht sich damit auch zum beinahe kindlichen Ausdruck der Krise des heutigen Denkens: der Krise der Modernität, welche der Zustand des postmodernen Denkens ist. Ohne kognitive und ohne ethisch-politische Behauptung, auferlegt sie sich den Status des Poetischen oder Ästhetischen. Sie erhält ihren Wert durch die Treue, die sie der postmodernen Neigung zur Melancholie erweist, zunächst, weil sie den Grund dieser Melancholie erzählt, dann aber auch, weil die Fabel, indem sie die Realität übertrifft, melancholisch ist.

Man könnte sagen, daß die Fabel, die Sie gehört haben, der pessimistischste Diskurs ist, den die Postmoderne über sich selbst halten kann. Er unternimmt nichts anderes als die Fortsetzung der Diskurse von Galilei, Darwin und Freud: Der Mensch ist nicht das Zentrum der Welt (Galilei), er ist nicht die erste, sondern die letzte aller Kreaturen (Darwin) und er ist auch nicht Herr seines Sprechens, er weiß nicht, was er sagt (Freud). Aber um die Fabel als pessimistisch zu taxieren, brauchte es den Begriff eines absoluten Bösen, unabhängig von all den imaginären Erzeugnissen des menschlichen Systems.

Letztlich jedoch verlangt diese Fabel nicht, daß man sie glaubt, sondern einzig, daß man über sie nachdenkt.

(Aus dem Französischen von Silvia Henke)

Bibliographische Notizen

Eine Auswahl der Publikationen von Jean François Lyotard in deutscher Übersetzung:
- *Das Patchwork der Minderheiten*, Berlin 1977.
- *Intensitäten*, Berlin 1978.
- *Apathie in der Theorie*, Berlin 1979.
- *Essays zu einer affirmativen Ästhetik*, Berlin 1982.
- *Das postmoderne Wissen*, Bremen 1982.
- *Ökonomie des Wunsches*, Bremen 1984.
- *Grabmal des Intellektuellen*, Graz/Wien 1985.
- *Immaterialität und Postmoderne*, Berlin 1985.
- *Philosophie und Malerei im Zeitalter ihres Experimentierens*, Berlin 1986.
- *Die Transformatoren Duchamp*, Stuttgart 1986.
- *Über Daniel Buren*, Stuttgart 1987.
- *Postmoderne für Kinder*, Wien 1987.
- *Der Widerstreit*, München 1987.
- *Der Enthusiasmus*, Wien 1988.
- *Heidegger und »die Juden«*, Wien 1988.
- *Die Moderne redigieren*, Bern 1988.
- *Streifzüge*, Wien 1989.
- *Das Inhumane*, Wien 1989.
- »Das Interesse des Erhabenen«, in: Christine Pries (Hg.), *Das Erhabene*, Weinheim 1989.
- »Das Undarstellbare – wider das Vergessen. Gespräch mit Christine Pries«, in: Christine Pries (Hg.), *Das Erhabene*, Weinheim 1989.
- *Die Mauer, der Golf und die Sonne*, Wien 1991.
- »Die Vorschrift«, in: Wolfgang Welsch/Christine Pries (Hgg.), *Ästhetik im Widerstreit: Interventionen zum Werk von Jean François Lyotard*, Weinheim 1991.
- »Eine post-moderne Fabel über die Postmoderne oder: In der Megalopolis«, in: Robert Weimann/Hans Ulrich Gumbrecht (Hgg.), *Postmoderne – globale Differenz*, Frankfurt am Main 1991.

Hartmut Böhme

Aussichten einer ästhetischen Theorie der Natur

I Bedürfnis nach Natur in unserer Gesellschaft: Bedürfnis ohne Objekt?

Das Bedürfnis nach Natur ist heute weit verbreitet. Man kann dies am deutlichsten erkennen an der Warenästhetik, die immer sensibel auf aktuelle Wunschdispositionen reagiert. Natur ist werbewirksam, d.h. sie wird als Gut und als etwas Gutes, als hochrangiger Wert verstanden. Natur verleiht den Produkten eine Aura. Doch auch auf nahezu allen anderen Ebenen wirkt unterdessen die Natur-Rhetorik erfolgssteigernd, zukunftsorientiert, dynamisch, ethisch wertvoll, fortschrittlich und zugleich das Gute konservierend. Natur ist mithin eine Zauberformel für Akzeptanzsteigerung und universelle Legitimation.

Die Hochrangigkeit von Natur in der sozialen Werteskala ist ein Produkt der letzten zwanzig Jahre. Zuvor war die Natur weder philosophisch noch politisch und erst recht nicht werbestrategisch ein Thema. Die Karriere des Natur-Begriffs aber ist durchaus zwiespältig. Sie drückt einerseits einen Wandel des gesellschaftlichen Bewußtseins in Reaktion auf die tatsächliche Naturkrise aus; und andererseits blockiert sie strukturelle Eingriffe in die naturzerstörerischen Entwicklungen von Industrie, Technik und Lebenspraxis – : wenn alle und auch die größten Naturzerstörer für die Natur sind, dann soll dies vor allem den beruhigenden Eindruck hervorrufen, daß wir alle unser Bestes für die leidende Natur täten. Nicht nur, aber auch laufen hier kollektive Täuschungsmanöver ab. Während die Natur in der Medienästhetik Fetischcharakter erhält – und zwar zumeist als ursprüngliche, unberührte, schöne, paradiesische und gesunde Natur –, kommen die Menschen mit einer solchen Natur nahezu nicht mehr in Berührung. Das liegt daran, daß die Natur in mittlerer Größenordnung längst eine sozial konstituierte Natur ist – d.h. Natur ist eine nachhaltig vom Menschen geprägte, umgestaltete, arrangierte, getötete oder künstlich am Leben gehaltene – kurz: artifizielle Natur, und zwar im wesentlichen: eine technisch umgearbeitete Natur. Auch dort, wo Natur in ihren heilsversprechenden, schönen Zügen gesucht oder beschworen wird, ist sie überwiegend künstlich: als Bild, als Dekoration, als Park, als Naturdenkmal oder Naturschutzgebiet (die alle ohne technische Hilfe nicht existierten) usw.

Überall also stoßen wir auf eine Ästhetik von »Natur als Ursprung«, Natur gerade als Gegenpol zur Kunst oder Kultur. Darin spiegelt sich die alte griechische Unterscheidung von physis und techné. Physis ist dasjenige, was von sich aus da ist und darin das Wachsende und Blühende darstellt; und techné ist dasjenige, was sein Sein einem anderen verdankt, also hervorgebracht, bewerkstelligt, im Heideggerschen Sinn: »Gestell« ist. Dieser Gegensatz aber ist historisch in Auflösung begriffen. Die Natur, die in unsere Sinne fällt, ist Technonatur – ein Begriff, der für die griechische Philosophie undenkbar war. Technonatur: das heißt ebenso, daß Landschaften, die wir als Natur ansehen, Erzeugnisse der industrialisierten Agrikultur sind; daß Wälder, die wir durchwandern, nicht physis sondern Plantagen der Holzindustrie sind; daß aber auch die eigene Natur, die Natur des Menschen, nicht nur zivilisatorisch stilisiert, sondern an den Fronten der Gen-Medizin, Prothetik und chemischen Modulation heute fragwürdig geworden ist – bis hin zur propagierten Idee eines »postbiologischen Zeitalters« (Peter Weibel).

Dieser Seite der beschleunigten Artifizierung der Natur mit dem Ziel, die bioanthropologischen und naturgeschichtlichen Schranken des menschlichen Lebens zu überschreiten, entspricht auf der anderen Seite die Beschleunigung der Naturzerstörung, deren Tempo, trotz der allgemeinen Natur-Ideologie und der überall unternommenen Reparaturmaßnahmen, nach wie vor lebensbedrohlich ist.

II *Naturzerstörung und Bevölkerungsexplosion*

Von der historischen Lage der Natur bleiben die Aussichten einer Naturästhetik nicht unberührt. Was das heißt, kann ich nur andeuten. Das Ende des Ost-West-Gegensatzes, der jahrzehntelang die Wahrnehmung der wirklichen Weltprobleme verhinderte, öffnet – wie zu hoffen ist – den Blick für die im Nord-Süd-Gefälle strukturierten Entwicklungen, die das 21. Jahrhundert beherrschen werden. Diese Entwicklungen werden bestimmt sein vom Anwachsen der Weltbevölkerung und der dadurch unvermeidlich gesteigerten Zerstörung der natürlichen Grundlagen des Lebens: Luft, Wasser, Boden, Energie, Klima, Nahrung, ökologische Systembalancen.

Die Schere zwischen ökologietechnisch hochgerüsteten Industrieländern, die ihre Grenzen gegen Flüchtlingsströme schließen werden, und den dritten und vierten Ländern mit explosiv vermehrten Bevölkerungszahlen wird immer größer werden. Wasserkriege und Hungerfeldzüge werden ebenso die Regel sein wie riesige Metropolen von 10 bis 25 Millionen Menschen mit restlos verelendeten Environments und zerstörten Naturen.[1] Im Überlebenskampf der Massen werden gesellschaftliche Ressourcen in die Nahrungsmittelproduktion und in minimale Infrastrukturen für die *Mehr*bevölkerung fließen, während keine Mittel für eine Naturpolitik frei sein werden. Im Gegenteil ist wahrscheinlich, daß die durch die ansteigende Weltbevölkerung vermehrten Naturzerstörungen die Energiespar- und Umweltschutzmaßnahmen der hochindustrialisierten Länder nicht nur wettmachen, sondern übertreffen. Die Folge werden weitere Versteppungen, Wassernot, weiterer Raubbau an den Regenwäldern, Luftverpestung und insgesamt die Destabilisierung des Klimas sein. Die brisante Frage des 21. Jahrhunderts ist nicht mehr, wieviel politische Spannungen und ideologische Kriege die Gesellschaften, sondern wieviel Menschen die Erde aushalten kann.

Für evolutionäre und demokratische Prozesse, die in den westlichen Zivilisationen zwei Jahrhunderte des kumulativen Lernens Zeit hatten, um bevölkerungspolitische und ökologische Neuorientierungen zu ermöglichen –, für solche Lernprozesse bestehen angesichts der Akzeleration und Intensität der Probleme weder die materiellen Voraussetzungen noch die generationsübergreifenden Zeiträume. Mit 10 bis 14 Milliarden Menschen, von denen die meisten auf jämmerlichen Niveaus leben, sind demokratische Entwicklungsprozesse nicht mehr zu

---

1 Damit soll nicht gesagt werden, daß das Bevölkerungswachstum der 3. und 4. Länder die Ursache der Naturzerstörung sei; die größten Umweltzerstörer werden weiterhin die Industrieländer sein, je reicher, desto mehr. Freilich wirken sich Naturzerstörung, Ressourcenausbeutung, Klimaschwankungen etc. auf die armen Länder besonders dramatisch aus. Das haben Berechnungen des World-Watch-Instituts ergeben, Bericht 1989/90, Frankfurt am Main 1990.

installieren. Demokratie könnte sich mithin als ein historisch bedingter kultureller Wert erweisen, der nicht nur von gesicherten materiellen und bildungsmäßigen Grundausstattungen abhängig ist, sondern – was man bisher übersah – mindestens ebenso von einer intakten Reproduktionsfähigkeit der Natur und einem Bevölkerungswachstum, das in Zukunft unter 1 % liegen muß.

Diese externen Randbedingungen demokratischer Evolution – die aus inneren Gründen an langfristiges Lernen gebunden ist – drohen jedoch zusammenzubrechen. In gewisser Hinsicht bedeutet das eine Art Renaturalisierung der Gesellschaften. Bestand ein Zentrum der gesellschaftlichen Anstrengungen traditionell darin, eine stabile Unabhängigkeit von den destruktiven Mächten der Natur und eine funktionsfähige Allianz mit den kreativen Potenzen der natura naturans zu erlangen, so rücken in Zukunft auf zwei Ebenen elementare Naturgewalten ins Innere von Gesellschaft: das ist 1) die natürliche Koppelung der Naturmacht Sexualität mit der Naturabsicht auf Zeugung (diese Koppelung muß unterbrochen werden); und das sind 2) die elementaren Basisbedingungen, die seit der neolithischen Revolution das Überleben der Gattung gesichert haben: atembare Luft, fruchtbarer Boden, trinkbares Wasser, ausreichender Lebensraum, genügend Energie, stabiles Klima.[2]

Die Probleme, die auf uns zukommen, sind so komplex, daß die historische Ablösung der bei uns entwickelten, demokratischen Problemlösungsstrategien denkbar ist. An ihre Stelle könnte so etwas wie eine Öko-Diktatur und eine imperiale Amputation des Selbstlaufes der Generativität treten – geplant von Expertensystemen, die jenseits von jeder Partizipation durch Betroffene arbeiten, und durchgeführt unter dem Schutz eines Militärs, das vorwiegend zur innergesellschaftlichen Stabilisierung eingesetzt wird.

Der Krieg, der zu befürchten ist: das wird nicht mehr der globale Atomkrieg sein, der die Menschheit auslöscht – das war die Angst bis Anfang der 80er Jahre. Sondern Kriege werden entstehen auch durch Kollapse von gesellschaftlichen Integrationschancen, wenn elementare Ressourcen nicht mehr zur Verfügung stehen, der Lebensraum ausgegangen ist, und ein Überleben nur noch durch Raubzüge und riesige

---

[2] Naturkrisen treten also genau in den klassischen »Reichen« der Vier-Elementenlehre auf, die wissenschaftlich etwa 1780 überwunden wurde: in den Bereichen also von Luft, Wasser, Erde und Feuer (Energie), sowie deren aller Zusammenwirken: dem Wetter.

Wanderbewegungen verzweifelter Massen gesucht wird. Deswegen wird die konventionelle Rüstung auf hohem Niveau fortgesetzt werden. Kriege werden nicht mehr nur aus imperialen oder ideologischen Gründen geführt werden (bzw. sie werden so verkleidet sein); es werden *Kriege um Natur* und *Kriege mit der Waffe der Natur* sein. Vielleicht lehrte dies bereits der letzte Golf-Krieg.

Zugleich aber wird jener nicht erklärte Krieg, in welchem wir uns schon jetzt befinden – wenn nämlich täglich 20 000 Kinder an Hunger sterben –, zugleich wird also dieses stumme Morden sich exponentiell vermehren. Und wir müssen uns klar darüber sein, daß dies einen stillen Faschismus bedeutet: es muß das »lebensunwerte Material« sterben, das störende Zuviel an Menschen. Obwohl längst klar ist, daß diese lautlose Brutalität keineswegs die Bevölkerungsprobleme löst, weil das Geburtenwachstum die Sterberate immer übersteigt, so ist dieses factum brutum dennoch ein gigantischer Gewöhnungsprozeß an die zynische Tatsache, daß es das universelle Recht auf Leben längst nicht mehr gibt – mithin der Mord als Mittel des Lebenserhaltes toleriert wird. Wo derart ein gemeiner, tückischer, würdeloser Tod – als äußerster Gegensatz einer der drei antiken Künste, der ars moriendi, die zu den höchsten kulturellen Errungenschaften der Vergangenheit gehörte –, wo also der schmutzige Tod sich ubique et numquam – wie ein Gott also – im Leib der Menschheit etablieren wird, da ist der größte Gegensatz zu Demokratie, Humanität und Kunst erreicht.

Die 15-Millionen-Städte der Entwicklungsländer werden heute bereits als Nekropolis bezeichnet. Eine Weltgesellschaft aber im Zeichen der Nekropolen: wie soll man dies verstehen? Sind die Nekropolen nur noch magisch-mythisch als Opferaltäre für einen archaischen Todesgott zu begreifen? Es ist – so will ich andeuten und damit einen Gedanken Walter Benjamins variieren – denkbar, daß die zukünftige Entwicklung zu einer Wiederholung der mythischen Urgeschichte wird. Das hieße, am Ende der Geschichte vollständig wieder unter den Bann der Natur zurückzusinken, ihre böse Dämonie: Planierung der Humangeschichte durch einen Tod, den die Menschen planlos-bewußt herbeigeführt haben.

III *Beobachtungen zu Behinderungen der Naturästhetik in der westlichen Kultur*

Daß die Chancen einer Naturästhetik auch in unserer Kultur heikel sind, hängt vorrangig damit zusammen, daß die Tempi und Rhythmen der realen Naturentwicklung einerseits und einer kulturellen Verbreitung praktisch wirksamer Naturästhetik andererseits völlig verschieden sind. Es ist möglich, daß die Naturkrise aufgrund des Wachstums der Weltbevölkerung und des Ausbleibens struktureller Eingriffe in den Naturraubbau derart beschleunigt wird, daß dabei so empfindliche Entwicklungen wie die Einübung von naturästhetischen Praktiken als erste untergehen könnten.

Wenn man, in Anlehnung an Kant, die Naturästhetik versteht als die praktische Gestaltung und kulturell differenzierte Wahrnehmung der Natur nach Gesichtspunkten der lebenszuträglichen Lust, der intensiven Dissonanzerfahrung (das Erhabene), der schönen Wohlgeordnetheit des Mannigfaltigen in seiner Einheit, der zwecklosen Zweckmäßigkeit und der Achtung für die »Technik der Natur« – dann bemerkt man sogleich, daß eine solche Ästhetik Vermögen und Haltungen voraussetzt, zu deren Ausbildung langfristige Bildungsprozesse erforderlich sind. Auch wenn Kant die Ästhetik transzendental begründete, so wußte er doch so gut wie das ganze 18. Jahrhundert, daß Ästhetik an hohe Niveaus von Bildung und Sinnenbewußtsein gebunden war. Dabei ging es Kant hinsichtlich der Naturästhetik sogar nur um deren Rezeptionsseite: letztlich um eine Selbsterfahrung des Subjekts, welches, in distanzierter Haltung, angesichts von Naturschönem oder Erhabenem eine innere Übereinstimmung seiner Vermögen erfährt, in der Achtung der Natur mithin letztlich einen Anlaß gewinnt zur reflektierten Achtung des eigenen Selbst in seiner Intelligibilität. Trotz dieser Einschränkung ist Kant der letzte bedeutende Theoretiker, der das Naturschöne noch vor dem Kunstschönen rangieren läßt. Mit Hegel beginnt der Zerfall der Naturästhetik auch theoretisch. Seither rangiert das Artifizielle vor dem Schönen der Natur so eindeutig, daß bis auf Ansätze bei Bloch und Adorno kein Philosoph des 20. Jahrhunderts sich veranlaßt gesehen hat, eine ästhetische Theorie der Natur auch nur zu versuchen. Ästhetisch gesehen verfiel das Naturschöne und Naturerhabene in der Moderne der Verachtung.[3]

---

3 Vgl. dazu Hans Robert Jauss, »Ursprünge der Naturfeindschaft in der Ästhetik der

Darin drückt sich eine doppelte Entfremdung der Moderne aus. Daß die Ästhetik aus dem Wissen (aus der Wahrheit) ausgeschlossen wurde, traf die Naturästhetik besonders nachhaltig; denn die Natur als Objekt der Naturwissenschaften wurde in die Regie des letztlich technischen Wissens genommen. Das bedeutete den rigorosen Ausschluß ästhetischer Einstellungen zur Natur aus den Wissenschaften. Als Subjekt des Wissens tritt man aus der Distanz einer Natur gegenüber, hinsichtlich derer der Mensch der andere und die gegenüber dem Menschen das Fremde ist. Zudem kam Natur in den Wissenschaften nur als experimentell arrangierte zur Geltung; nicht in ihrem Sich-Zeigen wurde sie Thema der Wissenschaften, sondern in den Formen, in denen sie – technisch – zur Erscheinung gebracht wurde. Schließlich hängt der Verfall der Naturästhetik mit einer Verdrängung des Leiblichen aus dem Selbstbewußtsein des Menschen zusammen. Der Leib als die Natur, die wir selbst sind, wurde ebenso wenig zum Thema der Medizin wie der Philosophie, sondern nur der Körper, insofern er als res extensa in Strategien der Bemeisterung und Instrumentalisierung eingebaut werden konnte.

Die von Westeuropa ausgehende technische Ausbeutung der Natur ist folglich komplementär zu sehen mit dem Verfall einer Naturästhetik, für die es seit der Romantik keine wesentliche theoretische oder kulturelle Deckung mehr gab. Das gegenwärtig angestiegene ästhetische Bedürfnis nach Natur ist wesentlich durch ökologische Krisen und gesundheitliche Schäden bedingt, keineswegs in einer womöglich verbreiteten Naturästhetik motiviert. Im Gegenteil werden Ökologiefragen zumeist nur in selbst wieder technisch-naturwissenschaftlichen Ökosystemtheorien[4] thematisch, welche die Einbeziehung der ästhetischen Dimension nahezu vollständig vermissen lassen. Und dort, wo die lädierte Natur sich eigenleiblich, als umweltbedingte Schädigung der Gesundheit aufdrängt, da werden Antworten durchschnittlich auf der Ebene von Vermeidungsimperativen, einer diätetischen Lebensführung oder von Fitneß-Programmen gesucht, die keineswegs eine Naturästhetik des kleinsten Raumes (des eigenen Leibes) begrün-

---

Moderne«, in: Heinz-Dieter Weber (Hg.), *Vom Wandel des neuzeitlichen Naturbegriffs*, Konstanz 1989, S. 207-226.
4 Vgl. dazu Wolfgang Sachs, »Natur als System: Vorläufiges zur Kritik der Ökologie«, in: *Das Magazin* 1 (Wissenschaftszentrum Nordrhein-Westfalen 1991), S. 11-15.

den. Vielmehr herrscht auch hier ein technizistisches Verständnis des eigenen Leibes vor.

An diesen kulturellen Erscheinungen ist abzulesen, daß für eine theoretische Ausarbeitung und Umsetzung von Naturästhetik auch in unseren Gesellschaften Zeiträume beansprucht werden, die möglicherweise nicht mehr zur Verfügung stehen. Die Disproportion der beiden Zeiten – der Zeit der durch Industrialisierung und Bevölkerungsexplosion forcierten Naturzerstörung und der Zeit der kulturellen Differenzierungsprozesse, die zur Entwicklung einer Naturästhetik erforderlich sind –, diese Disproportion kann dazu führen, daß die Neuorientierungen des Leib-Seins des Menschen nicht mehr zu einer praktisch wirksamen Entfaltung kommen können. Tatsächlich aber wird die Weise, in der wir Leib sind und haben, die Weise, in der unsere eigenen leiblichen und sinnlichen Spürvermögen kultiviert werden, aber entscheidend für das Schicksal einer Naturästhetik sein. Empfindlichkeit – nicht als moralisches, sondern als ästhetisches Vermögen – ist als ein hochrangiges kulturelles Entwicklungsziel allererst durchzusetzen. Die immer schon ästhetischen Stile, in denen wir Städte bauen, Landwirtschaft betreiben, mit Tieren und Pflanzen umgehen, Verkehrssysteme etablieren; die immer schon ästhetischen Stile, in denen wir spüren, lieben, wahrnehmen, kreativ sind, kommunizieren, begehren – also leibliche Lebewesen sind –: diese Stile werden jedenfalls darüber entscheiden, ob wir weiterhin die natürliche Mitwelt und unseren Leib wesentlich in einer Ästhetik der Gewalt oder in einer Ästhetik der Allianz, der Schonung, der Achtung, der Behutsamkeit und des Sympathetischen einrichten werden.

IV *Elektronische Medien und Naturästhetik*

Es scheint nun, daß die kulturelle Dominanz der elektronischen Medien mit ihrem Zug zur radikalen Artifizierung der Welt die Chancen einer Naturästhetik schmälert. Denn Naturästhetik muß gerade von der Anerkennung dessen ihren Ausgang nehmen, was in den Projekten der neuen Philosophen des elektronischen Zeitalters überschritten werden soll: das ist dasjenige, was von sich aus da ist, die physis; das ist die Welt der realen Dinge und ihrer Atmosphären; das ist die Endlichkeit, die Anerkennung also von Geburt und Tod; das ist, damit verbunden, die Anerkennung der Zeiten von Natur und Geschichte und das ist schließlich die Anerkennung der Ordnung (bzw. der natürlichen Unordnung) der Geschlechter. Auch hier gebe ich nur in Umrissen an, in welcher Weise die Überführung der Kultur in einen elektronischen Kosmos die Chancen einer Naturästhetik betreffen.

1. – Es ist eine generelle Verschiebung der Aufmerksamkeit zu konstatieren, die zunehmend von der verelendeten physischen Welt sich verlagert in eine imaginäre bzw. simulierte Welt. In Arbeit wie Freizeit gleichermaßen heißt gesellschaftliche Anwesenheit: die imaginäre Präsenz der Menschen in den Netzwerken der Medien. Dies kann man als Übergang zu einem neuen platonischen Zeitalter interpretieren, oder, wie Horst Bredekamp sagt, als späte Rache Platons an Aristoteles[5]: die platonische Höhle, in der die Menschen dem Schattenspiel der projizierten Ideen zusehen, wird heute durch die milliardenfache Präsenz der Bildschirme gebildet, die unsere Realität *sind*.

2. – Nach meiner Überzeugung ist die technische Eröffnung der absoluten Räume der elektronischen Medien komplementär zur Raumenge in der terrestrischen Welt zu verstehen. Raumenge ist, nach Hermann Schmitz, phänomenologisch die Erscheinungsweise von Angst.[6] Das »gehinderte ‹Weg!›« ist die Struktur der Angst. Tatsächlich gibt es auf und von der Erde kein Weg! mehr. In eben dieser historischen Situation – die das Ende des wirklichen Reisens, des Reisens ins Unbekannte und Utopische bedeutet – werden die virtual realities zu einer kulturellen Allgemeinheit entwickelt, welche die raumlos gewordenen Menschen gewissermaßen mutiert zu Aktanten in den unbegrenzten Räumen des elektronischen Kosmos. Wenn man die Kulturgeschichte als eine Geschichte der Raumrevolutionen interpretiert –

---

5 Horst Bredekamp, »Der Mensch als ‹Zweiter Gott›: Motive der Wiederkehr eines kunsttheoretischen Topos« (Unveröff. Manuskript). Teilweise u. d. T.: »Mimesis, grundlos«, in: *Kunstforum* 113 (1991), S. 278–288. – Vgl. Jean Baudrillard, »Videowelt und fraktales Subjekt«, in: Ars Electronica (Hg.): *Philosophien der neuen Technologie*, Berlin 1989, S. 129: »Dies ist die reine Form der Kommunikation, die nur dem Promiskuität des Bildschirms und den elektronischen Text als Filigran des Lebens kennt, wo wir uns in einer neuen Höhle des Platon wiederfinden und nur noch die Schatten fleischlicher Lust an uns vorüberziehen sehen.« – Der historisierende (und nicht nur, wie bei Baudrillard, metaphorische) Blick, den H. Bredekamp auf die elektronische Medien wirft, ist ebenso fruchtbar wie notwendig zum Verständnis dessen, was als das Ultraneue sich darstellt. – Das Bilderspektakel in Platons Höhle brachte schon Bernd Busch in seiner vorzüglichen Geschichte der Fotografie mit der Substituierung des Wirklichen durch dessen Bilder (Fotos) in Verbindung. Vgl. Bernd Busch, *Belichtete Welt: Eine Wahrnehmungsgeschichte der Fotografie*, München 1989, Kapitel 1.
6 Hermann Schmitz, *System der Philosophie*, Bd. 1: Die Gegenwart, Bonn 1965.

wie Ernst Kapp und Carl Schmitt[7] –, dann befinden wir uns mit der gegenwärtigen technologischen Revolution zugleich auf der Schwelle zu einer neuen Raumordnung: der Transformation von Realräumen in die virtuellen, multiplen, selbstreferentiellen, mehrdimensionalen endlosen Tiefenräume der Computersimulation. Die kulturelle Funktion dieser Transformation wäre, die Angst zu vertreiben, die strukturell zur Raumenge auf der überbevölkerten Erde gehört.

3. – Traut man den Äußerungen der neuen Chef-Denker des Zeitalters, so folgen sie einem uralten Phantasma: der Idee des Menschen als secundus deus[8]. Es geht um die Überwindung der Endlichkeit durch die Etablierung eines in sich selbst unendlichen Status, um die Unerschöpflichkeit möglicher Welten[9]. Die informationellen Kosmen sind in denselben Zeichen geschrieben, in denen Gott die Welt schuf. Denn Gott schuf die Welt aus dem Alphabet, aus mathematischen Zeichen, als Algorhitmus[10]. Die reale Welt ist gegenüber ihrem ideellen Code, der in sich unendliche Welten enthält, ephemer und gleichgültig. Computing ist Schöpfung – das erste Mal im unzerstörbaren Material des absolut Artifiziellen und in der Weise, in der göttliche Souveränität sich gegenüber der menschlichen Mühsal zelebrierte: als Spiel.

4. – Die Decodierung des menschlichen Genoms, die chemische und mechanische, zunehmend computergesteuerte Prothetik, die Idee der Kreation neuer Lebewesen höherer Ordnung oder der Klonierung – all dies folgt der alten historischen Schubkraft, dem ephemeren Leib zu entkommen, dem Leib in seiner Abhängigkeit vom Geborenwerden und Sterben, dem Leib, der lebensfähig ist nur im Durchgang der Stoffe, pathisch und porös gegenüber den ergreifenden Mächten, die sich in ihm verkörpern. Die prothetischen und gentechnischen Phantasmen[11] verlängern die alten Träume, die darauf zielten, die imperfekte

---

7 Ernst Kapp, *Vergleichende Allgemeine Erdkunde*, Braunschweig ²1868. – Carl Schmitt, *Land und Meer: Eine weltgeschichtliche Betrachtung*, (1942), Berlin ³1981. – Hartmut Böhme, »Umriß einer Kulturgeschichte des Wassers«, in: ders. (Hg.), *Kulturgeschichte des Wassers*, Frankfurt am Main 1988, S. 31ff.
8 Vgl. Horst Bredekamp, »Der Mensch als 'Zweiter Gott'« (Anm. 5).
9 Es ist zu beachten, daß hierbei jener Gedanke von Leibniz umgekehrt wird, wonach Gott aus der unendlichen Fülle möglicher Welten die optimale geschaffen habe: die mangelhafte Erde wird in Richtung auf unendlich viele mögliche Welten überschritten.
10 Vgl. dazu in historischer Perspektive Arno Borst, *Computus: Zeit und Zahl in der Geschichte Europas*, Berlin 1990.
11 Aufschlußreich dazu bereits: Michel Tibon-Cornillot, »Der transfigurative Körper: Zur Verflechtung von Techniken und Mythen«, in: D. Kamper / Chr. Wulf (Hgg.), *Die*

Leiblichkeit hinter sich zu lassen und eine höhere, postbiologische Existenzform zu kreieren. Nicht zufällig setzen die Computer-Avantgardisten die Idee zölibatärer Junggesellenmaschinen fort[12]. Es geht um die Aushebelung der Frau und ihrer Gebärpotenz, um die Aushebelung der Naturmacht Sexualität, der wir unterliegen. Jean Baudrillard bezeichnet es gerade als Nicht-Entfremdung, wenn das »fraktale Subjekt« mit den Zeichenmaschinen einen integrierten Schaltkreis bildet: dann verschmelze der Körper mit den Maschinen der virtual realities derart, »daß sie fast schon genetisch zu ihm gehören«[13]. In gleicher Weise wird dem archaischen Wunsch nach Todesüberwindung Nahrung gegeben: den Tod besiegen durch Überwindung des Leibes – und sei's in der Form des elektronischen Überlebens[14] oder der Klonierung: dies ist eine uralte religiöse Erlösungsmystik, aus Todesangst geboren, die magisch-technisch gebannt werden soll. Schließlich wird in den Simulationstechniken, wovon der noch unvollkommene Cyberspace eine erste qualitativ revolutionäre Stufe darstellt, eine Aushebelung der naturgeschichtlichen Verklammerung von sinnlichen Erlebnissen, Körperaktion und realer Objektwelt unternommen. »Ich« erlebe und »ich« agiere in einem virtuellen Raum, welcher – der Idee nach – die perfekte Simulation des Lebens darstellt. Das monadische Universum ist geboren – nicht nur die soziale »Welt am Draht«, wie sie R.W. Fassbinder in seinem gleichnamigen Film schon früh vorausphantasierte,

---

Wiederkehr des Körpers, Frankfurt am Main 1982, S. 145–164, – sowie für die Phantasmatik der ersten Generation von Gen-Biologen: Richard Kaufmann, *Die Menschenmacher*, Frankfurt am Main 1964 (über das berüchtigte Ciba-Symposion in London 1962).
12 Vgl. Harald Szeemann (Hg.), *Junggesellenmaschine*, Ausstellungskatalog, Frankfurt am Main 1975. – In technikphilosophischer Perspektive jetzt: Marie-Anne Berr, *Technik und Körper*, Berlin 1990. – Ferner in psychologischer Sicht Alexander Krafft / Günter Ortmann (Hgg.), *Computer und Psyche*, Frankfurt am Main 1988.
13 Jean Baudrillard, »Videowelt und fraktales Subjekt« (Anm. 5), S. 125. – Vgl. ebd. S. 113: »Ein eigentümlicher Narziß: er sehnt sich nicht mehr nach seinem vollkommenen Idealbild, sondern nach der Formel einer endlosen genetischen Reproduktion.« – »Das Videostadium hat das Spiegelstadium abgelöst.« (ebd. S. 120) – »... wenn man sämtliche mechanischen und energetischen Prothesen als einen Auswuchs des Körpers begreift, wird der Körper selbst zum künstlichen Auswuchs des Menschen und der Mensch zum künstlichen Auswuchs seiner eigenen Prothesen« (ebd. S. 115) – Der Mensch werde »ex-orbitant und ex-zentrisch« (ebd.) und diese auf der Jungfräulichkeit der Maschinen beruhende Fleischlosigkeit des Sex mache den »Junggesellencharakter der telematischen Menschen« (ebd. S. 128) aus.
14 »Übrig bleibt ein metastatischer, ein fraktaler Körper, dem das Versprechen der Auferstehung nicht mehr voraussteht.« (Jean Baudrillard, »Videowelt und fraktales Subjekt«, Anm. 5, S. 117.)

sondern ebenso: vollständig simulierte Natur¹⁵. Leben ist nicht länger dem Geheimnis der natura naturans geschuldet, sondern ist die Kreation der Rechner-Mensch-Interaktion. Und schließlich bedeutet all dies in seiner Summe die Ausschaltung von Geschichte, der Zeit der Humangeschichte und der Zeit von Naturgeschichte als den beiden Zeitlichkeiten, in denen mit einiger anthropologischer Konstanz das menschliche Leben seine prekäre Seinsform zu gewinnen hatte.

V *Warum dennoch Naturästhetik?*

Während also auf der einen Seite die realen Prozesse der Naturzerstörung fortschreiten, Renaturalisierungen von Gesellschaften, Kriege um Natur und Zusammenballungen chancenloser Menschenmassen in den Metropolen zu erwarten sind, wird auf der anderen Seite im Zeichen des Übergangs zur High-Tech-Gesellschaft der Ausstieg aus der Natur vorbereitet. Dazwischen muß eine ästhetische Theorie der Natur prima facie als anachronistische Romantik wirken.

Vielleicht ist es jedoch so: Es gehört zur historischen Lage, theoretische Klärungen vorzubereiten auch unter den Bedingungen der Unwahrscheinlichkeit ihrer Einlösung. Die Geschichte, die wir kennen, löst sich vielleicht auf. In klassischen Kategorien gesprochen bedeutet dies den Eintritt ins Erhabene. Der darin wirksame Schrecken, das Chaos, das überwältigend Dissonante, die Präsenz des Todes, die Überfälle der Angst und des Schocks, die Konfrontation mit dem Unvorhergesehenen, das Häßliche und die Gewalt – dies sind die wesentlichen Erfahrungsmomente der Kunst der Moderne, die ihren paradoxen Status darin gewann, angesichts solcher Erfahrungen den Formprozeß nicht etwa abbrechen, sondern vielmehr zum genauen Ausdruck derselben werden zu lassen. Eben darum ist die Ästhetik des Erhabenen das Zentrum der Kunst der Moderne. Und dies zu recht. Denn nach Kant besteht das Erhabene darin, angesichts eines Unvorstellbaren oder Übermächtigen – einer Größe oder Kraft also, die uns über-

---

15 Zu beachten ist, daß hier wiederum ein Gedanke von Leibniz technisch realisiert werden soll: daß nämlich die fensterlosen Monaden (mit ihrer individuellen Spielwelt) gleichwohl in unverbrüchlicher Kohärenz und prästabilisierter Harmonie mit allen anderen Monaden sich befinden: prästabilisiert durch das identische Programm und verbunden durch das Fenster des Imaginären, den Bildschirm.

fordert –, gleichwohl eine Form der Selbstbehauptung zu entwickeln. Vielleicht charakterisiert die Struktur des Erhabenen aber nicht nur weite Teile der Kunst, sondern unterdessen auch die Theorie. Im Blick auf die Naturästhetik kann dies auch heißen, daß ihr Projekt entlastet wird davon, praktischen Sinn machen zu müssen. Theoretische Anstrengung in einem historischen Zustand der Liminalität, des Schwellenraums, kann auch heißen, daß ein Unternehmen wie die ästhetische Theorie der Natur nicht der Vorentwurf einer zukünftigen Geschichte der Natur ist, sondern das Testament oder das Stilleben – gleichsam die theoretische nature morte einer Vergangenheit. Immer schon war ein großer Teil der historischen Arbeit Projekten gewidmet, die zum ungleichzeitig Möglichen des Geschichtsprozesses gehörten. So ist denkbar, daß aus den Ressourcen unserer Geschichte heraus das Projekt einer Naturästhetik heute an einer Stelle formuliert wird, an der seine Einlösungsbedingungen bereits vernichtet sind. Wenn dies ein Grund wäre, etwas nicht zu tun, dann hätte es – um einige Beispiele zu nennen – auch nicht Thomas Müntzer, Giordano Bruno, Novalis oder Hölderlin geben müssen.

VI Thesen zur philosophischen Grundlegung einer ästhetischen Theorie der Natur

1. – Eine ästhetische Theorie der Natur darf sich nicht nur auf die Analyse der sprachlichen und medialen Vermittlungen von Natur beziehen. Ein konstitutionsästhetischer Ansatz wäre nämlich möglich, ohne sich auf Natur selbst zu beziehen, auf die Natur also, die wir sind und die unsere natürliche Mitwelt bildet. Die Konstruktion der Natur hätte dabei ihre Entsprechung in der völligen Simulation von Natur. Der ideale Zielpunkt eines solchen theoretischen Konzepts wäre also die Gleichsetzung von Natur und Kunst (Artefakt).

Andererseits darf eine ästhetische Theorie der Natur sich nicht nur auf physis im griechischen Sinn beziehen; sondern alle Formen der angeeigneten Natur, d.h. der bearbeiteten bzw. der sekundären (künstlichen) Natur sind in eine Naturästhetik einzubeziehen. Dies ist umso dringlicher, als es »freie Natur« – ein Begriff des 18. Jahrhunderts, der bereits ein Reflex des von Natur distanzierten Stadtbürgers ist – in mittlerer Größenordnung nicht mehr gibt. Durchaus gehören Stadtlandschaften und selbst Interieurs, gehören also die architektonischen

Environments als zweite Natur in den Einzugsbereich einer ästhetischen Theorie der Natur.

2. – Eine ästhetische Theorie der Natur muß sich von der Tradition der Kunstwerks-Ästhetik, die eine Produktions- oder Werkästhetik ist, verabschieden. Das Ästhetische darf nicht auf das Gemachte eingeschränkt werden. Denn das hieße: es wären nur Kunstwerke thematisch, die explizit auf Natur referieren; oder es wäre Natur nur thematisch, insofern sie als »kunstwerkförmig« verstanden werden kann – also z.B. Landschaftsästhetik als Analogon zur Ästhetik von Landschaftsmalerei.

Andererseits darf Naturästhetik nicht eingeschränkt werden auf die Rezeptionsseite, so daß sie sich erschöpfte in einer transzendentalen Analyse der Wahrnehmungseinstellungen, die das Subjekt in seinem Verhältnis zur Natur zeigt. – Das aber tut Martin Seel, der das außerordentliche historische Verdienst für sich in Anspruch nehmen darf, den ersten systematischen Entwurf einer »Ästhetik der Natur« vorgelegt zu haben.[16] Trotz ihrer hervorragenden Analysen im einzelnen weist die Ästhetik Seels strukturelle Schwächen auf. Die drei Grundkategorien – das kontemplative, das korresponsive, das imaginative Verhältnis zur Natur – sind viel zu sehr auf der Linie der Kantschen Urteilskraft gedacht. Die sehr gelungenen phänomenologischen Analysen von Wahrnehmungsakten verwandeln sich im Schatten Kants zu transzendentalen Kategorien der Konstitution des wahrnehmenden Subjekts und nur desselben. Dabei gerät außer Sicht, sowohl, daß die drei Einstellungen *historisch* bestimmte Typen von Ästhetik repräsentieren (die genetische Dimension entfällt zugunsten der ahistorisch-transzendentalen), wie auch, daß für das Zustandekommen von Natur-Aisthesis die Analyse der Subjektseite grundsätzlich nicht hinreichen kann. Die spezifische Mitbeteiligung der Natur selbst in ihren charakteristischen Formationen bleibt bei Seel beiläufig, obwohl sie eine tragende Säule einer Naturästhetik, also explizit thematisch werden muß. Bleibt so auf der einen Seite die magische, mythische, mystische, zivilisationshistorische und ästhetikgeschichtliche *Herkunft* der ästhetischen Kategorien Seels unbehandelt, so auf der anderen Seite die Natur in ihrer Materialität.

---

16 Martin Seel, *Eine Ästhetik der Natur*, Frankfurt am Main 1991. – Eine ausführliche Auseinandersetzung mit diesem Buch erfolgt an anderer Stelle.

Doch selbst wenn man Natur auf »immer schon durch Wahrnehmung konstituierte Natur« beschränkt und das Subjektverhältnis zu ihr darum das einzige Zentrum der theoretischen Analyse bleiben soll, so weist die Arbeit Seels auch innerhalb eines solchen Rahmens systematische Leerstellen auf. Gänzlich unberücksichtigt bleibt eine Differenzierung der ästhetischen Verhältnisse nach den *Medien* ihrer Konstitution: daß Alltagswahrnehmung von Umgebungen sich unterscheidet von künstlerischer, und diese wiederum zu differenzieren ist, je nachdem, ob es sich um sprachliche, bildkünstlerische, filmische oder simulationstechnische Vergegenwärtigungen von Natur handelt, fällt Seel nicht bei. Oder auch: es kann doch wohl kaum eine subjektbezogene Naturästhetik geben, die über die Einbeziehung der spezifischen Leistung der fünf Sinne hinaus nicht auch die Wahrnehmungsbilder in Korrelation zu *Bewegung und Geschwindigkeit* berücksichtigt. Seel theoretisiert durchweg bildungsbürgerliche Einstellungen zur Natur, die sich aus Erfahrungen von bildender Kunst, Literatur und müßigem Verweilen in Natur herleiten; dabei herrscht so viel undurchschaute »kulturelle Selbstverständlichkeit«, daß Seel die Wirklichkeit der Mediengeschichte bzw. der Bewegungstechniken in der kulturellen Bildung naturästhetischer Einstellungen nahezu völlig entgeht.

Die phänomenologische Reduktion im Dienst der transzendentalen Auszeichnung dreier reiner, nicht weiter ableitbarer Typen von Wahrnehmung – und das ist eine große Leistung Seels – »vergißt« gleichsam die Goethesche Einsicht, wonach alle Wahrnehmung schon Theorie oder, nach Hegel, historisch vermittelt ist: eine reine und selbstreflexive Wahrnehmung kann es nicht geben – jedenfalls und gerade in der Naturästhetik nicht. Selbst die »kontemplative« Dingwahrnehmung mit ihrer von allem Sinn befreiten Konzentration auf nichts als das Phänomen entspricht kulturellen Mustern.

Vor allem aber – und das überrascht bei einem Titel *Eine Ästhetik der Natur* – fehlt bei Seel völlig die Reflexion darauf, daß der Mensch, welcher der Natur in bestimmten Einstellungen gewahr wird, immer auch selbst Natur ist. Und das wenigstens sollte einen Ausgangspunkt von Naturästhetik bilden, damit diese nicht wieder anthropozentrisch und subjektivistisch verengt wird. Das Wahrnehmungssubjekt Seels bleibt folglich von zwei Seiten ganz unbeleuchtet: von der Seite der Geschichte und von Seiten der Natur, die ihm nicht nur entgegensteht (objektiv), sondern die es, in anderer Weise, selbst auch ist.

3. – Ästhetik ist wieder in einem allgemeinen Sinn, wie ihn Alexander Baumgarten (*Aesthetica*, 1750) entwickelte, als Erkenntnisform, und zwar als sinnliche Erkenntnis zu entwickeln. Das aber heißt: Die Kopräsenz von Dingen (oder Dingensembles) und sinnlich-leiblich wahrnehmendem Subjekt ist zum Ausgang einer ästhetischen Theorie zu wählen.

Die Frage ist, wie diese Kopräsenz in einer ästhetischen Theorie zu denken ist und was in dieser und nur in dieser Kopräsenz erkannt wird.

Hier soll eine Erinnerung an die Wahrnehmungstheorie des Aristoteles die Richtung weisen (im folgenden beziehe ich mich auf einen theoretischen Prospekt, den mein Bruder Gernot und ich gemeinsam realisieren wollen).[17] Für Aristoteles ist Wahrnehmung das Ineins von Wahrnehmendem und Wahrgenommenen. D.h. Dinge und Subjekte haben ihr Sein nicht in einem Für-Sich, sondern sie treten in ihre volle Wirklichkeit gerade erst in der Wahrnehmung – dann also, wenn ein Koppelungszustand (d.i. Wahrnehmung) zwischen Ding und Ich hergestellt ist. Also: das kalt- und feucht-*Sein* des Elements Wasser tritt in seine Wirklichkeit dadurch, daß es als kalt und feucht *gespürt* wird. Das Eidos des Wassers hat gleichsam zwei Seiten: Es ist das organisierende Prinzip des Wassers, das dieses kalt und feucht sein läßt, und es tritt gleichsam aus sich heraus, indem es sich als kalt und feucht *zeigt*, nämlich als solches sich *zu spüren gibt* (*De anima* 423 b 27f).[18]

Das nun ist fundamental. Denn eine solchermaßen fundierte Naturästhetik bricht die Ontologie des in sich selbst verschlossenen Dinges auf. Auf der Linie des Aristoteles ereignet sich das Ding-Sein immer auch im metaxü. Metaxü heißt »dazwischen«. Es ist der Ausdruck für Medium (*De anima* 419 a 19ff).[19] Und Medium oder metaxü be-

---

17 Siehe auch Gernot Böhme, »Eine ästhetische Theorie der Natur: Ein Zwischenbericht«, in: ders., *Natürliche Natur*, Frankfurt am Main 1992.
18 Die Wahrnehmungslehre des Aristoteles wird vor allem in *De anima* 416 b 30 bis 426 a 15 entwickelt. Vgl. dazu das grundlegende Buch von Wolfgang Welsch, *Aisthesis: Grundzüge und Perspektiven der aristotelischen Sinneslehre*, Stuttgart 1987.
19 Was das Metaxü jeweils ist, führt Aristoteles für alle Sinne durch. Den Ausgang bildet das Sehen: »Denn das Sehen kommt zustande, indem das Sinnesorgan etwas erleidet. Dies kann aber nicht durch die gesehene Farbe selber geschehen. Also ist es nur durch das Dazwischen möglich, so daß es notwendigerweise ein Dazwischen geben muß. Wenn es leer wäre, würde man nicht genau, sondern überhaupt nichts sehen.« (*De anima* 419 a 17f) – Das »Dazwischen« ist für das Sehen das Licht, für das Hören die Luft, für das Tasten das Fleisch (»Also muß der Körper [= Fleisch] als das angewachsene Zwischen für das Tastorgan aufgefaßt werden ...«), für das Riechen Luft oder Wasser; hingegen »beim Geschmack gibt es ... kein Dazwischen«.– Metaxü hat auch die Bedeutung »mitten in der

deutet für uns: die Sphäre der Anwesenheit des Wahrnehmbaren. Die wahrnehmbaren Dinge sind in der Weise ihres Sich-Zeigens.

Traditionell wird das Sich-Zeigen als Struktur des Bildes verstanden (W. Weischedel)[20]. Bilder sind, was sie sind, indem sie sich zeigen und dabei etwas zeigen. Tatsächlich trifft dies auf alle gemachten Bilder zu. Wir meinen aber keineswegs, daß das Sich-Zeigen auf Bilder beschränkt wäre, oder daß das Sich-Zeigen der Dinge hieße, diese wären Quasi-Bilder oder sie emenierten gleichsam Bilder (das wäre die eidolon-Theorie der Wahrnehmung)[21]. Vielmehr bezeichnen wir das Sich-Zeigen, das sich selbst Präsentieren der Dinge als die *Ekstasen der Dinge*[22]. In einer ästhetischen Theorie der Natur gilt es also, eine Lehre davon vorzubereiten, die Natur ekstatisch zu verstehen. Daß Natur sich zeigt – ekstatisch ist –, ist selbst eine Naturtatsache. Sie scheint fundamentaler zu sein als die Tatsache, daß Natur wissenschaftlich erkannt werden kann. Freilich ist immer zu bedenken, daß gemäß des Heraklitschen Wortes (»Die Natur liebt es, sich zu verbergen«, Diels/Kranz 22 B 18) es sich beim Sich-Zeigen der sinnlichen Natur um ein dialektisches Spiel von Komplementaritäten handelt: der manifesten Natur korrespondiert die verborgene. Auch nach Aristoteles geht es ausdrücklich nicht um das Erkennen des »Wesens« der Dinge, sondern die Erkenntnis des Wahrnehmbaren seinen Qualitäten und seinem Begriffe nach (*De anima* 424 a 21f).

Dieser Ansatz richtet sich gegen die Projektions-Theorie. Was dies heißen soll, kann an einem schon von Hermann Schmitz benutzten Beispiel deutlich gemacht werden: Ich trete aus dem Haus in einen heiteren Morgen. In der üblichen subjektivistischen Theorie wird dies so interpretiert, als projiziere man die eigene Stimmung auf den Morgen und introjiziere diese anschließend als rein innerseelisches Geschehen.

Rede«, »mitten im Graben«. Es bezeichnet einen Schwellenraum, eine liminale Sphäre der Vermittlung. In Hinblick auf eine heutige Medientheorie ist es aufschlußreich, daß von Aristoteles jede Sinneswahrnehmung bereits »medial« ist, ja, bezüglich des Tastens ist der Körper, das Fleisch selbst das Medium.
20   Wilhelm Weischedel, »Abschied vom Bild«, in: ders., *Wirklichkeit und Wirklichkeiten*, Berlin 1960, S. 158ff.
21   Die Bildchen-Theorie der Wahrnehmung (die Dinge strömen Bilder aus, die aufs Auge treffen) hatten die Vorsokratiker entwickelt; vgl. Hartmut Böhme, »Sinne und Blick: Zur mythopoetischen Konstitution des Subjekts«, in: ders., *Natur und Subjekt*, Frankfurt am Main 1988, S. 215ff.
22   Dieser Begriff der Ekstase kann nicht hier mit der Heideggerschen Fassung von Ekstase in Beziehung gesetzt werden.

Was immer der Morgen ist – in der Heiterkeit wird nicht der Morgen erkannt, sondern erkennt das Ich sich selbst in seiner Heiterkeit. Das aber ist phänomenologisch nur ein möglicher unter vielen Fällen. Dies wird deutlich dann, wenn man in trüber Stimmung in den heiteren Morgen heraustritt und gerade die Spannung zwischen eigener Melancholie und der Heiterkeit des Morgens *spürt*. Der Morgen zeigt sich in einer Stimmung und ich spüre sie als solche, obwohl sie meine nicht ist. Solche Beispiele wären endlos fortzusetzen und auch auf die aisthesis zwischen nicht-menschlichen Lebewesen auszudehnen.[23] Die Geschichte der Literatur hat dieses Wissen vom Sich-Zeigen der Natur entgegen der rationalistischen Verengung des Ding- und Subjektbegriffs immer konserviert.

Daß Aristoteles Natur mit aistheton, mit dem Wahrnehmbaren gleichsetzt, daß er mithin es als wesentlich ansieht, daß Natur wahrnehmbar ist, das ist zu entwickeln in zwei Richtungen: in einer Theorie der Atmosphären (die das Aristotelische metaxü fortsetzt) und in einer Theorie der Leiblichkeit. Beides hängt darin zusammen, daß es in einer ästhetischen Theorie der Natur zunächst um das gespürte Befinden in Umgebungs-Räumen geht. Der wesentliche Gegenstand ästhetischer Theorie sind also Atmosphären, die von den Dingen ausgehen und in welche das Subjekt eintritt und sie spürt.

Atmosphäre ist nach Hermann Schmitz das räumliche Ergossensein von Dingen, d.h. ihr Gefühlsraum.[24] Atmosphären sind also, was von Aristoteles her als die Sphäre der Anwesenheit des Wahrnehmbaren bezeichnet wurde – die Weise also der Präsenz der Dinge im Raum. Alles hat Atmosphäre. Und diese Atmosphären sind phänomenologisch analysierbar, d.h. es gibt ein Wissen von Atmosphären, auch wenn diese sich nur durch Mitvollzug erschließen. In der traditionellen Theorie der Gartenkunst etwa sprach man von »Szenen« oder »Charakteren«. Dabei geht es um die praktische Gestaltung von Räumen, die eingerichtet sind darauf, daß Menschen, die in sie eintreten, in synästhetisch gespürte Atmosphären – Stimmungen, Befindlichkeiten – versetzt wer-

---

23 Es hat einen guten Sinn, davon zu sprechen, daß z.B. eine Blume im Öffnen und Schließen der Blüte Tag und Nacht oder Kalt und Warm »erkennt«; oder daß im Rückzug von Fluß-Krebsen die Verschmutzung des Wassers »wahrgenommen« wird. Es handelt sich dabei um anderes als Bio-Indikatoren.
24 Hermann Schmitz, *System der Philosophie*, Bd. III/s: Der Gefühlsraum, Bonn 1969, S. 98ff, 185ff.

den. Durchaus soll eine ästhetische Theorie der Natur auch praktisch dadurch sein, daß sie Architekten, Städteplanern, Landschaftsgestaltern, Umweltdesignern den theoretischen Hintergrund für ihre immer schon Atmosphären erzeugenden Environments geben.

In der Tradition gibt es einen Strang, die Physiognomik nämlich, in welcher das Wissen davon kultiviert wurde, daß Ausdruckszüge, »Charaktere« am anderen immer gespürt, mitvollzogen und entziffert werden können. Das »Gesicht« ist im interaktiven Bereich vielleicht überhaupt das paradigmatische Phänomen, an welchem klar werden kann, daß die Subjekt-Objekt-Trennung in der Ästhetik keinen Sinn macht. Denn ein Gesicht tritt in seine Wirklichkeit eben erst in der Wahrnehmung; ein Gesicht hat sein inneres Eidos, das man das organisierende Prinzip seines Ausdrucks nennen kann, und sein nach außen tretendes, sich im Zeigen präsentierendes Eidos: seine Ekstase also. In diesem Sinn hat man davon gesprochen, daß auch Landschaften oder Dinge »Gesichter« bzw. »Physiognomien« aufwiesen – und dies schienen Metaphern zu sein. In Wahrheit trifft diese Redeweise recht genau die Aufgabe einer Naturästhetik, insofern sie das Aus-Sich-Heraustreten der Naturdinge analysiert und die »Charaktere« bzw. »Atmosphären«, in denen Dinge präsent sind, zum Leitfaden einer *Typik* macht, in der sinnliche Erkenntnis – Ästhetik also – sich ausdifferenziert: als Physiognomik der Natur.

4. – In einer anderen – sprachtheologischen – Tradition kann man mit Walter Benjamin sagen, daß ein »ununterbrochener Strom« von »Mitteilung durch die ganze Natur fließt«[25]. Es gibt eine Bewegung des stummen Ausdrucks der Dinge hin zu der Sprache des Menschen, welche jene Stummheit dolmetscht. Dies ist eine grandiose, metaphysische Hoffnung der Naturästhetik. Sie läßt Benjamin jedoch nicht die gene-

---

25 Walter Benjamin, »Über Sprache überhaupt und die Sprache des Menschen«, in: ders., *Gesammelte Schriften*, hg. von Rolf Tiedemann, Frankfurt am Main 1977, Bd. II/1, S. 157. – Es kennzeichnet die metaphysische Sprachauffassung Benjamins, daß er dieses Sich-Mitteilen der Natur nicht »durch«, sondern »in« Sprache geschehen läßt. »Der Mensch ist der Erkennende in derselben Sprache, in der Gott Schöpfer ist.« (ebd. S. 149) Das begründet die paradigmatische Achse Gott – Natur – Mensch mit der Möglichkeit der (adamitischen) Namensprache sowie die syntagmatische Achse, die durch den Sündenfall und die babylonische Sprachzersplitterung bestimmt wird: mit der Folge der Trennung von Wort(zeichen) und Bedeutung: die »Verurteilung« zur Arbitrarität der Sprache, die in der Poesie wieder aufgehoben werden kann: das nicht-konventionelle Zeichen der poetischen Sprache bedeutet demnach die Rückkehr ins Sprach-Paradies.

relle »Traurigkeit der Natur« vergessen, die in ihrer »Sprachlosigkeit« begründet ist; ebenso wie umgekehrt die Trauer der natura lapsa – sagen wir: die Trauer der geschundenen Natur – diese erst stumm macht. Daß aber in der Natur ein Strom sprachlosen Sprechens präsent ist, der auf ein Vernehmen hin angelegt ist, das ist nur eine andere Wendung für die fundamentale Tatsache, daß die Dinge sich selbst auf ein Wahrgenommenwerden hin präsentieren und daß nur einem stumpfen Sinn die Dinge als in sich stumpf geschlossene Entitäten erscheinen. Freilich nennt Benjamin mit der »Überbenennung« der Dinge durch Menschensprache ein Problem und eine Gefahr: daß nämlich gerade die sprachliche Übersetzung der stummen Dinge zum »tiefsten Grund aller Traurigkeit und (vom Ding aus betrachtet) allen Verstummens«[26] werden kann. Die Sprache, in der das Mitteilen der Dinge aufgehoben sein könnte, wäre die der Kunst – diese zu dolmetschen wäre die Aufgabe der Literaturwissenschaft. Das stellt die *Theoriesprache*, in der eine Ästhetik der Natur entwickelt werden soll, vor das Problem der Angemessenheit der Sprache an die Phänomene, von denen sie spricht.

Das gilt auch für den anderen Strang einer Naturästhetik, die eine Ästhetik vom Leiblichen her sein muß. Doch liegt hier zugleich auch eine Chance. Wie die Dinge ist das Leibliche mitteilend, aber stumm. Der Leib ist die Natur, die wir sind; und zugleich finden wir im eigenleiblichen Spüren der Atmosphären und im synästhetischen Wahrnehmen der Dinge die korrespondierende, sprachlos sprechende Antwort auf die natürliche Mitwelt. Im Leiblichen aber gibt es hinsichtlich der Sprache einen unmittelbaren Reflex darauf, ob die Worte, die das Leibliche zur Sprache bringen sollen, dieses auch treffen. Eben dieses ist nämlich leiblich zu spüren – vorausgesetzt ein entwickeltes Vermögen leiblichen Bewußtseins. Dieses ist freilich kulturell nicht entwickelt. Im Gegenteil gibt es – analog zur Benjaminschen Trauer der Dinge – in der Geschichte unserer Zivilisation ein Stummwerden, eine Trauer des Leibes, in welcher sich seine kulturelle Verdrängung und philosophische Verdeckung spiegelt. Das Vermögen des leiblichen Spürens – als Gewahrwerden der Natur, die wir sind – ist so unentwickelt, daß die Kunst einer Sprache, in der das Leibliche alphabetisiert wäre, vollends verkümmert ist. Auch hier sind mannigfache Anleihen bei Literatur

---

26 *Walter Benjamin* ... (Anm. 25), S. 155.

und Kunst vonnöten; während, philosophisch gesehen, Hermann Schmitz in seiner Philosophie des Leibes vieles vorbereitet hat, was für eine ästhetische Theorie der Natur zu verwenden ist.

Was mit diesem Sprachproblem aufgegeben ist, soll abschließend an einem Beispiel angedeutet werden. Es geht dabei um die Elemente Wasser, Erde, Luft und Feuer (die ein wesentliches Kapitel einer Naturästhetik abgeben werden), und hier um die Frage, in welcher Weise die Elemente historische Medien sind, durch die dem Menschen allererst aufgegangen ist, was denn seine leiblichen Gefühle überhaupt sind. Sprachlich gesehen ist es die Frage danach, ob die naturbezogenen Ausdrücke in der Sprache der Gefühle Metaphern sind oder ein »*Hineinragen*« *der Natur in die Sprache* bedeuten. Der Schmerz, der brennend ist, unterscheidet sich deutlich vom stechenden Schmerz. Das Begehren, das mich zerfließen macht, ist ein anderes als das, welches mich in Flammen stehen läßt. Der Zustand, worin ich mich federleicht fühle, ist entgegengesetzt jenem, worin ich mich bleiern schwer fühle, usw. Was heißt dies? Von Aristoteles her sahen wir, daß die Elemente durch Sinnesqualitäten gebildet werden wie kalt/warm und trocken/feucht. Von vornherein sind die Elemente also gefaßt durch die Weise, wie sie sich zu spüren geben. Darin steckt für die Ästhetik der Natur und der Leiblichkeit ein produktiver Ansatz, der wegführt von der modernen Projektions-/Introjektionstheorie der Gefühle. Gefühle sind vielmehr vom Ursprung her das, als was die natürliche Mitwelt sich uns zu spüren gibt. Gewissermaßen emotionalisiert sich Natur in den Gefühlen und alphabetisiert sich Natur in der Sprache der Gefühle: und dies nicht als Metapher. Im Spüren und Wahrnehmen, so sahen wir mit Aristoteles, sind die Dinge ja nicht als solche unmittelbar in der Wahrnehmung, sondern eben indirekt, im metaxü, durchs und am Medium wahrgenommen. Die naturhaften Spuren der Elemente, Dinge, Phänomene der Natur in der *Sprache* der Gefühle tragen der für die Naturästhetik grundlegenden Tatsache Rechnung, daß die Dinge sich zeigen, daß sie aus sich herausgehen und in diesem Herausgegangensein, in ihren Ekstasen gespürt werden. Die Spuren der Elemente in der Sprache der Gefühle sind mithin als die stillgestellten Spuren der Ekstasen der Natur zu rekonstruieren, worin die Geschichte und Struktur unserer Leiblichkeit sich gebildet hat. Das Ernstnehmen der Naturspuren in der Sprache der Gefühle erstattet (wenigstens theoretisch) der Natur zurück, was wir ihr schulden. Darin eröffnet sich erst, was es heißt, daß ästhetische Erkenntnis der Natur immer das Erkennen des

Ähnlichen durch Ähnliches ist.[27] Natur geht am Leibe auf und legt ihre Spur in der Sprache.

Warum soll eine ästhetische Theorie der Natur in dieser Weise fundiert werden einerseits in einer Theorie der atmosphärisch sich zeigenden Dinge, ihrer Ekstasen also, und andererseits in einer Theorie der im Spüren sich verkörpernden Natur und ihrer Selbstartikulation in der Sprache der Gefühle? Die Grundabsicht einer solchen Ästhetik ist, auf diesem Weg zu einer Achtung und Schonung der Natur zu gelangen, die sich als sinnliche Kultur und nicht durch moralische Imperative ergeben. Eine Ethik des Naturumgangs wird immer prinzipiell oder pragmatisch *argumentieren* müssen. Eine Ästhetik der Natur wird aber, wenn sie denn überhaupt Chancen hat, dieselben Ziele, die in der Ethik der Natur projektiert werden, einzulösen versuchen durch sinnliche Erfahrungen und leibliches Spüren, von denen aus auch die praktische Gestaltung der Natur entwickelt wird.

---

27 Gewiß erinnert das an die Plotinsche, von Goethe in Verse gesetzte Formel, wonach das Sehen-Können der Sonne in der Sonnenhaftigkeit des Auges begründet ist. Doch schon Aristoteles findet bei der Diskussion, daß das Wahrnehmungsorgan durch das Wahrgenommene eine (anähnelnde) Modifikation erfährt, zu verwandten Formulierungen: »Das Wahrnehmungsorgan in der Möglichkeit ist so wie der Wahrnehmungsgegenstand in der Verwirklichung, wie wir gesagt haben. Es erleidet, sofern es nicht ähnlich ist, hat es sich aber umgestaltet, so ist es ähnlich geworden wie jener.« (*De anima* 418 a 6).

Bibliographische Notizen

Hartmut Böhme / Gernot Böhme, *Das Andere der Vernunft: Zur Entwicklung von Rationalitätsstrukturen am Beispiel Kants*, Frankfurt am Main 1983.
Hartmut Böhme (Hg.), *Kulturgeschichte des Wassers*, Frankfurt am Main 1988.
– *Natur und Subjekt*, Frankfurt am Main 1988.
– »Das Steinerne: Anmerkungen zur Theorie des Erhabenen aus dem Blick des 'Menschenfremdesten'«, in: Christine Pries (Hg.), *Das Erhabene: Zwischen Grenzerfahrung und Größenwahn*, Weinheim 1989.
– *Albrecht Dürer. Melancolia I: Im Labyrinth der Deutung*, Frankfurt am Main 1989.
– *Hubert Fichte. Riten des Autors und Leben der Literaten*, Stuttgart 1992.
Reinhold Grimm / Jost Hermand (Hgg.), *Natur und Natürlichkeit: Stationen des Grünen in der deutschen Literatur*, Königstein/Ts. 1981.
Jörg Zimmermann (Hg.), *Das Naturbild des Menschen*, München 1982.
Serge Moscovici, *Versuch über die menschliche Geschichte der Natur*, Frankfurt am Main 1982.
Götz Grossklaus / Ernst Oldemeyer (Hgg.), *Natur als Gegenwelt: Beiträge zur Kulturgeschichte der Natur*, Karlsruhe 1983.
Ludwieg Tepl, *Geschichte der Ökologie vom 17. Jahrhundert bis zur Gegenwart*, Frankfurt am Main 1987.
Klaus Eder, *Die Vergesellschaftung der Natur: Studien zur sozialen Evolution der praktischen Vernunft*, Frankfurt am Main 1988.
Rolf Peter Sieferle (Hg.), *Fortschritte der Naturzerstörung*, Frankfurt am Main 1988.
Heinz-Dieter Weber (Hg.), *Vom Wandel des neuzeitlichen Naturbegriffs*, Konstanz 1989.
Gernot Böhme, *Für eine ökologische Naturästhetik*, Frankfurt am Main 1989.
Martin Seel, *Eine Ästhetik der Natur*, Frankfurt am Main 1991.
Gernot Böhme, *Natürlich Natur: Über Natur im Zeitalter ihrer technischen Reproduzierbarkeit*, Frankfurt am Main 1992.

Wolfgang Welsch

Zwei Wege der Ästhetisierung

Für Arnica

Ästhetisierung – ein universaler Trend?

Im vergangenen Jahr erschien eine Anzeige der Deutschen Bundesbank, um die bundesrepublikanische Bevölkerung auf die Einführung der neuen Hundertmarkscheine vorzubereiten. Diese Scheine zeigen das Portrait Clara Schumanns, und so sah man dieses Portrait auch in der Anzeige. Dazu stand der Satz zu lesen: »Die Kenner Europas waren vereint in der Verehrung ihres Spiels«. Das hatte man im 19. Jahrhundert vom Spiel der Klaviervirtuosin gesagt. Jetzt aber hat die Deutsche Bundesbank diesen Satz flugs und umstandslos auf ihre eigenen Aktivitäten übertragen: Der Satz, so stand zu lesen, treffe heute ebenso auf das internationale Zusammenspiel der Notenbanken, insbesondere der europäischen zu – auch dieses verlange sensible Virtuosität.

Das ist eines von zahllosen Beispielen für einen gegenwärtigen Trend: Ästhetik hat Konjunktur. Auch Sphären, die von Haus aus alles andere als ästhetisch sind – wie eben die Ökonomie –, geben sich ein ästhetisches Image.

Ähnliches ist in der Werbung festzustellen. Heute steht nicht der angepriesene Artikel, sondern die ästhetische Qualität der Werbung im Vordergrund. Manchmal wird der Name des Produkts schon gar nicht mehr genannt. Es kommt eben nicht auf den Artikel an, sondern auf den Lifestyle, den die Werbung mit ihm verbindet. In ihn kauft man sich ein, indem man das Produkt erwirbt.

Ästhetisierungsprozesse sind allerorts festzustellen: Jedes Café und jede Parfümerie wird heute »erlebnisaktiv« gestaltet. Die deutschen Bahnhöfe heißen neuerdings nicht mehr Bahnhöfe, sondern nennen sich, seit sie mit Kunst garniert werden, »Erlebniswelt mit Gleisanschluß«. Ebenso ist an das pseudo-postmoderne Facelifting unserer

Städte zu denken; und natürlich an unsere Selbstgestaltung; nicht Heilige – wie einst –, und nicht Forscher oder Intellektuelle – wie vielleicht noch bis vor kurzem –, sondern die beautiful people sind die heutigen Vorbilder des Lebens.[1] In Beauty-Farms und Fitneß-Zentren betreiben wir die Verschönerung unserer Körper; und die Gentechnologie – diese neue Ästhetisierungsbranche von gigantischem Ausmaß – verspricht uns eine Welt voll perfekt gestylter Vorführmodelle.

Ästhetisierung hat aber nicht nur praktisch Konjunktur, sondern findet auch in der Theorie beredte Anwälte. Einst meinten wir in der Industriegesellschaft zu leben, dann wurden wir belehrt, wir seien postindustriell zur Kulturgesellschaft übergegangen, heute sprechen die Zeitgeistexperten von einer ästhetisierten Kultur und Gesellschaft. Der Homo aestheticus ist die neue Leitfigur.[2] Er ist sensibel, hedonistisch und narzißtisch. Er weiß, daß in einer Welt ohne moralische Normen nur noch Tischsitten und Umgangsformen – die Wahl des richtigen Glases und der passenden Begleitung zum jeweiligen Anlaß – Halt zu geben vermögen. Fundamentalistischer Illusionen ledig, lebt er alle Möglichkeiten in spielerischer Distanz. Die Kierkegaard-Literatur nimmt wieder zu.

Auch namhafte Philosophen plädieren für diese Ästhetisierung. Lyotard beispielsweise meinte, schon Adornos Denken habe sich – und uns – einer Ästhetik zugekehrt.[3] Und Lyotard selbst hat schier alle Fragen in die Perspektive der Ästhetik gebracht. Noch Gerechtigkeit sei nur im Rahmen einer erweiterten Ästhetik – generalisierter Sensibilität – denkbar.

Ich spotte nicht, ich beschreibe. Schließlich habe ich selbst mit meinem Plädoyer für ein ›ästhetisches Denken‹ gewissen Ästhetisierungstendenzen das Wort geredet – zwar nicht in jeder Form, aber doch im Kern.[4]

Manchen Kollegen geht die aktuelle Ästhetisierung noch immer nicht weit genug. Karl Heinz Bohrer beispielsweise beklagt die Provinzialität der Bundesrepublik Deutschland, vermißt ästhetische Größe und wünscht eine Ästhetisierung nicht bloß des privaten, sondern noch des öffentlichen Raumes, gar eine Ästhetisierung der Politik.

---

1 Vgl. Richard Shusterman, »Postmodernist Aestheticism: A New Moral Philosophy?«, in: *Theory, Culture & Society* 5 (1988), S. 337-355, hier S. 338.
2 Vgl. polemisch: Luc Ferry, *Homo aestheticus*, Paris 1990.
3 Vgl. Jean François Lyotard, *Heidegger und »die Juden«*, Wien 1988, S. 57.
4 Wolfgang Welsch, *Ästhetisches Denken*, Stuttgart 1990, ²1991.

Den Apologeten der Ästhetisierung stehen aber auch Warner, ja ausdrückliche Gegner gegenüber. Auf ihrer Seite spricht man von Trivialisierung, von Wirklichkeitsverlust, ja von der Zerstörung von Aufklärung und Vernunft.

Man spricht von *Trivialisierung*, weil in der alltagsästhetischen Umsetzung von den funkelnden Kristallen autonomer Kunst bloß noch das Glitzern von Straß übrigbleibt – oder van Gogh auf dem T-Shirt. Und zielte nicht auch Bretons *Amour fou* auf anderes als das Liebestreiben einer Ilona Staller?

Von *Wirklichkeitsverlust* spricht man, weil unsere Gesellschaft zunehmend durch mediale Kommunikation geprägt ist, hinter deren Bilderflut die Wirklichkeit verschwindet. Wirklichkeit findet in einer medial ästhetisierten Welt zunehmend weniger statt – so beschreibt diesen Vorgang ingeniös Jean Baudrillard.

Schließlich sagen die härtesten Kritiker, die Ästhetisierung sei nicht bloß zuweilen mit Verlusten verbunden, sondern sei insgesamt fatal. Sie zerstöre die Maßstäbe von Moral und Vernunft. Ethische und soziale Normen würden durch individuelle ästhetische Optionen, mithin durch Unverbindlichkeit ersetzt. Die Ästhetisierung der Intellektuellenrolle laufe auf die Abschaffung des Intellektuellen – oder seine Mutation zum Entertainer und Hanswurst – hinaus. Vernunft könne durch ›schönes Denken‹ eben nicht verbessert, sondern allenfalls verwässert werden. Die Ästhetisierung unserer Kultur sei der grundfalsche Weg. Gegen sie sei Widerstand im Namen der alten Ideale von Aufklärung und Vernunft geboten – so hört man es vornehmlich aus Richtung Frankfurt.[5]

Der Befund also ist einhellig: Wir leben in einer Zeit der Ästhetisierung. Die Bewertung aber ist konträr: Den einen erscheint diese Ästhetisierung als Heil, den anderen als Unheil. Die einen wähnen sich – ästhetisiert – auf der Himmelsleiter, die anderen auf einem Höllenpfad.

Ich denke, daß bezüglich dieser Ästhetisierungsprozesse eine Unterscheidung hilfreich sein könnte. Meines Erachtens sind hier zwei sehr unterschiedliche *Typen* von Ästhetisierung – *zwei Wege der Ästhetisierung* – im Spiel. Diesen beiden Wegen und ihren Unterschieden will ich im folgenden nachgehen. Ich will dadurch ein genaueres Verständnis

---

[5] Vgl. metakritisch hierzu Rortys Ironisierung des »vorwiegend im Rhein-Main-Gebiet verbreiteten Stammesidioms« (Richard Rorty, *Kontingenz, Ironie und Solidarität*, Frankfurt am Main 1989, Klappentext).

dieses Ästhetisierungs-Konvoluts gewinnen und auch eine Option begründen.

Vorgreifend und recht pauschal gesagt: Der eine der beiden Wege hat primär mit *Schönheit* zu tun, der andere mit *Wahrheit*. Der erste betrifft die *Gestaltung* der Wirklichkeit, der zweite die *Auffassung* von Wirklichkeit. Beide haben im 18. Jahrhundert begonnen. Zeitweise berühren sie einander. Aber insgesamt sind sie klar unterscheidbar.

Wenn ich im folgenden auf geschichtliche Schlüsselstellen dieser beiden Wege hinweise, so tue ich das nicht in historischer, sondern in gegenwartsdiagnostischer Absicht. Es geht mir darum, eine Entwicklung aufzuzeigen und Folgerungen aus ihr zu ziehen. Mein Verfahren könnte einigermaßen akademisch erscheinen, aber die Botschaft wird es nicht sein. Ich werde *meine* Version der Geschichte dieser beiden Wege vorstellen.

Erkenntnisverbesserung als ursprüngliches Projekt der Ästhetik (Baumgarten)

Ich beginne mit *Alexander Gottlieb Baumgarten* – nicht, weil Baumgarten der Gründungsvater und Namensgeber der Ästhetik war [6], sondern weil man bei ihm lernen kann, daß Ästhetik ursprünglich etwas ganz anderes bedeutete, als wir heute meinen. Ästhetik hatte zunächst gar nichts mit Kunst zu tun, sondern war ein erkenntnistheoretisches Projekt. »Ästhetik« heißt denn auch wörtlich: »Wissenschaft vom sinnenhaften Erkennen«.[7] Es geht um eine Verbesserung unserer Erkenntnis durch systematische Ausbildung des bislang vernachlässigten unteren, eben des sinnenhaften Erkenntnisvermögens. Der ursprüngliche Ansatz der Ästhetik ist ganz und gar wissensbezogen, *epistemisch* – und überhaupt nicht ›artistisch‹.

Dieses Ästhetik-Projekt enthält allerdings beträchtlichen Sprengstoff – sonst wäre es wohl auch nicht zum Dauerthema geworden. Es läßt die Idee der Erkenntnis nicht unverändert, sondern dringt auf eine ästhetische Uminterpretation des Erkennens.

---

[6] Baumgarten hat 1735 den Terminus »Ästhetik« geprägt, hat 1742 erstmals Vorlesungen über Ästhetik gehalten und 1750 das erste Buch dieses Titels, nämlich den ersten Band seiner *Aesthetica*, publiziert.

[7] Alexander Gottlieb Baumgarten, *Aesthetica*, Frankfurt (Oder) 1750, § 1.

Anfangs stellt Baumgarten die Ästhetik zwar als ergebene und nützliche Dienerin der wissenschaftlichen Wahrheitssuche vor – sie werde für das Erkenntnisgeschäft Stoff beibringen, Anschaulichkeit garantieren, Darstellung und Faßlichkeit verbessern (wie eine dienstfertige Zofe der Herrin Wissenschaft) –, am Ende aber begehrt die Ästhetik offen gegen das traditionelle Erkenntnisideal auf. Die begriffliche Wahrheit, sagt Baumgarten, sei abstrakt und arm und könne der Wirklichkeit, die immer individuell sei, nicht gerecht werden.[8] Gegen das traditionelle Ideal logischer Wahrheit macht er im Namen der Wirklichkeit das neue Ideal aesthetiko-logischer Wahrheit geltend.[9] Im Konfliktfall – und man hat es fast immer mit Konfliktfällen zu tun – müsse man sich für die ästhetisch geprägte Erkenntnis entscheiden, zugunsten der konkreten und gegen die abstrakte Erkenntnis.[10]

Zwei Dinge sind also schon bei diesem ersten Einsatz der Ästhetik zu bemerken: Sie ist eine Disziplin, der es nicht um Kunst, sondern um Erkenntnis geht. Und sie zielt auf eine Fundamentalveränderung des Erkennens. Die Ästhetik ist ein Trojanisches Pferd in der Festung der Wissenschaft. Durch eine Strategie perfekter Anpassung und mittels einer Rhetorik der Unterwürfigkeit schleicht sie sich ein – ist sie aber erst einmal eingedrungen, macht sie eigene Ansprüche geltend und setzt diese auch durch. Bald wird sie von der Wissenschaft verlangen, sich *insgesamt* ästhetisch umzupolen.

Kant 1781: Ästhetik als epistemische Fundamentaldisziplin

Dies geschieht schon wenige Jahre darauf bei Kant. Dieser hat als erster konsequent gezeigt, inwiefern ästhetische Momente für unser Wissen fundamental sind. Der Ort dieser Einsicht und die Schrift, die man folglich zu konsultieren hat, wenn man diese fundamentale Ästhetisierung begreifen will, ist nicht die in den letzten Jahren so viel behandelte und viel gepriesene *Kritik der Urteilskraft*, sondern die *Kritik der reinen Vernunft*.[11] Und dort speziell die »transzendentale Ästhetik«, die

---

8   Vgl. ebd., §§ 543, 560, 564.
9   Vgl. ebd., § 557.
10 Vgl. ebd., § 565.
11 Odo Marquard hat schon in einem Vortrag von 1960 konstatiert, daß mit Kant eine »Wende zur Ästhetik« erfolgt sei, sofern »*die Ästhetik seit Ende des 18. Jahrhunderts und*

Kant mit Bedacht und zu Recht »transzendental« nennt, sofern sie zeigt, wie sehr ästhetische Strukturen Bedingungen sowohl der Möglichkeit unserer Erfahrung als auch der Gegenstände dieser Erfahrung sind.

Kants berühmte »Revolution der Denkart«[12], derzufolge wir nicht Dinge an sich, sondern nur Erscheinungen erkennen, weil wir »von den Dingen nur das a priori erkennen, was wir selbst in sie legen«[13], läuft auf eine Fundamentalisierung des Ästhetischen hinaus, weil wir zuallererst *ästhetische* Vorgaben in die Dinge hineinlegen, die Anschauungsformen von Raum und Zeit nämlich. Durch sie sind uns Gegenstände überhaupt gegeben und erkennbar. Nur so weit, wie diese Anschauungsformen reichen, reicht unser Wirklichkeits- und Erkenntnisausgriff. In diesem Sinn ist bei Kant die Ästhetik – als *transzendentale* Ästhetik, eben als Lehre von diesen Anschauungsformen, nicht etwa als Theorie der Kunst – epistemisch fundamental geworden.[14]

---

dem Anspruch nach bis heute zur diensthabenden Fundamentalphilosophie wird« (Odo Marquard, »Kant und die Wende zur Ästhetik«, in: *Zeitschrift für philosophische Forschung* 16 (1962), S. 231–243, 363–374; wieder abgedr. in: ders., *Aesthetica und Anaesthetica: Philosophische Überlegungen*, Paderborn 1989, S. 21–34, hier S. 21). Allerdings versteht Marquard unter dieser »Wende zur Ästhetik« erstens eine »Abkehr von der (exakten) Wissenschaft« (ebd., S. 24), während ich den epistemischen Charakter der bis heute aktuellen Ästhetisierung betone; zweitens macht Marquard die »Wende zur Ästhetik« an der *Kritik der Urteilskraft* und nicht an der *Kritik der reinen Vernunft* fest; und drittens betrachtete Marquard – damals – die Konjunktur der Ästhetik nur als Zwischenstadium zwischen der alten Dominanz der Wissenschaft und der künftigen Dominanz der Geschichtsphilosophie (»*Ästhetik wird angesichts der Aporie des emanzipierten Menschen gebraucht als Ausweg dort, wo das wissenschaftliche Denken nicht mehr und das geschichtliche Denken noch nicht trägt. Das ist die These.*« [ebd., S. 25]), während es mir um den Hinweis auf eine andere, bislang nicht überholte Ästhetisierung geht.
12 Immanuel Kant, *Kritik der reinen Vernunft*, B XI.
13 Ebd., B XVIII.
14 Mit dieser Feststellung will ich natürlich nicht die Art, wie Kant diese Wahrnehmungsformen im einzelnen auslegte, verteidigen, sondern nur auf die prinzipielle Tatsache hinweisen, daß Kant die Ästhetik zur Fundamentaldisziplin der theoretischen Philosophie erhoben hat. Vieles in der Durchführung ist unhaltbar: die Ungeschichtlichkeit des transzendentalen Apriori, Details der Explikation von Raum und Zeit, die Beschränkung auf allein diese beiden Anschauungsformen. Aber die *Idee* dieser transzendentalen Ästhetik war ein zündender Gedanke, der durch seine späteren Verwandlungen – von denen nachher die Rede sein wird – zunehmend haltbarere Gestalt annahm.

Kant 1790: *Ästhetik als universale Integrationsdisziplin*

Nun gibt es bei Kant freilich noch eine zweite, spätere und andere Ästhetik. Sie wird 1790 in der *Kritik der Urteilskraft* unter dem Titel einer »Kritik der ästhetischen Urteilskraft« entfaltet. Ihr Gegenstandsbereich ist ein anderer als der der transzendentalen Ästhetik. Sie hat nicht objektive Gegebenheiten, sondern Gefühle der Lust und Unlust, insbesondere die Empfindungen des Schönen und Erhabenen zum Thema. Hier geht es um subjektive Erfahrung. Entsprechend ist auch der Erkenntnisrang dieser zweiten Ästhetik deutlich schwächer, vielleicht sogar dubios. (Kant selbst hatte noch 1781 gemeint, eine derartige Ästhetik werde allenfalls psychologisch-empirische Aussagen machen, nicht aber apriorische Gesetze aufweisen können.)

Auf *ihre* Weise aber ist auch diese zweite Ästhetik hochbedeutsam und grundlegend. Sie begründet den *zweiten* und dann auf lange Zeit hinaus dominierenden Weg der Ästhetisierung.

Dieser zweite Weg hat zwar noch immer wenig mit Kunst, aber doch mit *Schönheit* zu tun. Denn die Schönheit, so Kant, enthält ein großes Versprechen und eröffnet eine wundervolle Aussicht. Während sich der Mensch einerseits mit sinnlichen Naturansprüchen und andererseits mit sittlichen Freiheitsforderungen konfrontiert findet, und während der Philosoph diesem Menschen, der ob der Divergenz dieser Ansprüche beunruhigt ist, auch nur die abgründige Verschiedenheit dieser beiden Reiche und ihrer Gesetze – der Gesetze der Natur einerseits und der Gesetze der Freiheit andererseits – demonstrieren und ihn somit als »Bürger zweier Welten« (also eigentlich als split personality) bestimmen kann, eröffnet die Schönheit plötzlich die Aussicht auf eine *Verbindbarkeit* dieser beiden Welten und damit auf die *Ganzheit* des Menschen. Kant entdeckt nämlich als Kern der Erfahrung des Schönen ein freies Zusammenspiel von Einbildungskraft und Verstand, und dieses Zusammenspiel verweist ihm zufolge auf einen generell möglichen Zusammenklang von Naturgesetz und Sittengesetz. So wird die Schönheit zum Unterpfand erhoffter Einheit und ersehnter Ganzheit.

Und das wird fortan die Hauptaufgabe der Schönheit und der Ästhetik sein: als wundersames Bindemittel zu wirken, das noch die offenkundigsten Trennungen zu überwinden, die schroffsten Abgründe zu überbrücken und die auseinanderfallendsten Momente zu einem Ganzen zu verbinden vermag – und tut sie es nicht wirklich, so doch zum Schein, und dann sind wir auch damit zufrieden. Ganzheit, Integration, Totalität, das ist fortan das Pensum der Ästhetik. Daß sie es erfülle, macht ihre Fama aus. Auf diesem Weg wird Ästhetik zu einer Großveranstaltung in Sachen Versöhnung und Einheit, ihr Kirchencharakter ist unausweichlich.

»Zwei Wege der Ästhetisierung«

Bei Kant finden sich also zwei Ästhetiken ausgebildet: zum einen Ästhetik als *Fundamentaldisziplin* und zum andern Ästhetik als *Integrationsdisziplin*. Die erste – die epistemische Ästhetik – lehrt, daß die Grundlagen der Wirklichkeit und unseres Erkennens ästhetischer Natur sind. Die zweite – die kallistische Ästhetik – verspricht, daß trotz der modernen Ausdifferenzierung im Zeichen der Schönheit noch einmal alles ganz und heil werden kann. – Das sind die beiden Wege der Ästhetisierung, die fortan bereitstehen und beschritten werden.

Ästhetik als Nothelfer der Philosophie

Zunächst werde ich nun den zweiten, den auf Schönheit und Totalität zielenden Weg weiter verfolgen.

Der Hauptsache nach handelt es sich dabei – wie man als Philosoph leider zugeben muß – um philosophischen Bombast. Schon bei Kant[15] und vollends im Deutschen Idealismus besteht die eigentliche Aufgabe der Ästhetik darin, der *Philosophie* aus einer Verlegenheit zu helfen, in die sie durch innere und äußere Entwicklungen geraten war.

In der arbeitsteilig gewordenen Gesellschaft läßt sich die alte philosophische Mär von der Einheit des Wahren, Schönen und Guten nicht mehr unverändert weitererzählen. Zugleich bedroht diese moderne Ausdifferenzierung eine Philosophie, die ohne solche Einheitserzählung nicht auskommen zu können glaubt. In dieser Not greift die Philosophie zur Ästhetik. Sie erklärt das Schöne zum jetzt dringend benötigten Verbindungsglied des Wahren und Guten. So heißt es im »Ältesten Systemprogramm des Deutschen Idealismus« von 1797, daß »Wahrheit und Güte nur in der Schönheit verschwistert sind«, weswe-

---

15 Kant selbst hat die *Kritik der Urteilskraft* als »Verbindungsmittel der zwei Teile der Philosophie zu einem Ganzen« bezeichnet (*Kritik der Urteilskraft*, A XX).

gen »der höchste Akt der Vernunft [...] ein ästhetischer Akt« und »die Philosophie des Geistes [...] eine ästhetische Philosophie« sei.[16] In solchen Formulierungen[17] ist aber mit Händen zu greifen, daß die Philosophie die Karriere der Ästhetik um ihrer selbst, der Philosophie, willen fördert. Sie katapultiert die Ästhetik in die Top-Position, um mittels ästhetischer Frischzellentherapie selber top bleiben zu können. Nur zu diesem Zweck werden das Schöne und die Ästhetik zu Heilsbringern der Ganzheit und Versöhnung hochstilisiert.

Das Interessante freilich ist, daß diese Ganzheitsmatrix auch dort noch für die Ästhetik bestimmend bleibt, wo es nicht mehr um solch philosophische Interessen gehen wird. Ihr holistischer Outfit – ihr Overall – ist der Ästhetik sozusagen auf den Leib gewachsen. Noch wo die Dame Ästhetik vom Thron der Philosophie herabsteigt, legt sie diesen Overall nicht ab – und anscheinend vermag niemand sie zu einem Kleiderwechsel zu bewegen.

Ganzheit als anthropologisch-pädagogisches Pensum der Ästhetik (Schiller)

Ganzheit war längst auch in anderer als philosophischer Hinsicht zu einer Leitbestimmung der Ästhetik gemacht worden. Das geschah in *Schillers* 1795 publizierten *Briefen über die ästhetische Erziehung des Menschen*. Schiller machte dort aus der Ästhetik ein Programm der *Humanisierung*. Als »Freiheit in der Erscheinung«[18] sollte die Schönheit als Leitbild eines Lebens freier Menschen dienen, und für diesen Zweck wurde Ganzheit erneut zentral. Schiller bezeichnet es – gegenüber der von ihm meisterhaft ins Zwielicht gerückten, nämlich als Entfremdung diskreditierten Ausdifferenzierung und Arbeitsteilung der Moderne – als die eigentliche Aufgabe der Ästhetik, die »Totalität in unsrer Natur [...] wiederherzustellen«.[19]

16 Christoph Jamme / Helmut Schneider (Hgg.), *Mythologie der Vernunft: Hegels »ältestes Systemprogramm des deutschen Idealismus«*, Frankfurt am Main 1984, S. 12.
17 Man sieht also, daß es schon vor 200 Jahren eine Ästhetisierung der Theorie gab.
18 Friedrich Schiller, »Kallias oder Über die Schönheit«, in: *Sämtliche Werke*, hg. von Gerhard Fricke und Herbert G. Göpfert, Bd. 5, München ⁶1980, S. 394–433, hier S. 400.
19 Friedrich Schiller, »Über die ästhetische Erziehung des Menschen in einer Reihe von Briefen«, in: *Sämtliche Werke* (Anm. 18), S. 570–669, hier S. 588. – Schiller arbeitet damit ein Motiv aus, das schon in der Kantischen Ästhetik angelegt war. Schon dort war die eigentliche Relevanz der Schönheit im Blick auf die conditio humana – auf die Doppelnatur des »Bürgers zweier Welten« – zutagegetreten.

Durch diese Wende zu einem humanistisch-holistischen Programm wird die Ästhetik zwar den philosophischen Ballast los und gewinnt Überlebensfähigkeit auch nach dem Ende der idealistischen Systeme, aber ein Ganzheitsgebot – nur jetzt ein humanistisches – bleibt in Geltung. Einzig der ästhetische Mensch, so Schiller, ist ganzer Mensch.

Aufschlußreich ist, daß die Ästhetik dabei im Grunde zu einer *Ethik* wird. Die Schönheit soll nur noch das Mittel zu einer höheren als der bildenden Kunst, zur sogenannten »Lebenskunst« sein, wie Schiller sagt.[20] »Lebenskunst« – nicht die herkömmliche Kunst-Kunst – bildet den neuen Zielpunkt der Ästhetik.[21] Ästhetik ist zu einer Lehre vom richtigen Leben geworden. – Das wird auf diesem Ästhetisierungsweg bis in unser Jahrhundert so bleiben, bis hin zur pragmatistischen Ästhetik Deweys, zur kritischen Ästhetik Marcuses oder zu Foucaults »Ästhetik der Existenz«.

Zwischenbetrachtung:
Die Ästhetik geht auf beiden Wegen fremd

Wenn die gegebene Skizze einigermaßen stimmt, haben wir einen merkwürdigen Befund vor uns. Die Ästhetik vollzieht offenbar auf beiden geschilderten Wegen eine Abweichung. Während sie auf dem ersten Weg das Feld der *Epistemologie* besetzt, weicht sie auf dem zweiten ins Feld der *Ethik* aus. Sie drückt sich mithin doppelt – durch Emigration in die Domäne des Wahren einerseits, durch Ausweichen in die Gefilde des Guten andererseits – an dem vorbei, was man gemeinhin für ihre Aufgabe hält: die Thematisierung von Kunst. In gewissem Sinn ist diese Ästhetik also gar keine Ästhetik – mit Kunst hat sie sehr wenig zu tun.

Umgekehrt könnte sich dies freilich als Glück herausstellen. Denn wer sich wirklich zur Kunst äußern will, der muß sich um diese heteronome Ästhetik nicht kümmern, sie kann ihm eigentlich nicht in die Quere kommen, sie läßt die Kunst frei.[22]

---

20 Ebd., S. 618.
21 Wichtiger als der »schöne Künstler« ist Schiller zufolge der »pädagogische und politische Künstler«, der auf das Leben zielt, wobei er »den Menschen zugleich zu seinem Material und zu seiner Aufgabe macht« (ebd., S. 578).
22 Daß sie in Sachen Kunst im Grunde unbrauchbar ist, wurde oft festgestellt. Hier nur eines von vielen Zitaten: »Die philosophische Ästhetik, das muß einmal gesagt werden, ist der bildenden Kunst und der Kunstpraxis nie gerecht geworden, weder in der Vergan-

Varianten des Schemas

Nach dieser Zwischenreflexion will ich nun den zweiten, ethisch und ganzheitlich akzentuierten Strang von Ästhetisierung stichpunktartig bis in unsere Tage verfolgen.

Zunächst kommt es zu einer Übertragung des Integrationsmotivs von den Individuen auf die Gesellschaft. Das ist zwar nicht völlig neu, hatte doch schon Schillers Ästhetik-Programm nicht nur die Wiederherstellung der individuellen Totalität, sondern letztlich einen »ästhetischen Staat« zum Ziel[23], aber zum Hauptpunkt wird es doch erst im »Ältesten Systemprogramm des deutschen Idealismus«. Man verspricht sich dort von der Ästhetik die Vereinigung der »Aufgeklärten und Unaufgeklärten«, die sich »die Hand reichen« sollen, auf daß »ewige Einheit unter uns« herrsche – dies werde »das letzte, größte Werk der Menschheit sein«.[24] – Die Vorstellung ist mehr als dubios, hier beginnt – wie üblich im Gewand des Heils – die Schreckensverbindung von Ästhetik und Totalitarismus.[25]

Aber dieser ganzheitliche Ästhetik-Komplex mag noch so gefährlich sein, er scheint unbeendbar. Noch wo die Herstellung gesellschaftlicher Totalität unglaubhaft wird, lebt der Integraltraum zumindest in künstlerischer Stellvertreterform fort, beispielsweise in Wagners Idee der Erlösung durch ein »Gesamtkunstwerk«. Dieses soll nun zwar nicht mehr alle Schichten der Gesellschaft umfassen, aber doch wenigstens – eben stellvertretend – alle Gattungen der Kunst vereinigen.

Dieses Ästhetisierungsprogramm der Verschönerung mitsamt seinen ethischen und ganzheitlichen Motiven durchzieht noch die Bewegungen von Arts and Crafts, Werkbund und Bauhaus bis auf den heutigen Tag. So sagte John Ruskin emphatisch: »[...] guter Geschmack ist wesentlich eine moralische Eigenschaft. [...] Geschmack ist nicht nur ein

---

genheit, noch heute. Ihre Behauptungen über den bildenden Künstler und ihre Interpretationen seines Kunstschaffens haben die wirklichen Probleme des Künstlerischen, nämlich das anschauliche Denken in seiner Komplexität, nie berührt« (Karl Otto/Karin Götz, *Probleme der Bildästhetik: Eine Einführung in die Grundlagen des anschaulichen Denkens*, Düsseldorf 1972, S. 38).

23 Friedrich Schiller, »Über die ästhetische Erziehung des Menschen in einer Reihe von Briefen« (Anm. 19), S. 667.

24 *Mythologie der Vernunft* (Anm. 16), S. 13f.

25 Schon Schiller hatte den »ästhetischen Staat« als »drittes, fröhliches Reiche des Spiels und des Scheins« bezeichnet (»Über die ästhetische Erziehung des Menschen in einer Reihe von Briefen«, Anm. 19, S. 667).

Teil und Kennzeichen der Moralität – er ist die *einzige* Moralität.«[26] Der Deutsche Werkbund verstand sich immer wieder programmatisch als »moralische Anstalt« (Schillers »Schaubühne als moralische Anstalt« läßt grüßen). Und Walter Gropius hatte im Programm des Bauhauses von 1919 dazu aufgerufen, »den neuen Bau der Zukunft« zu erschaffen, »der alles *in einer Gestalt* sein wird: Architektur *und* Plastik *und* Malerei, [...] kristallenes Sinnbild eines neuen kommenden Glaubens.«[27] – Man sieht: Es gibt in dieser Geschichte der Ästhetik nicht nur philosophischen, sondern auch künstlerischen Ganzheits-Bombast.

Die Aggregatzustände dieses ethisch-ganzheitlich-schönheitlichen Ästhetik-Komplexes mögen sich im einzelnen verändern – seine Determinanten bleiben dieselben. Die Grundüberzeugung lautet jedesmal: *Ästhetisierung bringt Verbesserung, weil Verschönerung Ganzheit erbringt.*

Wie ein Perpetuum mobile wirkt dieser Ansatz noch in die gegenwärtige Ästhetisierung hinein. Dabei hätte man längst Anlaß, sich der hochgradig ideologischen und dubiosen Komponenten dieses Komplexes bewußt zu werden und einzusehen, daß eine Ästhetisierung, die nur seine Linie fortsetzt, sich bald als fatal erweisen muß.

Unbelehrbarkeit der Ästhetisierungs-Euphoriker

Jede Kritik an diesem Ästhetik-Verständnis hat es jedoch schwer, denn die Vertreter dieser schönheitlichen Ästhetisierung sind hochgradig unbelehrbar. Treten im Ästhetisierungsprozeß Defizite zutage, so bildet das für sie nicht etwa einen Anlaß zu Beunruhigung oder gar zu Korrekturen, sondern nur zu verstärkter Aktivität. Sie meinen, man habe eben noch nicht genug getan und müsse die Ästhetisierung nur weitertreiben und potenzieren, dann werde, dann *müsse* doch einfach alles heil und ganz werden. Sie können nicht einsehen, daß ihre Ästhetisierungshoffnung systematische Fehler enthält. Als Kinder der Moderne bleiben sie dem Denken des Fortschritts und der Akkumulation

---

26 John Ruskin, »The Crown of Wild Olive: Three Lectures on Work, Traffic, and War«, in: *The Works of John Ruskin*, hg. von E. T. Cook und Alexander Wedderburn, London 1905, Vol. XVIII, S. 373–533, hier S. 434.
27 Dabei handelt es sich um eine schier buchstäbliche Wiederkehr von Aussagen des »Systemprogramms«, ergänzt durch Wagnersche Gesamtkunstwerk-Ideologie.

verhaftet. Daher schreien sie, wo immer sie auf Ästhetisierung stoßen, Heil und Bravo. So baden sie auch in der gegenwärtigen Ästhetisierungswelle aufs wohligste – anstatt zu erkennen, daß wir dabei baden zu gehen drohen und daß uns vor fröhlichem Gekreische bald die Luft ausgehen könnte.

Täglich ist doch zu erkennen, daß – erste Korrektur – forcierte Ästhetisierung in forcierte Anästhetisierung (in Verhäßlichung und Unempfindlichkeit) umschlägt. Wo alles schön wird, ist nichts mehr schön, und Dauererregungen führen zu Abstumpfung. Ebenso ist – zweite Korrektur – der Akkumulationsgedanke offenkundig falsch: Wir wissen doch längst, daß es ganz unterschiedliche künstlerische Ästhetiken gibt, die miteinander in Konflikt stehen, so daß das eine Werk notwendigerweise der Gegner des anderen ist und jede Eröffnung einer Ästhetik zugleich die Unterdrückung einer anderen bedeuten muß. Man kann diese diversen Ästhetiken nicht kumulativ auf einen einzigen Nenner bringen. Das Ganzheitsideal ist *systematisch* falsch.

Worauf es heute ankommt, ist daher nicht, einer Kultur ständig zunehmender ästhetischer Akkumulation zuzuarbeiten, sondern der Kehrseiten solcher Ästhetisierungsprozesse gewahr zu werden. Gegen die moderne Utopie einer total-ästhetischen Kultur gilt es, eine *Kultur des blinden Flecks* zu entwickeln.[28]

Rückgang auf den ersten Weg der Ästhetisierung

Ich will nun auf den ersten, bislang nur anhand von Baumgarten und Kant exemplifizierten Weg der Ästhetisierung zurückkommen, auf die Ästhetisierung unseres Erkennens und unserer Wirklichkeitsauffassung. Die Generalthese dieses ersten Weges lautet: Wirklichkeit und unser Wissen von ihr sind grundlegend ästhetisch bestimmt. – Nun meine ich, daß diese epistemische Ästhetisierung in den heutigen Ästhetisierungsprozessen das eigentlich tragende und positive Moment ist. Daher möchte ich das Augenmerk besonders auf diesen ersten – in der Ästhetisierungsdebatte aber üblicherweise viel zu wenig beachteten – Weg lenken.

---

28 Näher habe ich dies ausgeführt in »Ästhetik und Anästhetik«, in: *Ästhetisches Denken* (Anm. 4), S. 9–40.

Kants Grundlegung wurde hundert Jahre später von *Nietzsche*, dem ästhetischen Denker par excellence, fortgeführt und so überzeugend gemacht, daß man seitdem zwar noch gegen die ästhetische Wirklichkeitsauffassung reden mag, aber nichts mehr gegen sie vorbringen kann.

Nietzsche radikalisierte die epistemische Ästhetisierung, indem er erstens zeigte, daß Wirklichkeit grundsätzlich *gemacht* ist – Tat*sachen* sind *Tat*sachen; und indem er zweitens darlegte, wie diese Wirklichkeitserzeugung mit *fiktionalen* Mitteln erfolgt: durch Anschauungsformen, Grundbilder, Leitmetaphern, Phantasmen.

Besonders aufschlußreich scheint mir folgende Passage – aus *Ueber Wahrheit und Lüge im aussermoralischen Sinne* von 1873 – zu sein: »Man darf hier den Menschen wohl bewundern als ein gewaltiges Baugenie, dem auf beweglichen Fundamenten und gleichsam auf fliessendem Wasser das Aufthürmen eines unendlich complicirten Begriffsdomes gelingt; freilich, um auf solchen Fundamenten Halt zu finden, muss es ein Bau, wie aus Spinnefäden sein, so zart, um von der Welle mit fortgetragen, so fest, um nicht von dem Winde auseinander geblasen zu werden«.[29]

So stellt sich Erkenntnis in ästhetischer Perspektive dar. Wie Künstler oder geniale Konstrukteure errichten wir hochästhetische Begriffsgebäude, die so schwebend und elastisch verfaßt sein müssen, wie die Wirklichkeit fließend und beweglich ist. All unsere Orientierungsformen sind ästhetisch ihrem Produziertsein, ihren Erzeugungsmitteln und ihrem fragilen Charakter nach. Wir sind Wesen, die auf schwankenden Fundamenten etwas Rechtes zustandebringen müssen.

*Die Durchsetzung der epistemischen Ästhetisierung
im 20. Jahrhundert*

Sagen das nur exquisite – oder überspannte – Ästhetiker wie Nietzsche? Nein. Die Einsicht wird im 20. Jahrhundert allgemein. Sogar die Wissenschaftstheorie dieses Jahrhunderts ist sukzessive ›nietzsche-

---

29 Friedrich Nietzsche, »Ueber Wahrheit und Lüge im aussermoralischen Sinne«, in: *Sämtliche Werke*, hg. von Giorgio Colli und Mazzino Montinari, Kritische Studienausgabe in 15 Bänden, München 1980, Bd. 1, S. 873–890, hier S. 882.

anisch‹ geworden. Beispielsweise hat auch *Otto Neurath* (der keineswegs artistisch gesonnen war, sondern einer der härtesten wissenschaftstheoretischen Schulen, dem ›Wiener Kreis‹, angehörte) unsere Situation ganz ähnlich wie Nietzsche beschrieben: »Wie Schiffer sind wir, die ihr Schiff auf offener See umbauen müssen, ohne es jemals in einem Dock zerlegen und aus besten Bestandteilen neu errichten zu können.«[30] Dieser Satz von Neurath wurde auch zum Leitspruch des analytischen Philosophen *Willard van Orman Quine*. Noch bei *Karl Popper* heißt es: »[...] wir entdecken auch, daß dort, wo wir auf festem und sicherem Boden zu stehen glaubten, in Wahrheit alles unsicher und im Schwanken begriffen ist.«[31] – Selbst Wissenschaftstheoretiker, die gewiß keine Nietzscheaner sein wollen, kommen dort, wo sie Grundfragen erörtern, nicht daran vorbei, wie Nietzscheaner zu sprechen. Die ästhetische Verfassung unserer Wirklichkeit ist eine Einsicht nicht bloß mancher Ästhetiker, sondern aller reflektierten Wirklichkeits- und Wissenschaftstheoretiker dieses Jahrhunderts. Sie ist eine *fällige* Einsicht.

Ich will das noch durch drei gegenwärtige Theoretiker der epistemischen Ästhetisierung belegen, wobei zugleich zu erkennen ist, welch stark veränderte, verbesserte und intensivierte Form dieser Gedanke auf dem Weg von Kant bis in unsere Tage gewonnen hat.

Paul Feyerabend zeigte in seinem Buch mit dem bezeichnenden Titel *Wissenschaft als Kunst*, daß die Wissenschaften im Grunde nicht anders verfahren als die Künste auch.[32] Beide operieren jeweils einem Stil gemäß – einem Kunststil im einen, einem Erkenntnisstil im anderen Fall. Wahrheit und Wirklichkeit sind daher in der Wissenschaft genauso stilrelativ wie in der Kunst: »Untersucht man nämlich, was ein bestimmter Denkstil unter diesen Dingen versteht, dann trifft man nicht auf etwas, was jenseits des Denkstils liegt, sondern auf seine eige-

---

30 Otto Neurath, »Protokollsätze«, in: *Erkenntnis*, Bd. 3, 1932/1933, S. 204-214, hier S. 206.
31 Karl Popper, »Die Logik der Sozialwissenschaften«, in: Theodor W. Adorno u.a., *Der Positivismusstreit in der deutschen Soziologie*, Neuwied/Berlin 1969, S. 103-123, hier S. 103. – Vgl. zur Schiffsmetapher insgesamt: Hans Blumenberg, *Schiffbruch mit Zuschauer*, Frankfurt am Main 1979.
32 Übrigens hatte schon 1876 Konrad Fiedler festgestellt: »Die Kunst ist so gut Forschung, wie die Wissenschaft, und die Wissenschaft ist so gut Gestaltung, wie die Kunst« (Konrad Fiedler, »Über die Beurteilung von Werken der bildenden Kunst«, in: ders., *Schriften zur Kunst*, hg. von Gottfried Boehm, 2 Bde., München ²1991, Bd. I, S. 1-48, hier S. 31).

nen grundlegenden Annahmen: Wahrheit ist, was der Denkstil sagt, daß Wahrheit sei.«[33]

In Fortführung dieses Gedankens sagte *Richard Rorty*, daß wir überall, wo wir nach ›Fundamenten‹ suchen, nicht etwa auf letzte Basen, sondern auf den Umstand stoßen, daß unsere Fundamente immer nur kulturelle Artefakte, also erzeugt und insofern ästhetisch sind. Rorty plädierte daher für eine »ästhetisierte Kultur«, worunter er eine Kultur versteht, »die nicht darauf beharrt, daß wir die echte Wand hinter den gemalten Wänden finden, die echten Prüfsteine der Wahrheit im Gegensatz zu Prüfsteinen, die nur kulturelle Artefakte sind«, sondern die »zu schätzen weiß, daß *alle* Prüfsteine solche Artefakte sind«.[34]

Nelson Goodman hat auf einen weiteren Aspekt dieser epistemischen Ästhetisierung hingewiesen. Sie betrifft zunächst die einzelnen Wirklichkeiten, aber sie wirkt sich auch auf unsere Vorstellung vom *Ganzen* der Wirklichkeiten aus.

Die Wirklichkeiten, die wir konstruieren, sind offenbar hochgradig unterschiedlich. Sie können nicht mehr aufeinander reduziert oder noch einmal auf einen einzigen Nenner gebracht werden. Das ist schon innerhalb der Gruppe der Wissenschaften unmöglich: »Wir haben [...] keine geordnete Menge von Bezugsrahmen, keine fertigen Regeln, um Physik, Biologie und Psychologie ineinander zu transformieren«.[35] Um so vergeblicher wäre ein solcher Versuch jenseits dieser Gruppe, im Feld der verschiedenen kulturellen Weltversionen: »Wie geht man zum Beispiel vor« – so fragt Goodman rhetorisch –, »um die Weltansicht von Constable oder Joyce auf die Physik zu reduzieren?«.[36]

Man muß sich also der Pluralität und dem Widerstreit der Wirklichkeiten stellen. Vom *Ganzen* der Wirklichkeiten kann man sich dann eigentlich keinen Begriff, sondern nur noch ein Bild machen: das einer offenen Gemenge- und Geschiebelage diverser Wirklichkeiten, die einander überschneiden und ergänzen, aber auch bestreiten oder verdrängen. Dieses Ganze verweigert sich letzten Festschreibungen. Es ist nur noch mit ästhetischen Kategorien zu buchstabieren: als vielfältig, beweglich, schwebend, transitorisch.

---

33 Paul Feyerabend, *Wissenschaft als Kunst*, Frankfurt am Main 1984, S. 77.
34 Richard Rorty, *Kontingenz, Ironie und Solidarität* (Anm. 5), S. 99.
35 Nelson Goodman, *Weisen der Welterzeugung*, Frankfurt am Main 1984, S. 15.
36 Ebd., S. 17.

Man kann die Einsichten dieses epistemischen Weges der Ästhetisierung in einem Dreisatz zusammenfassen: Wirklichkeit ist ästhetisch erstens, weil sie das Resultat unserer *Hervorbringung* bzw. *Konstruktion* ist; sie ist ästhetisch zweitens, weil wir diese Konstruktionen im Ausgang von spezifisch *fiktionalen Mitteln* – Anschauungsformen, Metaphern, Grundbildern, Phantasmen – errichten; und sie ist ästhetisch drittens, weil die Vielfalt der so entstehenden Wirklichkeiten nicht mehr fundamentalistisch auf *eine* Wirklichkeit – die es eben gerade nicht gibt – zurückgeführt werden kann, sondern eine *Gemengelage* darstellt, die eher plural, konfliktreich und schwebend – und darin noch einmal spezifisch ästhetisch verfaßt – ist.

Dieser epistemische Typ von Ästhetisierung setzt sich heute von der Philosophie über die Wissenschaften bis zu den Künsten und ins Alltagsbewußtsein hinein durch. Ob zeichentheoretisch oder systemtheoretisch, ob in Soziologie, Biologie oder Mikrophysik: Allenthalben erkennen wir, daß es kein erstes oder letztes Fundament gibt, daß wir vielmehr gerade in der Dimension der »Fundamente« auf eine ästhetische Verfassung stoßen. Die Semiotiker sagen uns, daß die Signifikantenketten stets auf andere Signifikantenketten, nicht auf ein ursprüngliches Signifikat verweisen; die Systemtheorie lehrt uns, daß wir, »statt auf letzte Einheiten zu rekurrieren«, immer nur Beobachtungen beobachten und Beschreibungen beschreiben[37]; und die Mikrophysik hat bemerkt, daß sie, wo sie auf Elementares zurückgreifen will, doch nie auf Elementares, sondern stets auf neue Komplexität stößt. Ähnlich hatte schon Montaigne gesagt, daß wir immer nur Anmerkungen über Anmerkungen machen.[38] Man muß dies aber nicht als Ausdruck von Resignation, sondern als Aussage über Wirklichkeit – als Ausdruck ihrer grundlegend ästhetischen Verfassung – begreifen.

Während man früher gemeint hatte, Ästhetik habe es erst mit sekundären, nachträglichen Wirklichkeiten zu tun, haben wir zunehmend erkennen müssen, daß schon die ›Primärwirklichkeiten‹ ästhetisch konstituiert sind. Wirklichkeit ist im Grunde ästhetisch verfaßt.

Das also ist meine Lesart der Entwicklung von Ästhetik und Wissen in den letzten 200 Jahren. Die Ästhetik wurde zu einer Disziplin, die

---

37 Vgl. Niklas Luhmann, *Die Wissenschaft der Gesellschaft*, Frankfurt am Main 1990, S. 717.
38 »[...] nous ne faisons que nous entregloser« (Michel de Montaigne, »Essais«, in: Œuvres Complètes, Paris 1967, III. Buch, 13. Kapitel, S. 430).

für unser Verständnis von Wissen und Wirklichkeit größte Bedeutung erlangt hat. Ästhetik ist zu einer Elementardisziplin geworden. Sie wurde sowohl *universal* wie *fundamental*: *Alle* Wirklichkeit schließt ästhetische Momente ein, und wir geben gerade auf *Grundfragen* letztlich ästhetische Antworten.

»Aesthetic turn«

Daher spreche ich hinsichtlich der aktuellen Epistemologie und der Philosophie insgesamt von einem »aesthetic turn«, von einer »ästhetischen Wende«. Unsere ›Erste Philosophie‹ ist weithin ästhetisch geworden. ›Erste Philosophie‹ ist der klassische Titel für denjenigen Teil der Wissenschaft bzw. der Philosophie, der die allgemeinsten Aussagen über die Wirklichkeit macht. Ehedem – in der Antike – wurden sie vom Sein abgeleitet, nachher – in der Neuzeit – vom Bewußtsein, dann – in der Moderne – von der Sprache; heute scheint der Übergang zu einem ästhetischen Paradigma anzustehen.[39]

Epistemische Ästhetisierung als Kernphänomen in der gegenwärtigen Ästhetisierung

Diese epistemische Ästhetisierung ist in meinen Augen der Grundvorgang der letzten 200 Jahre. Von »Ästhetisierung« spreche ich *primär* im Blick auf *diesen* Prozeß, auf das Ästhetischwerden unserer Auffassung von Wissen und Wirklichkeit.[40]

Diese epistemische Ästhetisierung sickert heute ins allgemeine Bewußtsein ein. Sie ist nicht mehr nur eine Sache von Wissenschaftlern oder Philosophen, sondern dringt in die Köpfe der Individuen und die Poren der Gesellschaft ein, und die Konsequenzen für Lebensauffassungen und Alltagsverhalten sind allenthalben erkennbar. Das muß gar nicht unter dem Stichwort »Ästhetisierung« verbucht werden, sondern kann sich auch unter Titeln wie Relativismus, Kontingenz oder Frag-

---

39 Die Wende zur sogenannten »Postmoderne« hat genau diesen Sinn.
40 Darin liegt zugleich der offensichtliche Unterschied zur Ästhetisierung der Theorie vor 200 Jahren. Diese zielte, hochgradig spekulativ, auf einen Überbau durch Schönheit; dagegen entdeckt die heutige Ästhetisierung Ästhetisches schon in elementaren Bereichen, in der Dimension der ›Fundamente‹.

mentierung abspielen – der Effekt ist jedesmal der gleiche: Unsere Grundauffassungen werden zunehmend ästhetisch.

Diese epistemische Ästhetisierung macht – so meine These – den Grundvorgang der gegenwärtigen Ästhetisierungsprozesse aus. Immer nur von der schönheitlichen Ästhetisierung zu sprechen, ist völlig unzureichend; an erster Stelle gilt es, diese epistemische Ästhetisierung ins Auge zu fassen. Sie bildet die Basis. Und ich will keinen Zweifel daran lassen: Dieser Ästhetisierung gehört die Wahrheit; gegen sie wird nichts verschlagen.

Dabei übersehe ich nicht, daß dieser Prozeß manchen unangenehm ist, daß er auch Angstreaktionen hervorruft. Aber dagegen hilft nicht ein Wegsehen von der Wahrheit, sondern nur die Aufklärung über den eigentlich befreienden und öffnenden, nicht hemmenden oder beklemmenden Charakter dieses Vorgangs. Einhalt wird man ihm ohnehin nicht gebieten können.[41]

Verhältnis von epistemischer und schönheitlicher Ästhetisierung

Wie aber steht zu dieser seit 200 Jahren zunehmend erfolgten und heute ins Alltagsbewußtsein eindringenden Ästhetisierung des Wissens, die ich an die erste Stelle setze, die andere Ästhetisierung, die heute ebenfalls Konjunktur hat: die Ästhetisierung im Sinn der Verschönerung von Alltag und Lebenswelt, der Inszenierung der Realität und eines universalisierten Designs von Lifestyle und Wirklichkeit? Wie ist das *Verhältnis* dieser beiden Ästhetisierungen – dieser heutigen Formen der zwei Wege der Ästhetisierung – beschaffen?

Meines Erachtens ist die schönheitliche Ästhetisierung eine Art Trittbrettfahrer der epistemischen Ästhetisierung. Sie nützt deren Elan für ihre Zwecke und ihre Konjunktur. Sie profitiert vom Grundvorgang und der Dynamik der epistemischen Ästhetisierung – sie verfälscht diese aber auch.

Daß sie von ihr profitiert, ist leicht zu verstehen. Die epistemische Ästhetisierung hat unser Bewußtsein generell ästhetik-geneigt, ja ästhetik-affin gemacht hat. Dies ergreifen die Schönheits-Ästhetisierer

---

41 Zwar wäre es prinzipiell denkbar, daß dieses ästhetische Wirklichkeitsparadigma eines Tages überholt wird, aber derzeit ist ganz und gar nichts in Sicht, was dazu Handhabe böte.

als ihre Chance. Mit bestem, mit nun wissenschaftlich legitimitiertem und nobilitiertem Gewissen sorgen sie dafür, daß sich die Wirklichkeit auch tatsächlich allenthalben als ästhetisch darstellt – und daß ihre Auftragsbücher und Kassen gefüllt werden.

Der Widerstreit der beiden Ästhetisierungen

Dabei darf aber nicht übersehen werden, daß diese schönheitliche Ästhetisierung die epistemische Ästhetisierung verfälscht. Denn sie operiert mit ästhetischen Kategorien, die dieser widerstreiten. Sie macht sich bloß die *Energie* der epistemischen Ästhetisierung zunutze, will aber von deren *Formen* nichts wissen, sondern an den ihrigen festhalten.

Die ästhetischen Paradigmen der beiden Wege stehen ja geradezu in einem kontradiktorischen Gegensatz. Während der epistemische Weg fordert, sich auf die Unterschiede der Wirklichkeiten einzulassen, ihre Vielheit und Differenz anzuerkennen und ihre Widerstreite zum Ausdruck zu bringen, will der schönheitliche Weg im Namen der Schönheit alles noch einmal vereinheitlichen, alles schön ganz machen.[42] Das aber wird sich nicht vereinbaren lassen, besteht die Pointe der epistemischen Ästhetisierung doch gerade darin, daß sie das Ganzheitsideal der schönheitlichen Ästhetisierung sprengt, zum Platzen bringt. Sie hat dieses Ideal obsolet gemacht. Man wird nicht beides haben können, man wird sich entscheiden müssen.

Verträglichkeit durch Arbeitsteilung?

Nun glauben manche, einen Ausweg aus dieser Alternative zu sehen. Sie meinen, der Widerstreit der beiden Ästhetisierungen müsse gar nicht zutage treten, denn sie bewegen sich auf unterschiedlichen Feldern und kommen einander möglicherweise überhaupt nicht in die Quere. Während die epistemische Ästhetisierung unser Denken bestimmt und unseren Köpfen Pluralität und Differenz beibringt, richtet sich die gestalterische Ästhetisierung auf die Objekte dieser Welt.

---

42 De facto ist die gegenwärtige Verschönerung von Alltag und Lebenswelt denn auch ein gigantisches Unternehmen der Homogenisierung.

Könnte sie also nicht, unbetroffen von jener, weiterhin unsere Sinne mit Schönheit und Ganzheit erfreuen? Wäre das nicht eine durchaus wünschenswerte Arbeitsteilung?

Option für die epistemische Ästhetisierung

Diese Rechnung geht nicht auf. Sie ist zu harmlos gedacht. Denn erstens ist es offenbar widersprüchlich, die Energie der epistemischen Ästhetisierung für die Verbreitung der von ihr diskreditierten Gehalte zu nützen. Ein solcher Mißbrauch muß über kurz oder lang ein Gefühl des Betrugs hervorrufen, und mit Mißmut spüren wir heute: Wir bekommen für das richtige Bedürfnis dauernd das falsche Produkt vorgesetzt.

Zweitens ist das Verfahren retrograd bis reaktionär. Man setzt ästhetische Aktivität nicht ein, um die ästhetische Wirklichkeitsverfassung zum Ausdruck zu bringen, sondern um uns vor ihr noch einmal die Augen zu verschließen. Ästhetik soll nicht zeigen, sondern verschleiern, nicht sehen machen, sondern blind halten. Ästhetik wird auf perverse Weise zur Verdeckung der Relevanz des Ästhetischen eingesetzt. Das ist ein perfekter Schwindel, der das gesamte Aufklärungs- und Kritikpotential der Ästhetik preisgibt, das sich gerade gegen die bloß schönheitliche Ästhetisierung richtet. So degradiert man die Ästhetisierung zu einem Jahrmarktstrubel der Beschönigung und des Tranquilizing.

Der anderen Option ist daher entschieden der Vorzug zu geben: der ästhetischen Aktivität im Sinn der *epistemischen* Ästhetisierung. Sie stellt sich den Primäransprüchen des Ästhetischen, gibt unserer Wirklichkeit Ausdruck und entfaltet Kritikpotentiale gegenüber der falschen, beschönigenden Ästhetisierung.

Alltag

So beispielsweise gegenüber dem Alltag, wo heute ja eine gigantische Ästhetisierung im Sinn von Embellissement unübersehbar ist. Politisch und gesellschaftlich wird das weithin implementiert. Die Skala reicht von unserer Festival- und Fun-Kultur über das aufgedrehte Fernseh-Amusement bis hin zum hübschen Aufputz unserer kulturellen und natürlichen Umgebung. Auch die Ökologie ist zu einem Tummelplatz solcher Ästhetisierung, solcher Verhübschung geworden. Von den Lifestyle-Szenarios – wo man anscheinend erregende Fragen wie die diskutiert, ob Cointreau mit Eis, Orangensaft oder einem dezenten Augenaufschlag zu trinken sei – will ich gar nicht erst reden. Die Kultur ist im Zeichen der Freizeitgesellschaft weitesthin dem Trend zu Verhübschung und Entertainment ausgesetzt.[43]

Standort der Kunst heute

Welche Position nimmt in dieser Situation die Kunst ein? Es ist gar keine Frage: Beträchtliche Teile davon neigen sich der schönheitlichen Ästhetisierung zu, arbeiten am Embellissement mit, machen schöne Geschäfte.[44]

Aber ebenso klar ist: Der wichtigere Teil steht auf der Seite der epistemischen Ästhetisierung, propagiert deren Ideale.

Kunst, die diesen Namen verdient, arbeitet heute Imaginationen aus, die nicht mehr denen ihres traditionellen Herkunftsstranges entsprechen, nicht mehr die von Schönheit und Ganzheit sind – diese sind vielmehr in den Bereich von Kitsch und Kunstgewerbe abgesunken –, sondern sie operiert im Sinn von Vielfältigkeit, Widerstreit, Differenz, Bruch, Grenzverletzung und Grenzüberschreitung.

Seit den Einsätzen von Kubismus, Dada und Surrealismus ist es im 20. Jahrhundert generell zu einem Übergang von der Ästhetik der Beschönigung zu einer Ästhetik der Vielfalt, des Bruchs, des Experiments, des Ungeahnten gekommen.

Duchamp ist dafür ein frühes, Cage ein späteres Beispiel. Im gleichen Sinn plädierte der Architekt Venturi 1966 energisch für Komplexität

---

43 Neil Postman sprach davon, daß in unserer Kultur »der gesamte öffentliche Diskurs immer mehr die Form des Entertainments annimmt« (Neil Postman, *Wir amüsieren uns zu Tode: Urteilsbildung im Zeitalter der Unterhaltungsindustrie*, Frankfurt am Main 1985, S. 12).

44 Hierher gehören beispielsweise Verschönerungskünstler wie Gerhard Merz, der das Schöne nur als Hyperschönes inszenieren, nicht als Anfang des Schrecklichen wahrhaben will. Ein Beispiel für die Verkehrung einst kritischer Intentionen sind die neueren Arbeiten in Marmordesign von Jenny Holzer. Gegen den Regreß ins Embellissement ist niemand leicht gefeit. Mario Merz, einst im Zug der epistemischen Ästhetisierung bedeutend, ist inzwischen ebenfalls auf die andere Seite geraten und zu einem Dekorationsexperten geworden.

und Widerspruch und sagte, daß diese neuen ästhetischen Kategorien sich überall durchgesetzt hätten, sowohl in der Wissenschaft wie in den Künsten, nur noch nicht im Bereich der Architektur.[45]

Paradigmenwechsel

Das Aufregende – aber gemeinhin Übersehene – dieser Entwicklung liegt also darin, daß die ästhetischen Leitvorstellungen der epistemischen Ästhetisierung, die zunächst in Philosophie und Wissenschaft ausgebildet worden waren, heute auch in den anderen Ästhetisierungsbereich, in den Bereich der Kunst und Gestaltung übergegangen sind, auch dort vorbildlich und verbindlich wurden.

Rückblickend gesagt: Die beiden Wege der Ästhetisierung, die ich nachzuzeichnen suchte, führten nicht nur durch unterschiedliche Landstriche – durch die Regionen von Wissenschaft und Wissen auf der einen und Kunst und Gestaltung auf der anderen Seite –, sondern propagierten dabei auch ganz unterschiedliche ästhetische Ideale, führten unterschiedliche Formationen vor Augen: zerklüftete und vielfältige auf dem wissenschaftlichen, harmonische und geschönte auf dem gestalterischen Weg. Heute aber – und in der Moderne seit langem – ist es zu einer Umbesetzung gekommen. Der Kunstweg hat sich die ästhetischen Ideale des epistemischen Weges zu eigen gemacht. Die Künstler sind – schon in der Avantgarde und zumal in der Postmoderne – von den altmodernen Idealen der Schönheit und Ganzheit zu den aktuellen der Vielfalt, des Konflikts und des Widerstreits übergegangen.[46] Daher

---

45 Vgl. Robert Venturi, *Complexity and Contradiction in Architecture*, New York 1966; dt. Heinrich Klotz (Hg.), *Komplexität und Widerspruch in der Architektur*, Braunschweig 1978; Auszüge in: Wolfgang Welsch (Hg.), *Wege aus der Moderne: Schlüsseltexte der Postmoderne-Diskussion*, Weinheim 1988, S. 79–84, hier S. 79.
46 Interessant ist in diesem Zusammenhang, daß schon Konrad Fiedler, einer der interessantesten Ästhetiker des späten 19. Jahrhunderts, just durch Orientierung am epistemischen Ästhetisierungsstrang (insbesondere durch Lektüre des *epistemischen* Kant, also des Kant der *Kritik der reinen Vernunft*, nicht des Kant der *Kritik der Urteilskraft*) zu seinen fruchtbaren Einsichten gelangte wie der, daß Kunst eine Sphäre der Erkenntnis ist und zu Unrecht auf Schönheit als Ziel oder Hauptprädikat festgelegt wird; oder zu der anderen, daß Kunst nicht Abbildung, sondern Produktion von Wirklichkeit ist. Die »Zusammenstellung des Schönen und der Kunst« nannte Fiedler lapidar »das *protos pseudos* auf dem Gebiete der Ästhetik und Kunstbetrachtung« (Konrad Fiedler, »Kunsttheorie und Ästhetik«, in: ders., *Schriften zur Kunst* [Anm. 32], II, S. 9–24, hier S. 9). In seiner Auseinandersetzung mit dem Naturalismus vermerkte er, daß modern »das Prinzip der Produktion der Wirklichkeit« an die Stelle von Realismus und Idealismus trete; Kunst werde »eins der

ist es berechtigt, von einem Paradigmenwechsel zu sprechen. Ihm gilt meine ausdrückliche Option. Er gehört zur Entwicklungslogik der Moderne und ist aktuell fortzusetzen. Zugleich muß klar sein: Nur eine Kunst, die den genannten Wechsel vollzieht, vermag der schwülen Sensitivität einer verhübschten und pseudo-ästhetisierten Aneignungsgesellschaft Widerstand entgegenzusetzen.

Design

Auch im Design ist heute ein solcher Übergang zu den Leitvorstellungen der epistemischen Ästhetisierung zu verzeichnen. Man folgt nicht mehr ungebrochen den alten Idealen der Schönheit und Ganzheit, sondern hat sich den neueren Vorstellungen der Pluralität und Differenz, Heterogenität und Inkommensurabilität zugewandt. Man erzeugt hybride Gestaltungen, die weder in sich »ganzheitlich« verfaßt sind noch eine heile und ganze Welt suggerieren. Man hat sich von den altmodernen und allzu starren Vorstellungen der »guten Form« gelöst und Anschluß an die epistemische Ästhetisierung gefunden.

Vielleicht beschreibe ich damit insgesamt eher eine Tendenz als eine Tatsache. Allerdings bin ich der Auffassung, daß sie eine veritable Perspektive heutiger Gestaltung darstellt. Die Gestaltung sollte den Wechsel der ästhetischen Imagination – den Übergang von der schönheitlichen zur epistemischen Ästhetisierung – konsequent vollziehen. Dadurch vermöchte sie dem aktuellen Wirklichkeitsverständnis Ausdruck zu verleihen. Sie könnte, was die Köpfe dieses Jahrhunderts herausgefunden haben und was die meisten von uns ohnehin im Grunde spüren und zunehmend denken, auch alltäglich, sinnenhaft und körperlich erfahrbar machen.

Eine solche Gestaltung würde nicht mehr verstohlen Metaphysik im Mantel des nachmetaphysischen Mediums Ästhetik betreiben, sondern würde uns mit dem Geist unserer Zeit – mit seinen Errungenschaften, Problemen und Einsichten – vertraut machen. Eine solche Kunst und ein solches Design wären auf der Höhe ihrer Zeit. In einem heutigen, moderaten Sinn dürfte man sie wohl sogar »avantgardistisch« nennen.

Mittel, durch die der Mensch allererst die Wirklichkeit gewinnt« (Konrad Fiedler, »Moderner Naturalismus und künstlerische Wahrheit«, ebd., I, S. 81–110, hier S. 109).

Bibliographische Notizen

Luc Ferry, *Homo aestheticus*, Paris 1990.
Paul Feyerabend, *Wissenschaft als Kunst*, Frankfurt am Main 1984.
Nelson Goodman, *Weisen der Welterzeugung*, Frankfurt am Main 1984.
Odo Marquard, *Aesthetica und Anaesthetica: Philosophische Überlegungen*, Paderborn 1989.
Wolfgang Welsch, *Aisthesis: Grundzüge und Perspektiven der Aristotelischen Sinneslehre*, Stuttgart 1987.
– *Unsere postmoderne Moderne*, Weinheim 1987, ²1988; ³1991.
– *Ästhetisches Denken*, Stuttgart 1990, ²1991.
– (Hg.), *Wege aus der Moderne: Schlüsseltexte der Postmoderne-Diskussion*, Weinheim 1988.
– / Christine Pries (Hgg.), *Ästhetik im Widerstreit: Interventionen zum Werk von Jean François Lyotard*, Weinheim 1991.

Karl Heinz Bohrer

Zeit und Imagination
Die Zukunftslosigkeit der Literatur

Ich möchte das Folgende gliedern in zwei Hauptüberlegungen und eine Konsequenz. Den ersten Teil nenne ich »Geschichte als maßloser Begriff und seine falschen Ansprüche«, den zentralen Teil möchte ich nennen »Das Präsens der Kontemplation«. Ich werde aus diesen beiden Überlegungen dann versuchen, einige Konsequenzen für die politische und kulturelle Empirie darzulegen und zu begründen.

I Zur Geschichte als maßloser Begriff und seinen falschen Ansprüchen

Der entscheidende Einwand vernunftorientierter Philosophen, Geschichtstheoretiker und Soziologen gegen das sogenannte postmoderne ästhetische Denken richtet sich gegen dessen Verzicht auf die Kategorie Zukunft. Die Angst des Philosophen und Historikers vor einem ästhetischen Finale rührt her aus der Selbstverständlichkeit der bisherigen totalen Herrschaft, Vorherrschaft der Geschichtsphilosophie nicht nur in Politik und Wissenschaften, sondern auch in der Literatur und Literaturgeschichte. Sie dauert im Grunde an, weil sie vom Alltagsverstand und ihren Fürsprechern in den Medien permanent erneuert wird. Denn nur sie ist ihnen faßbar. Foucault sprach angemessen von einer »Verinnerlichung des Gesetzes der Geschichte«. Wenn ich hier also von Geschichte als einem maßlosen Begriff spreche, dann meine ich das in Hinsicht auf diesen gewalttätigen Lauf des zumindest deutschen und von deutscher Philosophie beeinflußten Denkens seit Ende des 18. Jahrhunderts, die Geschichte und Geschichtlichkeit als selbstverständliche Begründungmerkmale aller Sphären des Geistes festlegten. Das nahm seinen Anfang durch die mächtige Geschichtsphilosophie und Ästhetik des Doppelgestirns, das am Anfang vor allem dieser Art des modernen Diskurses stand: Schiller und Hegel. Das Hegelsche Diktum, Philosophie sei in Gedanken gefaßte Zeit, war im Sinne seines Anspruchs zu generalisieren, nämlich Poesie ist in Imagination gefaßte Zeit. Darin lag der Irrtum. Die Zeit, das ist eine auf Zukunft hin perspektivierte Gegenwart. Wie immer man sie auch sehen mochte, seit Hegel bis hin zu Jürgen Habermas, war und blieb sie bis heute in dieser Perspektive, in deren Perspektive, die als prima causa gesetzte Kategorie. In Schillers Begriff der Unendlichkeit findet diese Setzung ihren vielsagenden ersten Fokus, denn Unendlichkeit meinte bei ihm die teleologisch *vollendete* Zeit, während der Begriff Unendlichkeit in Romantik und Nachromantik, namentlich bei Baudelaire, *entzeitlich* wurde. Nicht zuletzt gerade Schillers ästhetische Erziehung brachte den Begriff des Ästhetischen in unauflösbare Verklammerung mit einem realgeschichtlichen Gehalt. Hegel wiederum ging in dieser Verklammerung begrifflich noch weiter. Indem er die ästhetische Versöhnung bei Kant und Schiller kritisierte, machte er den objektiven Stand der Geschichte, den Prozeß des Geistes zu sich selbst, zum Richter der künstlerischen Produktion. Er kündigte zwar nicht das Ende der Kunst an, wie fälschlicherweise häufig wiederholt wird, wohl aber das Verlustiggehen an »höchster und absoluter Weise dem Geist seine wahrhaften Interessen zum Bewußtsein zu bringen«. Und wer konnte diesen Verlust vermelden, wer war der Prüfstein ästhetischer Erscheinungen und ihrer Wirkung auf uns? Nichts anderes als Hegels Theorie der Geschichte. Heinrich Heine hat, sofern er sich als ein Schüler Hegels aussprach, dieses Kriterium der Geschichte, oder sagen wir nun noch genauer, das neue Kriterium einer Verzeitlichung, für folgende Generationen progressiver Schriftsteller gesetzt, indem er das Bewußtsein von Gegenwart zum Kriterium eines neuen Typus des Schriftstellers erhob und vom Ende der Kunstperiode sprach. Die Ansagen des Endes der Kunstperiode, des Endes der Kunst als höchstes Bewußtsein, des Endes Gottes, des Endes der Metaphysik, die das neunzehnte Jahrhundert durchlaufen, waren gleichzeitig Ansagen eines besonderen Futurs, des Beginns einer engagierten Literatur, des Beginns des vollendeten Geistes, des Beginns des Übermenschen, des Beginns einer endgültigen Emanzipation von religiöser Autorität. Die Geschichte trat in das neue Vakuum als Geschichtsroman, als Geschichtstragödie. So sehr mächtig wurde sie, als alles determinierende Kategorie, daß Nietzsches frühe Kulturkritik sich auf eine Abrechnung exklusiv mit

Zeit und Imagination 83

ihr konzentrierte. Die künstlerischen Avantgarden – Expressionismus, Surrealismus, Futurismus – des beginnenden zwanzigsten Jahrhunderts und ihre nachfolgenden Enkel und Epigonen der sechziger und fünfziger Jahre unseres Jahrhunderts waren jedenfalls programmatisch gekennzeichnet von der Perspektive der Verzeitlichung, und sei es nur durch den Anspruch des immanenten Fortschritts in der Anwendung neuer Materialien und Forminnovationen.

Wie wir sehen werden, verstellte diese vor allem theoretisch geführte Argumentation mit einem jeweils neuen Zeitargument den Sachverhalt, daß die künstlerische Form selbst sich schon bei Heine, ganz zu schweigen von den surrealistischen fiktiven Texten, anders darstellte, und die Rede von der Zeit als angeblichem eigentlichen Kriterium sich bloß den vorherrschenden philosophischen und ideologischen Motiven verdankt, also sekundärer Natur ist. Die philosophische und wissenschaftliche Rede hingegen stand und steht aus eigenem Recht zunehmend noch immer im Zeichen dieser Zeitkategorie. Daß dies sich so verhält, mag am Epochenparadigma der bedeutenden geistes- und ideengeschichtlichen sowie geschichtstheoretischen Arbeiten liegen, deren repräsentative Titel zum Beispiel die Zeitproblem-orientierte wissenschaftliche Neugierde belegen. Nur drei, vier Namen: Löwiths *Weltgeschichte und Heilsgeschehen*, Blumenbergs *Weltzeit und Lebenszeit*, Habermas' *Strukturwandel der Öffentlichkeit* und schließlich Kosellecks *Zur Semantik geschichtlicher Zeiten*. Die Entdeckung des um 1800 einsetzenden verschärften Verzeitlichungsproblems der sozialen und historischen Abläufe, die Aufdeckung von »Epochenschwelle« und »Epochenbewußtsein« und des vorwärtsgerichteten »Horizonts«, um charakteristische Terminologien zu nennen, bedeutete für das wissenschaftliche Denken eine szientifische, eben verzeitlichende Revision jenes das unmittelbare deutsche Nachkriegsbewußtsein prägenden Zeitbewußtseins im Schatten von Heideggers »Sein und Zeit«. Der Aufschrei der historischen und philosophischen Wissenschaft gegen diese neuere Ästhetik, um die es heute Abend geht, die ich nunmehr auch die Opposition nennen möchte, gilt bei Licht gesehen also einem dramatischen Kompetenzverlust. Ihre Lieblingskategorie, Geschichte, Geschichtlichkeit, Zukunft verliert innerhalb einer neueren Ästhetik an Währungskraft. Man beginnt dort über das Literarische, die Kunst nicht mehr vornehmlich in Begriffen der historischen Zeit zu reden. Nun ist dieser Vorgang keine Manipulation in ideologischer Absicht, sondern lässt sich durch eine vorurteilsfreie, semantische Analyse bestätigen. Diese würde, oder wird hoffentlich, an den Tag bringen, daß schon die Literatur der gerne für die Geschichtphilosophie und die Perspektive des Futurs in Anspruch genommenen Schriftsteller des frühen neunzehnten Jahrhunderts Friedrich Schlegel, Heinrich Heine, Georg Büchner einen Widerspruch zwischen ästhetischer Form und progressiver Rede verbergen, der die Vermutung nährt, daß es mit der Zeit- und Zukunftskategorie in der Kunst schon damals nicht weit her war. Daß diese immer schon eine von ausserkünstlerischem Interesse aufoktroyierte gewesen ist. Wir haben es vielmehr mit einem Prozeß von Entzeitlichung zu tun, in der besonders künstlerischen Rede auf der Höhe von Verzeitlichung des generellen Diskurses und der geschichtlichen Ereignisse überhaupt zwischen 1800 und 1830/40. Der französische Historiker Julien Michelet, Autor der *Histoire de la révolution française*, hat diesen Zusammenhang geahnt, den Zusammenhang, den ich eben angedeutet habe, als er den Roman als eine von der Geschichte, das heißt von der »Gerechtigkeit«, ablenkende Macht definierte und attackierte, in der stattdessen die »Gnade«, die »Illusion« und die »Fantasmagorie« des Wunders vorherrsche. Während die Geschichte und die Geschichtswissenschaft als Statthalter der Gerechtigkeit »in die Unendlichkeit der geschichtlichen Substanz die Grundlinien des Zukunftsstaates« zeichne, charakterisiere den Roman ein »Stocken des geschichtlichen Wachstums« und durch seine Elemente seien die einschläfernden Wirkungen ebenso hervorgerufen wie durch »Spiel, Tabak, Alkohol und Langeweile«. Roland Barthes, der auf diesen Michelet aufmerksam machte, hat schon 1954 an diese Kritik der nachrevolutionären Kunstgattung Roman eine Spekulation über das Posthistoire als notwendigerweise geschichtsloses Kontinuum geknüpft. Ich möchte hingegen mit dem Hinweis auf Michelets Romancharakteristik nur den bisher angedeuteten Verlust der Zeit in der zeitemphatischsten Periode der Moderne generalisieren und nunmehr nach der Verallgemeinerbarkeit, ihren Gründen und deren genaueren Bewandtnis als ästhetischem Gesetz fragen.

Georges Bataille ist in seiner Untersuchung über die Literatur und das Böse weitgehend einer traditionalistischen Fragestellung, nämlich einer metaphysisch-moralischen verhaftet geblieben. Aber er ist doch an einer zentralen Eröffnung seines Essays dem ästhetisch Bösen nähergekommen, indem er es an der Abwesenheit von Zukunftsvorstellungen erkennt. Er erkennt im Verhaftetsein an »den gegenwärtigen Moment« die allgemeine Definition des literarisch Bösen. Die göttliche

Trunkenheit, die Bataille am Beispiel der spontanen Jugendphase der Helden von Emily Brontës großem Jugendroman *Wuthering Heights* erläuterte, ist ganz dem Präsens verschrieben, als Gegenpol zu den Absichten des sozial Guten, gegründet auf das Kalkül der Vernunft. An anderer Stelle, die nicht von ungefähr der schon oben erörterten Position Michelets zwischen den Polen des sozialen Guten und des sozialen Bösen gewidmet ist, verbindet Bataille das literarisch Böse mit der Kategorie der »Intensität«, der er die zeitliche Dauer gegenüberstellt, die »Durée«. Auch wenn Bataille diese Zeitkategorie nicht strikt in ihrer semantisch-grammatischen Form, sondern eher generell als psychisch-moralische Grenzerfahrung darstellt, können wir sie als eine erste theoretische Referenz an das absolute bzw. kontemplative Präsens im künstlerisch-literarischen Akt festhalten. Das »Böse« wäre dann nur als ein besonderer Modus kontemplativer Gegenwart zu verstehen. Das wäre die Richtung.

II *Das Präsens der Kontemplation*

Daß es sich nicht um eine stilistisch oder historisch zu begrenzende formale Erscheinung einer künstlerischen Schule handelt, auch nicht um etwas, worüber literaturgeschichtliche Ableitungen etwas an Erkenntnis erbrächten, das kann nun in einem Blick auf die beherrschende Zeitform der repräsentativen Dichter der klassischen Moderne gezeigt werden: nämlich auf James Joyce, Virginia Woolf, Musil, Beckett und Kafka. Ich möchte, wegen der Kürze der Zeit, hier nur einige Gedanken entwickeln über Virginia Woolf und Beckett unser Problem betreffend. Als subjektive und objektive Beziehungsfigur der hier vorherrschenden Zeitform des kontemplativen Präsens steht Prousts »mémoire involontaire«. Zunächst also Virginia Woolf: Sie hat in ihrem letzten Prosastück, dem autobiografischen, posthum erschienenen Text *The moments of being* im Zusammenhang der Erinnerung erster Kindheitseindrücke, das heißt einer imaginativen Erinnerungskonstruktion von phänomenal erscheinender Natur, eine Theorie jener Zeitemphatik gegeben, die sie »moments of being« nennt und die ihr gesamtes Werk seit Beginn prägt. Dieses Grundelement ist der Modus einer Ekstase für einen Moment lang, in dem das konventionelle Ich-Bewußtsein, sagen wir auch Selbstgefühl, ausgeschaltet ist: »Mich selbst empfinde ich kaum, sondern einzig diese Sinneswahrnehmung. Ich bin nur ein Gefäß eines ekstatischen Gefühls, eines Gefühls der Verzückung.« Es handelt sich, wohlverstanden, hier um die Beschreibung der Erinnerung an frühere Augenblicke des Lebens, noch nicht um die Darstellung dieser Augenblicke selbst. Diese Erinnerung wird als eine unwillkürliche bezeichnet, denn es heißt, »... ich nehme an, daß mein Gedächtnis das produziert, was ich vergessen hatte; so daß es aussieht, als geschähe es unabhängig von mir.« Der innere Bezug zu Prousts »mémoire involontaire« ist deutlich genug, mag aber selbst eher unbewußt gewirkt haben, denn Virginia Woolf erwähnt den Namen Proust hier nicht, obwohl sie ihn natürlich gut kannte und kommt zu einer eigenen Deutung dieses kontemplativen Stillstehens ausserhalb der normalen Zeiterfahrung. (Ich möchte hier nicht auf den Aspekt eingehen, daß der ursprünglich theoretische Gehalt des philosophischen Begriffs der »Kontemplation« seit Augustin bedeutet: der Mensch im absoluten Angesichts Gottes, im Anschauen Gottes. Da aber schon sehr früh ein Säkularisationsprozeß eingetreten ist, nehme ich den Begriff der Kontemplation also in seiner letzten säkularisierten Form in Anspruch.)

Erstens: Es handelt sich also zunächst um Virginia Woolfs eigene Analyse, es handelt sich um solche seltene Augenblicke, die aus dem Strom des konventionellen Augenblicks herausragen: »Diese vereinzelten Seinsmomente waren jedoch in viele Momente des Nichtseins eingebettet.« Es ist für unsere Frage nicht entscheidend, daß Virginia Woolf nunmehr nicht mehr wie zunächst die Erinnerungsstruktur, sondern die erinnerten Augenblicke selbst qualifiziert. Entscheidend ist vor allem deren Isolation im Kontinuum von Vergangenheits- und Zukunftsperspektive. Zweitens: Der von ihr eingeführte Begriff des »Schocks« erläutert die plötzliche Erscheinungsform der »moments of being«, ohne Erklärbarkeit und extrem in ihrer psychischen Wirkung. Seit Baudelaires Metapher des *Schocks*, seit, so könnte man sagen, der Erfindung dieses Baudelaireschen Schocks durch Walter Benjamin, gehört dieser Begriff zum Inventar moderner Ästhetik. Seine begriffliche Nähe zu der epiphanen Bestimmung des ästhetisch Erhabenen und des Naturschönen ist offensichtlich, bedürfte jedoch noch einer genaueren Befragung, etwa im Kontext dessen, was Adorno dazu schon gesagt hat. Wir können sicher davon ausgehen, daß Virginia Woolfs Betonung des Schock-Elements im Seins-Augenblick ohne Vermittlung Baudelaires oder Walter Benjamins, dessen Werk sie nicht kannte, ausgekommen ist. Zu bedenken ist, wie stark in der angelsächsischen Moderne Grundmotive des westeuropäischen Ästhetizismus, Walter Pater und Mallarmé, noch anwesend waren, so auch bei James Joyce, bei Beckett. Uns interessiert nur die Begründung des auserlesenen Augenblicks durch das Zeichen der Epiphanie. Drittens: Gewisse Sätze, die von der Entdeckung eines Plans hinter der Watte des banalen Seins sprechen, von Wirklichkeit hinter der Erscheinung, könnten auf eine sozusagen platonisch inspirierte metaphysische Deutung sowohl der Schockerfahrung als auch ihrer ästhetischen Umsetzung hinweisen. Zweifellos kennt Virginia Woolf eine solche Tendenz, die sie ihre »Philosophie« nennt, wonach der Künstler das Ganze der Welt in solchen Momenten des Schocks erfaßt. Aber gleichzeitig verwirft sie solch eine transzendente Begründung und beruft emphatisch die ästhetischen Mittel selbst: »Und ganz entschieden gibt es keinen Gott – wir sind die Sprache, wir sind die Musik – wir sind das Ding an sich, und ich sehe das, wenn ich einen Schock habe.«

Wer solcherweise die Empfindung eines Moments stillstellt, der wird in seiner narratio ebenfalls die Zeitspanne, die erzählt, auf dieses Maß beziehen wollen. Paul Ricoeur hat im Anschluß an die angelsächsische Virginia-Woolf-Forschung in einer minutiösen Analyse der Zeitform von *Mrs. Dalloway* gezeigt, inwiefern sich dies so verhält. Die Erzählung wird am zeitlichen Fortschreiten gehindert, weil die Handlungsschübe durch lange Abfolgen aus Erinnerungen und Reflexionen der Heldin stillgestellt werden. Dadurch tritt eine Unermeßlichkeit ein, die sich eben ausschließlich, so können wir in der bisher gewählten Terminologie sagen, der Kontemplativität des Bewußtseins der Heldin verdankt, nicht den erzählten Ereignissen. Das Fortschreiten der Erzählung wird paradoxerweise zu einem unaufhörlichen Rückzug in die Erinnerung. Die innere Zeit der Heldin und der Personen verschlingt umso stärker die äußere, chronologische Zeit, als diese durch die Glockenschläge von Big Ben angezeigt werden. Inwiefern die innere Zeit letztlich keine Zukunft kennt, das wird deutlich im Hinblick auf ihren Widerspruch – die monumentale Zeit. Der Widerspruch besteht in einer tödlichen Dissonanz zwischen dem präsentischen Gefühl der inneren Zeit und der »allgegenwärtigen monumentalen Geschichte«. Diese erweckt bei den Protagonisten der inneren Zeit nur tiefe Abneigung, ein Affekt des Grauens vor deren Repräsentanten, den Autoritätsfiguren. Wir erkennen im Rückzug der inneren Zeit vor der monumentalen Zeit die Elemente wieder, die man bei der Betrachtung des absoluten Präsens seit der Romantik vorgefunden hat. Erstens: Die Personen haben eine unendliche psychische Dimensionierung, aber sie erhalten keine benennbare Identität; zweitens: die Welt der verbindlichen Normen ist auf dem Rückzug begriffen; drittens: das gesellschaftskritische Motiv ist dem eigentlichen zeitkontemplativen Thema nur äußerlich; und viertens: das innere Zeitbewußtsein nimmt Phänomene eines Lebensaugenblicks wahr, interessiert sich jedoch nicht für die Ideen oder die Zukunft, die zur Sphäre der monumentalen Zeit gehören.

Samuel Beckett hat im Unterschied zu Virginia Woolf, aber in Nähe zu James Joyce, die besondere Zeitemphatik seines Werks von Beginn an in Kategorien ähnlicher Spiritualität theoretisch reflektiert. Indem er sich für eine Schrift über Proust entschied, seine erste große theoretische Schrift, hat Beckett eine zeitreflexive Ästhetik an den Anfang seines eigenen Werks gestellt. Es gibt hier auch Berührungen mit Virginia Woolfs vager schon zitierter Äußerung, Kunst habe es mit der Erfassung eigentlicher Realität hinter den Erscheinungen zu tun, die diese aber, wie wir sahen, sofort wieder relativierte, indem sie den Künstler selbst zum *Ding an sich* erklärte. Ich möchte für Beckett zunächst einmal nicht weniger Skrupel gegenüber einer metaphysischen Identifikation in Anspruch nehmen und bei ihm ebenfalls eine Entscheidung für die reine Diesseitigkeit vermuten. Beckett geht es, wie Virginia Woolf, wie James Joyce, um eine Erfassung unmittelbarer Realität, um ihre schiere Präsenz. Das aber bedeutet, daß er, von Beginn an, auf eine Anwesenheit der Dinge aus war, die dabei außerhalb der Zeit angesiedelt sind. Der Ästhetiker und Philosoph Ulrich Pothast hat diese Zeittranszendenz hingegen als metaphysisches Projekt Becketts in unmittelbarer Nachfolge von Schopenhauers Ästhetik gedeutet. (*Die eigentliche metaphysische Tätigkeit: Über Schopenhauers Ästhetik und ihre Anwendung durch Samuel Beckett*, Frankfurt am Main 1989) Obwohl auf Schopenhauer als der theoretisch wichtigsten philosophischen Referenz für unseren Problemkreis, namentlich für eine Theorie des kontemplativen Zustands, am Ende zurückzukommen sein wird, möchte ich doch Becketts Beziehung zu dem deutschen Philosophen auch deshalb relativiert sehen, als die Vermittlung entscheidender Begriffe wie der des Ausnahmezustands des Bewußtseins und einer quasi mystischen Erfahrung als gemeinsames Eigentum der angelsächsischen modernen Spiritualität in der Nachfolge der schon angedeuteten Phänomenästhetik Walter Paters angesehen werden muß. Die von Pothast

Zeit und Imagination

angeführten begrifflichen Übereinstimmungen zwischen Schopenhauer und Beckett werden a) durch diese Analogien mit den anderen genannten angelsächsischen Zeitemphatikern neu perspektiviert und sind b) weniger autobiografisch denn systematisch zu verstehen, nämlich als Beweis für unsere Vermutung, daß die Vorherrschaft des kontemplativen Präsens in der bedeutenden Literatur seit Ende des 18. Jahrhunderts von solch fundamentaler Evidenz ist, daß jede theoretische Reflexion hierüber sich nicht nur im Generellen, sondern auch in einzelnen Kategorien treffen muß. Inwiefern diese Übereinstimmung allerdings auch in einer metaphysisch zu nennenden Kunsttheorie liegen könnte, das sei am Ende entschieden. Es gilt festzuhalten, daß die Erfahrung des Präsens des wirklich Realen in Becketts Proust-Text als »mystische Erfahrung« eines »außerzeitlichen Wesens« definiert ist. Daß es sich dabei immer nur um einen Zustand unfreiwilliger Erinnerung, nicht um die unmittelbare Erfahrung wie bei Joyce, wie bei Virginia Woolf, der wahren Realität handelt, und, daß derjenige, der diese Erfahrung macht, außerhalb der Beziehung zur Gesellschaft und Moral immer als ein Einsamer existiert. Es ist zu sehen, inwiefern Einsamkeit schon seit Rousseau und der Frühromantik die Bedingung des kontemplativ-präsentischen Bewußtseinszustandes ist.

Wie stellt sich das totale Präsens, das kontemplative Präsens, in Becketts eigenem Werk dar? Es ist ein Gemeinplatz, daß ein ewiges Präsens ohne Zukunft die Perspektive von Becketts Figuren darstellt. Seine Helden in *Endspiel* und *Warten auf Godot* sind schon sprichwörtlich integriert in die semantisch begründete Groteske eines immer Gleichen, das unserer auf stets erneuerte Finalität und Erwartung des Neuen angelegte westliche Zivilisation spottet, bis hin zur negativen Allegorese. Selbst Adornos Versuch, das *Endspiel* zu verstehen, ist an dieser als »negative« Metaphysik verstandener Sprachform gescheitert, da er die Abstinenz positiven Sinns nicht in einer Formbestimmung suchte, sondern ganz einfach in einer inhaltlichen Umkehrung: eben der Negativität, von der Adorno seine ideologiekritischen Motive ausgehen läßt, wohingegen die Analyse des reinen Präsens, d.h. einer sich wiederholenden schieren Gegenwärtigkeit der Personen, ganz freizuhalten wäre von einer solchen Optik, letztlich einer teleologischen Optik, einer Optik des Futurs. Diese ist nicht erlaubt in der Perspektive, die ich hier vorschlage. Ich möchte deshalb darauf verweisen, daß sich als Ausweg des Deutungsdilemmas Adornos die Imagination des Präsens als eines eigenen ästhetischen Zustandes, nicht als eines metaphysisch zu deutenden Modells des Weltzustands, anböte! Nicht indem wir Becketts Szene als weltanschaulichen Topos für menschliche Zukunftslosigkeit, und damit als öde kulturkritische Formel lesen, ver-stehen wir das hier herrschende, absolut gewordene Präsens richtig, sondern nur, indem wir dieses in seiner formalen szenarischen Inkommensurabilität wahrnehmen und darin rezeptionsästhetisch belassen. Becketts Sprache und Sinnanweisung ist keine metaphysische Lehre über die Leere, sondern ist »unmittelbarer Ausdruck«, so Becketts eigener Terminus für etwas, für das es keinen anderen, etwa diskursiven Ausdruck gibt. Dieses Präsens der Zustände, die hier perennieren, sind zunächst einmal, ähnlich wie bei Kafka, als Epiphanien des bis zum letzten Kern zum Vorschein Gebrachten, bis zum komischen Vorscheinenden, zu erfahren. Also nicht als Repräsentanz einer Idee über den Menschen, auch wenn die Clownerie, die Defekte des Personals diese Interpretation suggerieren. Das ironische Endglück von *Happy Days* müßte demnach »unironisch«, d.h. ohne das bescheidwissende Dazwischentreten bescheidwissender Vermittlung zwischen einem Unverständlichen und unserer Verständigungsabsicht als eine reine Poesie über die emphatisierte Zeit gelesen werden. Der Satz Winnies in der Schlußszene, »O dies ist ein glücklicher Tag, dies wird wieder ein glücklicher Tag gewesen sein«, würde dann als ein kontemplatives Signal erkennbar, das die Ungeheuerlichkeit von Becketts paradoxaler Reduktion der zeitlichen Kontinuität auf das Glück eines ewig ungeheuerlichen Gleichen aufblitzen läßt. Dieses Gleiche ist eben nicht einfach dennotierbar als das Zeichen psychologischer Verelendung, sondern verbleibt jenseits solch psychologischer Naturalistik. Uns trifft in diesen Worten eine Präsenz von ungeahnt anderer Intensität. Der »glückliche Gesichtsausdruck Winnies« ist, was immer er andeuten mag, wie alles, was hier gesprochen und getan wird, die Epiphanie von bisher nicht Gesehenem. Becketts Ästhetik richtet sich in »Proust« gegen jede Beschreibungsliteratur, d.h. gegen jede Litaratur realistischer und naturalistischer Art. *Happy Days* etwa als Entlarvung banal gewordener Ehebeziehung zu verstehen, hieße in die Falle der naturalistischen Kopie laufen, die Beckett von Beginn an ausschloß. Es handelt sich durchaus um einen, wenn auch enigmatisch verstellten, emphatischen Augenblick, und dies in doppelter Hinsicht: einmal in der Perspektive der wahrnehmenden Person, zum andern in der Perspektive des Zuschauers. Gerade die widersprüchliche Abgründigkeit des qua Kitsch vermittelten Gefühls, Schlußgefühls Winnies läßt vor uns ein unerhörtes, nie gesehenes Wahrnehmungsbild entstehen, das sich nicht mit einer kulturkritischen Allegorie verwechseln läßt.

Virginia Woolfs Perspektivismus der inneren Zeit steht oppositionell zur monumentalen Zeit. Becketts »Glückliche Tage« stehen quer zu einem philosophischen Brevier über den Stillstand der Zeit. Alles Gesagte und Gesehene und Gezeigte schafft einen je eigenen Zeitraum der ästhetischen Imagination jenseits der historischen Zeit und ihrer Charakteristika. Wahrgenommen werden je eigene, partikuläre Lebensspuren, keine allgemeinen Ideen. Man kann auch sagen: Diese Behandlung der Zeit als Präsentanz von Augenblicken ist die definitive Absage an das, was Nabokov die sogenannte »Ideenliteratur« (er meinte damit abschätzig Balzac, Gorki, Thomas Mann) nennt, nämlich eine Literatur, so präzisieren wir, in der sozusagen die absehbare Menschheitsfrage im Sinne wissenschaftlicher Historik bei bloß veränderter Metaphorik behandelt wird. Dort ist als zeitlicher Horizont immer das Futur anwesend. Es scheint kein Zufall, daß diese Auslöschung des historischen Futurs und der Verzicht auf den Ideenroman sich beispielhaft in der angelsächsischen/angloirischen Moderne vollzieht. Der britische Empirismus mit seiner Verachtung gegenüber allen Universalien – ich nehme hier ein Wort von Harold Bloom auf – begünstigte dies als intellektuelles Klima, während vornehmlich die deutsche – nicht die deutschsprachige – die deutsche Bildungssphäre mit ihrer Präferenz für universalistische Muster einer solchen Revolution der Sprache im Zeichen des totalen Präsens im Wege stand. Die beiden von dieser Regel abweichenden, wichtigsten Vertreter der deutschsprachigen klassischen Moderne, Musil und Kafka, sind bezeichnenderweise als Mitglieder der österreich-ungarisch-Prager Gesellschafts- und Staatssphäre nicht von den idealistisch-universalistischen Paradigmen geprägt worden, sondern gerade umgekehrt eher von dem Wiener erkenntnisskeptischen Empirismus, der ja auch die Zeit-Kontinuität und Ich-Identität von Zeiteinheiten problematisierte, auch wenn die beiden Dichter diesen Diskurs immer transzendierten.

Ich komme nun zu dem zweiten Teil des Hauptteils, nämlich zu der philosophisch-theoretischen Begründung des kontemplativen Präsens. Zeitlosigkeit im Sinne eines kontemplativen Akts absoluter, partiell unbewußter, jedenfalls nicht ich-geleiteter Vergegenwärtigung von Zuständen, Vorstellungbildern, Wahrnehmungsgegenständen ist, so haben wir gesehen, die gemeinsame Konstante der Augenblicksmetapher innerhalb der Literatur der klassischen Moderne. Daß sie direkt oder indirekt bezogen werden kann auf Prousts Theorem von der *mémoire involontaire,* war hier nur anzudeuten. Indes ist die Einsicht in diese Struktur des modernen imaginativen Bewußtseins seit Hegels Kritik der Romantik und der anschließenden Historisierung ästhetischer Phänomene, die ja zum Teil bis heute noch andauert, sehr erschwert worden. Zwar finden sich in der kritischen Auseinandersetzung Goethes mit der Verzeitlichungsargumentation der neunziger Jahre des 18. Jahrhunderts schon theoretische Hinweise auf die besondere Zeitentrücktheit der Kunst. Aber die zentralen Bestimmungen lieferte ausführlich begründet Schopenhauer innerhalb seiner Ästhetik im dritten Buch von *Die Welt als Wille und Vorstellung.* Vornehmlich sein Begriff der »Kontemplation« hilft die oben dargestellten Strukturen des imaginierten Zeitbewußtseins genauer festzuhalten. Kontemplation ist nach Schopenhauer nämlich jener ästhetische Zustand, in dem das geniale Subjekt das Objekt der Kontemplation aus allen seinen raum-zeitlichen Bedingungen herauslöst und es isoliert vor sich sieht, als »Repräsentanz eines Ganzen«. Wenn man vorerst einmal die für die Moderne hinderliche metaphysische Begründung des Ganzen beiseite läßt, dann bedeutet »Kontemplation«, daß die »gewöhnliche Betrachtungsart der Dinge« aufhört, und ein Sich-«Versenken« eintritt, »die ruhige Kontemplation des gerade gegenwärtigen natürlichen Gegenstandes, sei es eine Landschaft, ein Baum, ein Fels, ein Gebäude oder was sonst auch immer«. (Drittes Buch, § 34) Dieses Sich-Versenken bedeutet ein »sich gänzlich in diesen Gegenstand« Verlieren, das heißt, daß das Subjekt des Sich-Verlierens »sein Individuum, seinen Willen, vergißt und nur noch als reines Subjekt, als klarer Spiegel des Objekts bestehen bleibt, so daß es ist, als ob der Gegenstand allein da wäre, ohne jemanden, der ihn wahrnimmt, und man also nicht mehr den Anschauenden von der Anschauung trennen kann, sondern beide *eins* geworden sind, indem das ganze Bewußtsein von einem einzigen anschaulichen Bilde gänzlich gefüllt und eingenommen ist.« (§ 34) Willenlosigkeit meint, daß sich in die Wahrnehmung des Gegenstands keine intentionalen, teleologischen oder psychologischen Akte mehr mischen. In dieser absoluten Präsenz des gegenständlichen Bildes ist denn auch seine Geschichtlichkeit aufgehoben: »Die Geschichte des Menschengeschlechts, das Gedränge der Gegebenheiten, der Wechsel der Zeiten« ist in diesem absoluten Präsens nur äußerlich. Schopenhauer gebraucht in diesem Zusammenhange auch den Begriff der »inneren Stimmung«, der inneren Stimmung, die als »jene Seligkeit des willenlosen Anschauens« näher charakterisiert ist. (§ 38) Dabei bedenkt Schopenhauer schon den Modus der *mémoire involontaire*, er sagt nämlich: »Indem wir längst vergangene Tage, an einem fernen Orte verlebt, in uns vergegenwärtigen, sind es die Objekte allein, welche unsere Phantasie zurückruft, nicht das Subjekt des Willens ...«. Es ist die »plötzliche Erinnerung an Szenen der Vergangenheit und Entfernung wie in ein verlorenes Paradies, das an uns vorüberfliegt«. (§ 38) Es scheint, als ob Schopenhauer eine Schellingsche Bewußtseinsfigur fortgeführt habe, nämlich von jener seligen Stille, jenes Sinnens in sich selbst, die Schelling dem göttlichen Bewußtsein von sich selbst, das von sich selbst nichts weiß, zugeschrieben hat. (*Das Wesen der menschlichen Freiheit*) So weit deckt Schopenhauers Begriff der Kontemplation theoretisch den Befund zeitloser Evokation präsentischer Zustände, die wir bei den zitierten Repräsentanten der klassischen Moderne fanden, ab. Nicht nur die Auflösung geschichtlicher Zeit, sondern auch die Aufhebung des subjektiven Bewußtseins und Akte willentlicher Selbsterhaltung lassen sich in allen Beispielen ausmachen, nicht zuletzt auch bei Musil und Kafka. Es war Schelling, der diese Struktur des ästhetischen Vermögens als eines kontemplativen in seinem Begriff der »intellektualen Anschauung« vorausdachte, wenn er davon spricht: »Uns allen nämlich wohnt ein geheimes, wunderbares Vermögen bei, uns aus dem Wechsel der Zeit in unser Innerstes, von allem, was von außenher hinzukam, entkleidetes Selbst zurückzuziehen, und da unter der Form der Unwandelbarkeit das Ewige in uns anzuschauen. Diese Anschauung ist die innerste, eigenste Erfahrung, von welcher alleine alles abhängt, was wir von einer übersinnlichen Welt wissen und glauben [...] In diesem Moment der Anschauung schwindet für uns Zeit und Dauer dahin: nicht *wir* sind in der Zeit, sondern die Zeit – oder vielmehr nicht sie, sondern die reine absolute Ewigkeit ist *in uns*.« (*Philosophische Briefe über Dogmatismus*, 1795) Ich bitte um Entschuldigung für die großartige Sprache des deutschen Idealismus, die aber manchmal auch ein bisschen nervend ist: Entkleiden Sie sie von ihrer speziellen Emphatik und bedenken Sie nur die Begriffsbildung für unseren Zusammenhang. Was indes das Problem bei dieser Inanspruchnahme Schopenhauers und Schellings schafft, ist natürlich – das wird jetzt immer drängender – die metaphysische Begründung der kontemplativen Haltung. Wenn ich unter »metaphysisch« eine letzte begründende, hinter den Erscheinungen liegende referenzielle Eigenschaft verstehe, sei es »das Ding an sich« oder »das wahrhaft Seiende«, wie bei Schopenhauer, oder »das

Ewige« oder »Absolute« bei Schelling, dann gerät diese Voraussetzung nämlich in einen prinzipiellen Konflikt mit dem a priori moderner Prosa, eine solche Referenz nachdrücklich nicht zu besitzen! Wie wir sahen, hat Virginia Woolf diese Problematik bei der Reflexion der »moments of being« unmittelbar angesprochen und die Selbstreferenz ihrer Sprache betont. Dasselbe muß auch von allen anderen Repräsentanten moderner Dichtung gesagt sein, nicht zuletzt von Beckett, gerade wenn man das Imaginäre seiner Sprache erfassen will. Je mehr man Schopenhauers Fassung der ideellen Referenz auf eine sinnliche Ausdifferenzierung dieser radikalen letzten Referenz hin erforschte, die nicht Totalität repräsentierte, je brauchbarer würde auch dieser Teil seines Kontemplationsbegriffes für die Zeitlosigkeitsannahme moderner Literatur. Nun liefert Schopenhauers Ästhetik eine solche Ausdifferenzierung, indem er nämlich davon spricht, die höchste poetische Leistung in der Gestalt der Tragödie liege in der »Darstellung der schrecklichen Seite des Lebens, im Schmerz«, nimmt er eine Perspektive vorweg, in der ihm Nietzsche bei seiner Theorie des dionysischen Augenblicks folgen wird, in der ja die Referenz auf ein ideell Allerletztes substituiert wird durch ein begriffliches Chargieren zwischen dem Begriff des »Scheins« und des »Urschmerzes«. (*Die Geburt der Tragödie*, 1871) Und wenn man zudem den Blick darauf richtet wie Hegel, gerade das Schmerzmotiv seiner Geschichtsphilosophie als Teleologie unterstellte, das heißt, den Schmerz eskamotierte, versteht man noch besser, warum Schopenhauers-Nietzsches Ausdifferenzierung einer metaphysischen letzten Referenz auf diese Vorstellung hin für die Erkenntnis des kontemplativen Präsens der Kunst entscheidend war. Denn nichts ist gegenwärtiger und unaufhebbarer als der Schmerz. So darf man folgern, daß in Schopenhauers und Schellings Kontemplations- bzw. Anschauungsbegriff ein entscheidendes Moment für eine ästhetische Theorie vorbereitet worden ist, die vom temporalen Modus des kontemplativen Präsens ausgeht. Michael Theunissen hat diese temporale Bedingung am Beispiel von Benjamins Deutung des Engelbildes von Paul Klee erläutert (*Negative Theologie der Zeit*, Frankfurt am Main 1991), in der Benjamin in einer an Kafkas Metapher vom »stehenden Sturmlauf« gemahnenden Weise bekanntlich den Engel aus dem Fortschreiten der Zeit in die Zukunft herauslöste. Theunissens Umgang mit diesem Sinnbild von ästhetischer Zeitlosigkeit ist deshalb weiterführend, weil er es nicht auf seine metaphysische Begründung hin bedenkt, sondern vornehmlich auf den kontemplativen Akt selbst.

Zeit und Imagination 95

Insofern Kunsttheorie auf künstlerische Anschauung ohne Zukunft gerichtet ist, sollte sie sich auf Schopenhauers Kontemplationsbegriff beziehen lassen. Die Herausgehobenheit des Augenblicks ästhetischer Wahrnehmung ist nicht über eine metaphysische Referenz, so möchte ich Theunissens Gedanken pointieren, sondern über die temporale Verfassung, die »Abgerissenheit des Plötzlichen« zu bestimmen. Diese temporale Bestimmung wäre selbst dort anzunehmen, wo die inhaltlichen Merkmale der Kunst – Geschichte, Symbolik – religiöser Natur sind, insofern und wenn diese Kunst auch Gegenstand ästhetischer Erfahrung wird, d.h. insofern und wenn die Präsenz des Heiligen nicht mehr das Primäre der anschauenden Erfahrung ist, wie es Imdahl am Beispiel Giottos zu zeigen versuchte. Und diese temporale Beziehung impliziert, daß auch innerweltliche Projektionen vornehmlich die Antizipation von Zukunft im Sinne einer gesellschaftlichen Utopie auszuschliessen sind. Entgegen solchen Referenzen jenseits oder innerhalb von Raum und Zeit wird schon Schopenhauers sinnlich-übersinnliches Naturphänomen zu einer Metapher des modernen nachromantischen »Unendlichen«. Daß er dieses nicht zurückdenkt wie Hegel auf Geist-Kategorien, daß ihm vielmehr ein mystisches Moment eignet, gilt es zu erkennen. Man muß dieses Element herausheben, so, wenn Schopenhauer über die Wolken sagt, ihre »Figuren« seien »nicht wesentlich«, aber »daß sie als elastischer Dunst, vom Stoß des Windes zusammengepreßt, weggetrieben, ausgedehnt, zerrissen werden«. (§ 35) Schopenhauer nennt diese »Kräfte« zwar »Idee«, aber diese Idee scheint Hegels Begriff von einer solchen sehr weit entfernt zu stehen, dagegen Baudelaires von allen Wirklichkeitsbezügen entleertem Wolkensatz sehr nahe, der lautet: »J'aime les nuages … les nuages qui passent … là bas … là bas … les merveilleux nuages.« (»L'étranger«, *Le spleen de Paris*, 1869) Es ist deutlich geworden, daß die Schwierigkeit des Begriffs eines kontemplativen Präsens darin liegt, einen solchen Satz nicht unter Berufung auf eine metaphysische Instanz, insbesondere nicht im Sinne eines transzendenten Verständnisses auszusprechen.

Diese Bedingung trennt dieses Theorem von einem kontemplativen Präsens auch von der Kunstphilosophie, die George Steiner unter dem Begriff »reale Gegenwart« entwickelt hat. (*Von realer Gegenwart*, München 1989) Dieser läßt gar keinen Zweifel aufkommen, daß die Gegenwart des Kunstwerkes als Gegenwart des johannäischen »Wortes« zu vestehen ist, das heißt als Gegenwart Gottes. In einer quasi manichäischen Kritik der Dekonstruktion und ihrer Vorläufer in der Gestalt des westeuropäischen Ästhetizismus, für die Steiner Mallarmé verantwortlich macht, hat er eine solche Radikalisierung des Referenzarguments vorgetragen, unter dem gerade auch unser Kriterium des kontemplativen Augenblicks als einem »plötzlichen« verschwinden muß, und statt dessen eine theophane Qualität behauptet ist. Steiner verkennt, daß es der Dekonstruktion in der heuristischen Tradition des New Criticism zunächst um eine semantische, eine linguistisch-literaturwissenschaftliche Präzisierung des spezifisch ästhetischen Phänomens in der Literatur geht, also gerade um das von ihm beschworene »Andere«. Steiner macht dieses stattdessen an einer ästhetischen Theologie fest. Er sagt, Kunst gibt es, *weil* es das »Andere« gibt – das Andere ist Gott. Eine Theorie des *kontemplativen Augenblicks* sagt hingegen, dieses Andere wird in diesem Augenblick geschaffen, nicht als ein ästhetisches Pfingsten, sondern als eine Epiphanie sui generis, deren Struktur ich hier nicht entwickeln kann, wozu gehörte, Virginia Woolfs subjektiv beteuerte Selbstreferenz ihrer Sprache objektiv darzutun, d.h. nachzuweisen, inwiefern »Gott« sich nicht in ihre Person geflüchtet hat. Insofern gilt, für die hier vorgeschlagene Semantik der ästhetischen Zeit nicht der Anfangssatz des Johannes-Evangeliums »Im Anfang war das Wort, und das Wort war bei Gott und Gott war das Wort«. Das Wort ist vielmehr immer das jeweils zu Erfindende.

III *Schlußfolgerung: Pan-Ästhetisierung ist nicht möglich*

Pan-Ästhetisierung ist nicht möglich aus folgender Überlegung: Aus der philosophischen und ästhetischen Begründung des kontemplativen Präsens lassen sich zwei Ableitungen für die Empirie ziehen, in der die Gesetze der modernen Dichtung keine Gültigkeit haben. Erstens für eine zeitgenössische Gebrauchsliteratur, die gerade in der Thematisierung von Zeit und Geschichte aufgeht, und zweitens für die Geschichte selbst und ihre Theorie, sowie die sozial-kulturelle Sphäre der sogenannten Lebenswelt überhaupt.

Zu 1: Es hat sich neben der Dichtung der klassischen Moderne eine moderne Literatur entwickelt, in der historische oder zeitgeschichtliche Themen unter einer »humanistischen« Perspektive behandelt werden. In diesen, z.T. berühmt gewordenen Texten, die durchweg zur Gattung des historischen bzw. zeitgeschichtlichen Romans gehören, ist gerade die Bedingung des kontemplativen Präsens nicht gegeben. Beispielhaft hierfür stehen Heinrich Manns *Henri Quatre*, Feuchtwangers *Jud Süß*, Erich Maria Remarques *Im Westen nichts Neues*, Bertolt Brechts *Dreigroschenroman*, Stefan Zweigs *Sternstunde der Menschheit* und last, not least, Anna Seghers *Das siebte Kreuz*. Von diesen, den Typus repräsentierenden, bedeutenden Zeit- und Geschichtsromanen galten zumindest *Henri Quatre* und *Das siebte Kreuz* lange Zeit als literarische Meisterwerke. Wenn dieses Urteil neuerdings zurecht revidiert wird, dann eher aus pragmatisch-stilimmanenten Erwägungen und aus einer neuen Reserve gegenüber dem quasi-Bonus, mit dem Heinrich Manns und Anna Seghers politisches Engagement rechnen konnte. Demgegenüber ist aber das viel prinzipiellere Argument zu nennen, daß nämlich diesen Romanen aufgrund ihrer narrativen Äußerlichkeit, das heißt eines absoluten Mangels an jener kontemplativen Struktur, die hier analysiert wurde, nur eine Wahrnehmungs- und Expressionsleistung zukommt, die sie mit dem höheren analytischen und beschreibenden Journalismus teilt. Es werden historische, bzw. zeitgeschichtliche Fakten und Ethiken erzählt, die auf einer politisch-moralischen Ebene eine große Bedeutung haben können, nicht aber auf der ästhetisch-philosophischen. Und dies liegt nicht allein am Defizit des kontemplativen Bewußtseins dieser Autoren, sondern am Verlust des symbolischen Gehalts ihres Stoffes, der Geschichte. Obwohl Zeit und Geschichte ohnehin niemals, wie wir sahen, als die eigentliche Basis moderner Literatur gelten können, so ist zu sehen, daß selbst innerhalb einer rein historisch orientierten Ästhetik es wiederum ein gegen Null zulaufendes geschichtliches Argument gibt. Das große Beispiel hierfür lieferten, als Modell, Balzacs Romane, deren kontemplative Struktur weit hinter der eines Stendhal oder Flaubert zurückbleibt. Wenn man überhaupt von einer solchen reden kann, leben sie doch immer von dem quasi metaphysischen Gehalt ihrer historischen Zeiten und Räume, von der Mythologie der französischen Metropole zu diesem Zeitpunkt und ihrem sozialen und geschichtlichen Schicksal, als deren Marionetten die Personen auftreten. Dieser objektive, bei Balzac noch vorhandene, metaphysisch-mythische Gehalt der Geschichte hat sich aber gegen Ende des 19. Jahrhunderts verbraucht, und eine Wiederholung historischer Stoffe wird im 20. Jahrhundert, soweit sie denn das eigentliche Thema dieser Romane werden, notwendigerweise zum Kostümstück, bestenfalls zur psychologisch verstehenden Dokumentation mit aktualisierender Tendenz. Die Beschwörung der Geschichte im historischen Roman des 20. Jahrhunderts ist in dem Maße illusionistisch-dekorativ, als sie die Geschichte als letztes Substitut für die verlorene Metaphysik und Religion eines unsicher gewordenen Bildungsbürgertums einsetzt. Verglichen mit der tiefen Dimension der modernen Dichtung des Typs Virginia Woolf oder Beckett, Kafka oder Musil, bleiben solche Zeitromane buchstäblich der Wiederholung zeitlicher Oberflächen verhaftet.

Was für den bedeutenden zeitgeschichtlichen und historischen Roman der Zwanziger- und Dreißiger Jahre gilt, gilt erst recht für einen ähnlichen Literaturtypus nach dem Zweiten Weltkrieg. Zu ihm gehört gerade die für West- und Ostdeutschland repräsentative Literatur. Niemals mehr ist wieder die kontemplative Struktur der unter dem Gesetz des absoluten Präsens stehenden klassischen Modernen erreicht worden. Wenn dies bei Arno Schmidt, dem Grazer Peter Handke und dem Emigranten Peter Weiss sehr wohl der Fall war, aber auch in den herausragenden Beispielen des Nouveau Roman, also Butor und Nathalie Sarraute, dann ist damit auch die Ursache der ästhetischen Differenz genannt. Ich möchte einer zukünftigen Literatur keine Gesetze vorschreiben, und sicherlich wären solche nicht an den formalen Kriterien der einstigen Avantgarde zu messen. Aber es wird kaum eine Literatur von Rang geben können, die die Bedingung des kontemplativen Präsens mißachtet.

Zu 2: Ich komme zum Abschluß. Wenn für die kontemplative Literatur mit guten Gründen geltend gemacht werden konnte, daß Geschichte und Politik ihr gleichgültig sind, dann gilt auch umgekehrt der Satz, daß diese ästhetische Sphäre keinerlei Anspruch auf das Leben und die soziale-historische Welt hat. Damit klärt sich ein zur Zeit weit verbreitetes Mißverständnis auf: jenes vom ästhetischen Ende der Geschichte, von der Möglichkeit, das ästhetische Feld zu popularisieren, wie das unterschiedliche Theoretiker der Postmoderne tun. Sicherlich ist die »Geschichte als absoluter Begriff« (Wilhelm Schmidt-Biggemann, 1991) und nicht zuletzt ihr Instrument, die Geschichtsphilosophie, erschüttert worden, wenngleich gerade der Zusammenbruch des ganz auf dem absoluten Geschichtsbegriff sich stützenden Systems paradoxerweise der Geschichte ein neues, populäres Prestige gewann. Aber die Entscheidung darüber ist ein geschichtstheorie-immanentes, allenfalls politisches Bewußtseinsproblem, und schuldet sich keineswegs irgendeinem ästhetischen Anspruch auf Zeitdiagnostik. Das Mißverständnis von der neuen Priorität der Ästhetik gegenüber der

Geschichte entstand durch eine Mißlektüre des ästhetischen Phänomens selbst, worin sich zum Beispiel die beiden Philosophen eines guten Lebens, Rorty und Welsch, einig sind, indem sie die Ästhetik als wirklichkeitsbezogene, das heißt definitiv nichtästhetische Sphäre generalisieren. Nicht das strikt Kunst-Schöne, sondern die sinnliche Lebenswelt als Ganzes wird als ästhetischer Erscheinungsfaktor entdeckt, und eine methodische Pan-Ästhetisierung der Welt betrieben. Ästhetik wird umgebogen zur Aisthesis: Ich gehe darauf nicht näher ein, weil es eine Diskussion des Begriffs des »Erhabenen« bedeutete, den Welsch, wie ich meine, unzulässig entgrenzt. Das Mißverständnis des Ästhetischen geht so weit, daß man in Kreisen ökologisch orientierter Zeitgeschichtsforschung den hedonistischen Trend allgemeiner Freizeit- und Wohnraumerwartung als Erweiterung der ästhetischen Erfahrung kulturdiagnostisch theoretisiert. Dasselbe gilt für eine neue Naturästhetik.

Zur Verunklärung des Begriffs des Ästhetischen tragen vor allem zwei Begriffe in der derzeitigen Debatte bei, nämlich der Begriff vom *Primat des Bildes* und der Begriff der *Kontextualisierung*. Ich konzentriere meine abschließenden Worte nur auf den Begriff vom Primat des Bildes. Dieser ist vor allem durch die Theatralik Robert Wilsons aufgekommen, in dessen Bühnenbildern sich eine generelle Inszenierungstendenz verabsolutierte, nämlich das Wort ganz in Bild- und Raumsuggestionen aufgehen zu lassen. Dieses Primat des Bildes impliziert zwar auch eine Aufhebung der chronologischen Zeitvorstellung zugunsten der Simultaneität unterschiedlicher Zeiten. Aber sie entsteht hier nicht notwendigerweise durch die kontemplative Qualität des absoluten Präsens. Es tritt ein der willkürliche Effekt inszenatorischer Sinnlichkeit, den man auch durch das Überflutetwerden von exotisch-heterogenen Sinneseindrücken erlebt. Pan-Ästhetisierung im Begriff vom Primat des Bildes impliziert letztlich gerade eine Auslöschung der ästhetischen Regel, so, wenn Paul Virilio konsequenterweise das Wort als Modell gänzlich ersetzt sehen will durch das Modell Bild, unter Berufung auf eine futurologische Utopie: »Ich bin kein akademischer Mensch mehr; wenn ich schreibe, visualisiere ich das, was ich schreibe, und wenn ich nichts sehe, kann ich nicht schreiben.« Es zeigt sich hier, inwiefern die Regel von dem Primat des Bildes zwar ein kulturkritisches Theorem enthält, aber gerade uninteressant bleibt für eine Begründung der ästhetischen Zeit als Differenz zur historischen. Indem die historische, bzw. normale Zeit von ästhetischen Ansprüchen überblendet wird, verlieren diese selbst ihre spezifische Zeitform. Entgrenzung des Ästhetischen bedeutet seine Vereinnahmung durch die Gesellschaft, den definitiven Verlust von Distanz zu ihr. Pan-Ästhetisierung bedeutet eine Zerstörung der eigentlich ästhetischen Sphäre – insofern man sie noch immer als eine kognitive begreifen will. Sollte Pan-Ästhetisierung das Gesetz der zukünftigen Kultur sein, wird Literatur im emphatischen Sinne keine Zukunft mehr haben.

Bibliographische Notizen

Karl Heinz Bohrer ist seit 1984 Herausgeber des *Merkur, Deutsche Zeitschrift für europäisches Denken*, wo er fortlaufend auch eigene Beiträge publiziert. Hier eine Auswahl von Buchpublikationen und Aufsätzen, die außerhalb des *Merkur* erschienen sind:

- *Die gefährdete Phantasie oder Surrealismus und Terror*, München 1979.
- *Der Lauf des Freitag*, München 1973
- *Die Ästhetik des Schreckens*, München 1978.
- *Ein bißchen Lust am Untergang*, München 1979.
- *Plötzlichkeit: Zum Augenblick des ästhetischen Scheins*, Frankfurt am Main 1981.
- (Hg.), *Mythos und Moderne*, Frankfurt am Main 1983.
- *Der romantische Brief: Die Entstehung ästhetischer Subjektivität*, München 1987.
- *Nach der Natur: Über Politik und Ästhetik*, München 1988.
- *Die Kritik der Romantik: Der Verdacht der Philosophie gegen die literarische Moderne*, Frankfurt am Main 1989.
- »Zeit der Revolution – Revolution der Zeit: Die Hermeneutik revolutionärer Gegenwart bei Friedrich Schlegel (1795–1800) und Heinrich Heine«, in: Forum für Philosophie Bad Homburg (Hg.), *Die Ideen von 1789*, Frankfurt am Main 1989.
- »Philosophie der Kunst oder Ästhetische Theorie: Das Problem der universalistischen Referenz«, in: Peter Koslowski (Hg.), *Orientierung durch Philosophie*, Tübingen 1991.

Eva Meyer

Erzählen und Zählen

»Sie wissen«, schreibt Charles Sanders Peirce am 12. Oktober 1904 an Lady Welby, »daß ich immer empfehle, für neue Ideen neue Wörter zu erfinden.« Peirce weiß zwar nicht, ob das, was er mit einem neuen Wort »Ideoscopie« nennt, eine neue Idee ist, aber daß es nicht Phänomenologie ist, womit er diejenigen Ideen zu beschreiben und klassifizieren sucht, »die zur alltäglichen Erfahrung gehören oder natürlicherweise in Verbindung mit dem alltäglichen Leben entstehen, ohne Rücksicht darauf, ob sie gültig oder ungültig sind, oder auf ihre Psychologie.«

Denn dieser »höchste Grad an Realität« kann nach Peirce nur durch Zeichen erreicht werden. Durch die einfache Sprache des täglichen Gebrauchs würde Getrude Stein sagen, die wie Peirce auf diesen höchsten Grad an Realität bedacht ist, aber meint, daß es »keine wirkliche Wirklichkeit mehr für ein Leben in einer wirklichen Vorstellung« gibt. Deshalb erfindet sie keine neuen Wörter, sondern benutzt die alten, wie wenn sie nicht älter wären als der Gebrauch, den sie von ihnen macht. Dazu gehört, daß sie mit gewissen formalisierenden Konventionen bricht, um in berechneter Einfachheit und zum Beispiel mit zurückgehaltener Zeichensetzung *aus dem täglichen Gebrauch der Wörter eine Form zu machen.*

»Ein Komma indem es Ihnen weiterhilft Ihnen den Mantel hält und Ihnen die Schuhe anzieht hält Sie davon ab Ihr Leben so aktiv zu leben wie Sie es leben sollten ... Je länger, je komplizierter der Satz je größer die Zahl der gleichartigen Wörter die ich eins dem andern folgen ließ, um so mehr je mehr dieser Wörter ich folgen ließ fühlte ich das leidenschaftliche Verlangen sie selbstädig für sich selbst sorgen zu lassen und ihnen nicht zu helfen, und sie dabei zu schwächen durch das Einschalten eines Kommas ... Ein langer komplizierter Satz sollte sich Ihnen aufzwingen, Sie wissen lassen daß Sie ihn wissen.«

Doch was immer sich aufzwingt, was Sie wissen läßt, daß Sie wissen, das kann auch ein Brief sein, der Brief von Peirce an Lady Welby zum Beispiel, in dem er sie wissen läßt, daß sie weiß, und auf diesen Fall setzt: gesetzt den Fall, daß *dieses Wissen die Form einer Korrespondenz hat*. Und eben daraus ein Gesetz macht.

Dafür müssen neue Wörter vermieden und überhaupt die Nomina abgeschafft werden, da jede Benennung immer schon »assoziationale Emotionen« hervorrufen würde und also Psychologie ist, wovon doch gerade abzusehen wäre. Auch muß die Wiederholung eine große Rolle spielen. Denn wie Stein sagt: »Hört man irgend jemandem zu, hinter das was irgend jemand sagt sei es nun über das Wetter oder sonst irgend etwas, so hört man diese Person sich immer wieder wiederholen.« Doch ist die Wiederholung jedesmal etwas anders, wenn sie lebendig bleibt. »Das einzige Mal daß Wiederholung wirklich Wiederholung ist, das heißt wenn etwas tot ist, ist dann wenn es gelehrt wird.« Wenn sie aber lebendig bleibt, so tut sie dies, indem sie ihre Unterschiede und ihre Ähnlichkeiten zählt. Und erzählt, wie es dazu gekommen ist. Also sehen wir vom neuen Wort oder auch der neuen Idee »Ideoscopie« ab und *erzählen und zählen* stattdessen auf eine neue Art.

Diese Art kann die von Stein oder Peirce sein. Wenn es nur genug darum geht, gleichgültig zu sein, ob sie gültig oder ungültig ist, sie lieber im Zuge des Alltäglichen zu belassen und nur momentweise und gleichsam von den Rändern her zu verdeutlichen, daß es um Beziehungen geht.

Um »Die Beziehung zwischen der menschlichen Natur und dem Geist des Menschen«, was nach Stein »wenn's beliebt ... ganz übliche Gedanken« sind:

> Sprechen wir nicht über Krankheit sondern über den Tod. Wenn niemand sterben müßte wie wäre da genug Platz für irgendeinen von uns die wir jetzt leben um gelebt zu haben. Wir könnten nie gewesen sein wenn all die andern nicht gestorben wären. Es hätte keinen Platz gegeben.
> Die Beziehung zwischen der menschlichen Natur und dem Geist des Menschen nun ist folgende.
> Die menschliche Natur weiß das nicht.
> Die menschliche Natur kann das nicht wissen.
> Was ist es das die menschliche Natur nicht weiß. Die menschliche Natur weiß nicht daß wenn alle nicht sterben würden kein Platz da wäre für diejenigen die jetzt leben.

Die menschliche Natur kann das nicht wissen.
Die Beziehung zwischen der menschlichen Natur und dem Geist des Menschen nun ist folgende.
Die menschliche Natur kann das nicht wissen.
Aber der Geist des Menschen kann. Er kann es wissen.

Doch was wissen wir denn nun? Daß wir Wissen und Nicht-Wissen immer nur als Gegensatz erzählen können, während wir doch gleichzeitig zu ahnen beginnen, daß es da ein numerisches Problem gibt und daß genug Platz dafür da ist, wenn nicht nur mit Anwesenheiten gerechnet wird, sondern auch Abwesenheiten zu zählen beginnen. Gemäß dem Gesetz einer Korrespondez *zwischen* Wissen und Nicht-Wissen, *zwischen* Anwesenheit und Abwesenheit, *zwischen* Leben und Tod. Denn der Mensch ist gesellig *und* allein und noch einmal sagt Gertrude Stein, daß es »mehr und mehr und mehr« so ist »als wollte er es auch«.
Denn letztendlich wollen wir nicht »wirklich gerne leben um gelebt zu haben«. Und »eben das, was man sagt veranlaßt einen es immer wieder sagen zu wollen und was man sagt will einen veranlassen es auf eine andere Art zu sagen, das gleiche auf eine andere oder etwas anderes auf irgendeine Art zu sagen.
Jede Art ist eine Abart auch wenn man es auf dieselbe Art sagt … daß es ein Ja gibt und ein Nein.« Und »Ja auf diese Art will« Gertrude Stein gefallen. »Ja auf diese Art, und tut mir den Gefallen. Nun jedenfalls. So will ich sein ich will jemand sein der solche gewöhnlichen Gedanken hat und haben kann vor allem.«
Das schließt nicht aus, daß es auch noch eine Korrespondenz zwischen gewöhnlichen und außergewöhnlichen Gedanken gibt. Denn wie Stein sagt, sind außergewöhnliche Gedanken »genauso gewöhnlich wie gewöhnliche Gedanken weil es sie wenn's beliebt bei jedem gibt oder gegeben haben muß diese außergewöhnlichen Gedanken.« Bei Peirce zum Beispiel, der mit Lady Welby korrespondiert, ihr also zu gefallen sucht, wenn er ihr erzählt:
Daß er »vor längerer Zeit« und zwar 1897 darauf gekommen sei, »alle Ideen in die drei Klassen: firstness [Erstheit], secondness [Zweitheit] und thirdness [Drittheit] einzuordnen«, daß ihm »diese Bezeichnungsweise ebenso zuwider wie jedem anderen« sei und er »jahrelang« versucht hätte, »sie abzulegen und zurückzuweisen; aber seit langer Zeit« von ihr völlig überzeugt wäre. Denn »wenn es auch unangenehm

ist, diese Bedeutung mit Zahlen oder gar einer Triade zu verbinden, so ist es doch ebenso wahr wie unangenehm.«

Ebenso wahr wie unangenehm ist auch, daß etwas »so evident« sein kann, daß man erst recht nicht weiß, wie man beginnen soll, »um jemanden, der noch nicht davon überzeugt ist, zu überzeugen«. Von dieser Art nämlich, in der es darum geht, die Logik neu zu zählen und sie als eine Theorie der Zeichen zu erzählen. Und immer wenn man nicht weiß, wie man beginnen soll, beginnt man am besten mit einer Geschichte.

Das ist nicht nur die Geschichte dieses Briefwechsels zwischen Lady Welby und Peirce, sondern auch die Geschichte, die er ihr darin erzählt. Lady Welby hatte im Jahr 1903 ein Buch mit dem Titel *What is Meaning?* herausgebracht, das sogleich von Peirce in der Zeitschrift *The Nation* rezensiert wurde. Der sich daraufhin entspinnende Briefwechsel bietet Peirce nicht nur die Gelegenheit zu den interessantesten, da vom Gefallen-Wollen inspirierten Darlegungen seiner Theorie, sondern läßt ihn auch auf ihre Bemerkung vom 4. Dezember 1908, daß er immer freundlich an dem Werk interessiert gewesen sei, dem ihr Leben gewidmet ist, am 23. Dezember mit dieser Geschichte antworten:

»Ich mußte lächeln, als Sie mein 'freundliches Interesse' an Ihrer Arbeit erwähnten, wie wenn es sich dabei um eine Divergenz oder Abweichung von meiner gewöhnlichen Aufmerksamkeit handeln würde. Sie müssen wissen, daß ich von dem Tag an, an dem ich mit 12 oder 13 Whately's *Logik* im Zimmer meines älteren Bruders gefunden hatte und auf meine Frage, was Logik sei, ein paar einfache Antworten bekommen habe, was mich veranlaßte, mich in diesem Buch zu vergraben, – daß ich von diesem Tag an nicht anders konnte, als alles was ich untersuchte, sei es nun Mathematik, Ethik, Metaphysik, Schwerkraft, Thermodynamik, Optik, Chemie, Vergleichende Anatomie, Astronomie, Psychologie, Phonetik, Ökonomie, Wissenschaftsgeschichte, Whist, Männer und Frauen, Wein, Maß- und Gewichtskunde, als Zeichentheorie zu untersuchen.«

Peirces gewöhnliche Aufmerksamkeit macht also aus allem dasselbe. Doch gerade dadurch gelingt es ihm, im Selben wieder alles einzuführen, in anderen Worten: das Zeichen von seiner immergleichen gegenständlichen Fixierung zu befreien und *in seinen verschiedenen Beziehungen* in den Blick zu bringen. Darauf war er nach einer Reihe von Untersuchungen der großen Kritik Kants gekommen: Daß dieser »sich nicht auf die Unterteilung von Sätzen oder 'Urteilen', wie die Deutschen den Gegenstand verwirren, indem sie ihn so nennen, hätte beschränken sollen, sondern allen elementaren und signifikanten Unterschieden der Form zwischen Zeichen aller Art hätte Rechnung tragen müssen.«

Indem Peirce aber den Zeichen *als Unterschiede der Form* und nicht der Gegenstände Rechnung trägt, zählt er auf, *was zu ihnen gehört*: 1. das Zeichen selbst, 2. das Zeichen in Beziehung zu seinem Gegenstand, 3. das Zeichen in Beziehung zu seinem Interpretanten. Und daß er »nach zwei Jahren der härtesten geistigen Arbeit«, die er je in seinem Leben tat, »nur ein einziges gesichertes Resultat von irgendeiner positiven Wichtigkeit« herausgefunden hatte. »Nämlich, daß es nur drei elementare Formen von Prädikaten oder Signifikationen gibt«, die, als er »sie zuerst benannte (aber jetzt mit Klammer-Zusätzen, um die Ausdrücke verständlicher zu machen), folgende waren: Qualitäten (der Empfindung), (dyadische) Relationen und (Prädikationen von) Repräsentationen.«

Repräsentation ist für Peirce der entscheidende weil geistige Vorgang. Er hängt ab von der Fähigkeit, »Repräsentamen«, also Zeichen, zu bilden, die aber keine Objekte sind, sondern stellvertretend gebraucht werden und also eigentlich Relationen, bzw. Funktionen sind. Triadische, also dreigliedrige Relationen, wenn man Peirce folgen will.

Seine Vorstellungen von Erstheit, Zweitheit und Drittheit sind zwar einfach genug: »*Erstheit* ist der Seinsmodus dessen, das so ist, wie es ist, positiv und ohne Beziehung zu irgendetwas anderem, *Zweitheit* ist der Seinsmodus dessen, das so ist, wie es ist, in Beziehung zu einem Zweiten, aber ohne Berücksichtigung eines Dritten, *Drittheit* ist der Seinsmodus dessen, das so ist, wie es ist, indem es ein Zweites und ein Drittes zueinander in Beziehung setzt«, aber da sie selten unabhängig voneinander existieren und schon garnicht so wahrgenommen werden können, stellen sich sogleich Schwierigkeiten ein. Diese liegen im Übergang von einem Zweiten zu einem Dritten, mithin in *jener Erfahrung*, unter der Peirce folgendes versteht: »Das, was der Verlauf des Lebens mich zu denken *gezwungen* hat.«

Womit wir nicht nur wieder und erneut beim Zwang angekommen wären, sondern auch zu verstehen beginnen, wie sich einem der lange komplizierte Satz Gertrude Steins aufzwingen soll und daß dies durch die lange Kombination von Relativen zu einem neuen Relativ geschieht, die nicht auf dyadische Relationen zurückgeführt werden kann, vor denen man bei sich bleiben würde, weil sie eine triadische Relation ist, die einen längst schon in diesen Satz verwickelt hat. Und einen verstehen macht, daß man sich versteht, indem man sich auf ihn versteht.

Doch was versteht man denn nun? Daß man sich ersteinmal darauf verstehen muß, etwas *zu tun*. Und sich »notwendig« in lange Sätze und Kombinationen verwickelt, bis man nicht mehr weiß, wer man ist, sondern nur noch, »daß man wirklich und wahrhaftig lebendig sein will«. Und mit Gertrude Stein anfängt, »gleichzeitig zu sprechen und zuzuhören, beide Dinge zu tun nicht als ob sie ein Ding wären, nicht als ob sie zwei Dinge wären, aber sie zu tun.« Bis man in der Erfahrung ihres Unterschieds zur Form ihrer Korrespondenz findet.

Von nun an ist es möglich, daß Zwang in Gabe umschlägt. Und daß sie angenommen werden muß. Daß angenommen werden kann, daß etwas wirklich gewußt wird, ohne daß es da eine Absicht gibt. Weil es da ein Gesetz gibt, das ganz von selbst zu funktionieren beginnt.

»Analysieren Sie zum Beispiel die Relation, die in 'A gibt B an C' involviert ist«, schreibt Peirce an Lady Welby. »Nun, was ist Geben? Es besteht nicht in 'A schiebt B weg von sich und C hebt dann B auf'. Es ist notwendig, daß irgendeine materielle Überführung stattfinden muß. Sie besteht darin, daß A C zum Besitzer macht, in Übereinstimmung mit dem *Gesetz*. Es muß irgendeine Art von Gesetz existieren, bevor es irgendeine Art von Geben geben kann, – sei es selbst das strengste Gesetz. Aber setzen Sie jetzt voraus, daß Geben allein darin *bestand*, daß A das B niederlegte, das C danach aufhob. Das würde eine degenerierte Form von Drittheit sein, in der die Drittheit äußerlich angehängt ist. Wenn A B weglegt, gibt es keine Drittheit, wenn C B nimmt, gibt es keine Drittheit.«

Denn Drittheit besteht vor allem darin, daß sie die triadischen Relationen, die sie selbst verwendet, *anerkennt*. Daß sie die beiden Akte: Niederlegen und Aufheben, wie sie von A oder C her bestimmt wären, via B zu Geben *und* Nehmen umfunktioniert, gemäß einem Gesetz, das die »materielle Überführung« ist. Die Überführung von Geben in Nehmen und Nehmen in Geben, um »ja auf diese Art zu gefallen und ja tut mir den Gefallen«, bis es zu dieser Begabung kommt, die weder äußerlich noch innerlich ist, sondern auf der einen Seite mit einem Objekt in Beziehung steht und auf der anderen Seite mit einem Interpretanten, und zwar so, daß sie den Interpretanten mit dem Objekt in eine Beziehung bringt, die ihrer eigenen Beziehung zu dem Objekt entspricht. »Ähnlich zu ihrer eigenen« ist, wie Peirce sagt, »denn Entsprechung besteht in einer Ähnlichkeit«. Doch vielleicht ist Korrespondenz genauer?

Und gibt es so etwas? Ja gewiß, jeden Tag. Die Auswirkungen der Korrespondenz sind die gewöhnlichste Sache der Welt. Aber sie muß sich von ihrem gegenwärtigen und einmaligen Anspruch lösen können. Und es muß anerkannt, es muß angenommen werden, daß sie via Ähnlichkeit Identität und Einmaligkeit spaltet und alledem, was dem organisierenden Zentrum des Anspruchs Widerstand leistet, die Möglichkeit der Mitteilung einräumt. Und ins Benachbarte, ja Gegenteilige umschlagen kann, in dem Maße, wie sich die Drittheit selbst verdoppelt und eine Szene zu Viert abgibt.

Aber sind Sie denn sicher, daß Sie ihrem Schritt ins Geviert haben folgen können? Dorthin, wo Geben (A gibt B an C) und Nehmen (C nimmt B von A) in ihrer Gleichzeitigkeit und Gegenläufigkeit Platz greifen können? Und uns eine Erfahrung vorschreiben, zu der wir fast täglich Gelegenheit haben: Daß uns die Möglichkeit, Erfahrungen auszutauschen, abhanden gekommen ist, weil uns der Faden der Tradition gerissen ist. Und daß wir mit einem Autoritätsverlust rechnen müssen, weil sich Autorität nicht mehr geschichtlich darstellen läßt. Damit aber wäre uns folgende Erfahrung vorgeschrieben: daß wir erzählen *und* zählen müssen.

Nun sind aber erzählen und zählen immer zwei grundverschiedene Tätigkeiten gewesen. Wenn man sagt, daß die Zahl die absolute Äußerlichkeit des Begriffs oder Wortes ist und Erzählen mit Innerlichkeit und Geschichte zu tun hat, so folgt daraus, daß sich mit Zahlen nicht erzählen läßt und daß man beim Erzählen nicht zählen kann. Demgegenüber wird nun aber behauptet: Zahlen erzählen eine Geschichte, wenn mit Gotthard Günther angenommen wird, daß jene »materielle Überführung«, von der Peirce spricht, auch eine Geschichte ist, die in Ähnlichkeiten verfährt und also Identität und Einmaligkeit zerstreut. Damit aber hat sie die Zahl von der Linearität entbunden und in Gebilde von Unterscheidungen überführt, die eine »neue Materialwelt« abgeben, an der die Frage: wie geht es weiter? ihr Recht nicht verliert.

Das hört nicht auf mit der Drittheit, wenn ihre gleichzeitige und gegenläufige Funktion sie doch gerade von ihrer Verankerung in dem einen Anfang entbunden und auf die Vier geöffnet hat. Eingebettet in die Vier zählt die Drittheit ihre Geschichten, die regelmäßig auftauchen, sich entfalten im Verlauf eines Ablaufs, der selbst keinen Anfang und auch keine Richtung hat, da die Wiederholung an seine Stelle gesetzt ist und eben dadurch die Frage: wie geht es weiter? von jeder ursprünglichen Bestimmtheit befreit, ihr also zu ihrem Recht verhilft.

Dieses muß aber auch angenommen werden. Es muß – so Tania Blixen – »vom einen Menschen so angenommen werden, wie es ihm vom anderen Menschen gegeben wird. Der es gibt, ist selbst einmal der Empfänger gewesen. So bildet sich, Glied für Glied, eine Kette von Land zu Land, von Geschlecht zu Geschlecht... Seltsam und wundervoll ist es zu betrachten, wie wir in dieser Gemeinschaft mit Fremden verknüpft werden, die wir nie gesehen, und mit Toten, deren Namen wir nie gehört haben und nie hören werden, und zwar enger, als wenn wir uns alle an den Händen hielten.«

Diese Gemeinschaft ist ein Wissen, das nicht verallgemeinert werden kann, wie wenn wir uns alle an den Händen hielten und auf den Begriff der Tradition, der Genealogie, der logischen oder historischen Abfolge gebracht wären. Denn die Allgemeinheit, zu der der Einzelne auf solche Weise gelangt, ist das Gewesene, ist der Tod. Wenn nun aber dieser Einzelne lebendig bleiben will. Wenn er nicht nur eine Geschichte hinter sich, sondern auch noch eine vor sich haben will, dann muß er auf ein anderes Wissen spekulieren, das ihm »in der Zahl als gesichtsloser Einheit und anonymer Vielheit« einen Zugang zu jenem »Gegentrieb« auftut, von dem Günther sagt, daß er »das Gewesene so bald und schnell wie möglich aus dem eigenen Identitätsgefühl abstoßen möchte«. Weil er an der erlebten Welt wieder lebendig werden will, indem er sie irgendwie verwendet. In der einzigen Gewißheit, daß die Notwendigkeit zu lieben weiter reicht als die Notwendigkeit zu wissen.

Und daß es dann zur »Ähnlichkeit eines Menschen mit dem anderen« kommt, zu einer »Familienähnlichkeit, wenn Sie wollen«, von der Blixen sagt: »Wir nennen Dinge ähnlich, ohne deswegen ihrer jeweiligen Eigenheit zu nahe zu treten, im Gegenteil sogar, wir erkennen im selben Augenblick ihre wesentliche Verschiedenheit an, während zwei identische Dinge niemand miteinander vergleichen würde ... Diese Ähnlichkeit zwischen allen Dingen innerhalb der Schöpfung erfordert nicht, wie die Egalité ..., daß sie nun alle über einen Kamm geschoren werden ... Nein, diese Gleichheit von der ich spreche erhebt keine Ansprüche. Aber sie liefert den Beweis, daß alles auf der Welt aus derselben Werkstatt stammt, sie ist die authentische Signatur des Allmächtigen in jedem Ding. In diesem Sinn ... ist Ähnlichkeit Liebe. Denn wir lieben das, dem wir ähneln, und wir werden dem ähnlich, was wir lieben. Deshalb: die Dinge in der Welt, die nichts anderem ähnlich sein wollen, löschen die göttliche Signatur aus und arbeiten so an ihrer eigenen Vernichtung.«

Was aber vernichtet wird ist die Negativität des Nichts, diese strukturelle Ungesättigkeit, die nicht aufgeht in Identität und Unterscheidung und sich so gerne am Namen Gottes gütlich tut. Weil sie etwas anderem ähnlich und eben nicht nur die Negation innerhalb eines zweiwertigen Systems sein will, die die Positivität nur bestätigt, indem sie angeblich verneint und von daher an ihrer eigenen Vernichtung arbeitet.

Umgekehrt aber und unter der Voraussetzung, daß »alle theoretische und nachträglichem Denken zugängliche Identität« sich »auf einen ihr vorausgehenden, ganz untheoretischen Handlungsvollzug« gründet, wird Schöpfung draus. Und während »in der religiösen Idee der Schöpfung«, wie Günther sagt, »der Inbegriff aller überhaupt möglichen untheoretischen Entscheidungen in der Hypostase einer allmächtigen Person zusammengefaßt« ist, spricht Tania Blixen lieber von der Allmacht der Liebe, genauer, von der durch die gegenseitige Liebe zu erreichenden Existenzbestätigung, jener Signatur also, der Ähnlichkeit selbst. In ihr sieht Blixen die Quelle ihres Geschichtenerzählens, das immer wieder davon anfängt: »Was bezweckte Gott, als er die Welt schuf, das Meer und die Wüste, das Pferd, den Wind, die Frau, Bernstein, Fische und Wein?«

»Es ist wahr«, schreibt Hannah Arendt über Tania Blixen: »Das Geschichtenerzählen enthält den Sinn, ohne den Fehler zu begehen, ihn zu benennen; es führt zu Übereinstimmung und Versöhnung mit den Dingen, wie sie wirklich sind, und ... doch müssen wir gewahr werden, wie das kleinste Mißverständnis, die geringfügigste Verschiebung einer Betonung in die falsche Richtung unvermeidlich alles ruinieren wird.« Arendt spricht von Blixens »Glauben an die Idee, die Gott hatte, als er uns schuf« und daß es darum geht, sich dieser Idee »bewußt und willens« zu sein, »sie zu verwirklichen«. Bis der Verlauf ihres Lebens sie zu dieser Erfahrung gezwungen hat: daß es Torheit ist, das Leben nach einem vorgegebenen Muster beeinflussen zu wollen. Daß man eine Geschichte nicht wahr werden lassen kann, sondern daß man geduldig darauf warten muß, bis sie einem zufällt.

Das erfordert allerlei Aktivität: Daß man wiederholt, was ohnehin geschieht und also die Geschichte erkennt. Und daß man die Geduld hat, sie wieder und wieder zu erzählen, denn nur dann wird man sie zählen können. Und die Idee losgelassen haben und nicht mehr auf ihre

Erfüllung drängen, wohl aber lebendig bleiben, bis man »am Ende die Stille sprechen« hört. »Wurde die Geschichte verraten, ist die Stille leer. Aber wir, die Getreuen,« sagt Blixen, »werden, wenn wir unser letztes Wort gesprochen haben, die Stimme der Stille vernehmen.«

In ihr ist jene irreduzible Doppeltheit von sich ansprechen lassen und eine Geschichte erzählen gegeben, die niemals unabhängig voneinander auftritt, wenn sie immer schon in einer Familienähnlichkeit ineinander übergeht. Und eben nicht »das absolut *sich selbst* doppelt Sehen« des sich selbst bewußten Lebens des Ich ist, das nach Hegels *Phänomenologie* in zwei »abstrakte Extreme« zerfällt, »in die einfache unbiegsame, kalte Allgemeinheit und in die diskrete, absolute Sprödigkeit und eigensinnige Punktualität des wirklichen Selbstbewußtseins«, die »unteilbar absolut für sich sind« in der »allgemeinen Freiheit«, deren einziges Werk der Tod ist, weil die einzige »Allgemeinheit, zu der der Einzelne als *solcher* gelangt, ... das *reine Sein, der Tod*« ist.

Denn diese irreduzible Doppeltheit, von der ich hier spreche, bleibt lebendig, dadurch, daß sie den unser ganzes Leben durchziehenden Gegensatz von Ich und Du nicht vernichtet und alles Denken im »eigenen« Denken des Ich und »fremden« Denken des Du korrespondieren läßt.

Das Löschen der »göttlichen Signatur«, diese Arbeit an der »eigenen Vernichtung« wäre demnach die Vernichtung des Gegensatzes von Gott und Mensch, einfach deshalb, weil er unerklärt bleibt. Wenn er nicht Gelegenheit zu einer nachtheologischen Wiederholung gibt, die ihren Grund in der nicht-anwesenden Übriggebliebenheit der Erfahrung der Stille hat und also nicht erklärt, sondern getreu dem Gesetz der Korrespondenz von Ich und Du verfährt.

Dann kann es dazu kommen, daß die Antwort nach der Frage »Wer bist du?« die des Kardinals bei Blixen sein wird: »Erlauben Sie mir bitte, daß ich Ihnen ... auf die klassische Manier antworte, indem ich Ihnen eine Geschichte erzähle.« Die nachklassische Art aber kann nicht mehr in einem hermeneutischen Raum dargestellt werden, der nach Peirce an der Drittheit seine oberste Grenze hat. Auch muß sie nicht immer wieder auf den Namen Gottes kommen, wenn man nach dem Erzählen das Zählen lernt und zwar mit einer Zahl, die ihre Geschichte bewahrt und eben nicht von ihr abstrahiert. Und doch ein Jenseits bezeichnet, das aber nicht mehr personalisiert werden muß, jetzt, da es dort anfängt, wo man das Materielle überführt, indem man es *als Tätigkeit* denkt.

Erzählen und Zählen

Damit aber wäre ein neues Terrain erschritten. Dies vollzieht sich in der schrittweisen Überführung des mythologischen Gehalts des Jenseits ins Diesseits, wo es als eine neue Struktureigenschaft an die Stelle der Allmacht tritt und zunächst einmal besagt, daß es keine mächtigste Wiederholung gibt, weil es sie zu immer neuen Wiederholungen treibt.

Für Gotthard Günther ist sie im Doppelcharakter des Negationsprozesses gegeben. Denn »einerseits hat die Negation einen monotonen iterativen Charakter. Sie wiederholt nur, was man schon längst weiß, in einem spiegelbildlichen Medium« und führt bei doppelter Negation »unvermeidlich zum Urbild« zurück. Andererseits aber gibt es im »Negationsprozeß neben der sich immer gleichen Wiederholung in der originalgetreuen Abbildung des Urbilds auch noch Akkretivität, d.h. *Wiederholung mit Verwandlung*«, so daß es zu einer »*Gegenidentität*« kommen kann. Und da dieser Prozeß unerschöpflich ist, treibt es ihn zu immer neuen Gegenidentitäten, zu wahrhaften Familienähnlichkeiten also, die ihre Herkunft aus derselben Werkstatt der Wiederholung nicht verleugnen und *von daher* an ihrer eigenen Schöpfung arbeiten.

Diese Schöpfung kann *Geschichte* sein, das, was entsteht, »wenn der Mensch seine eigene Subjektivität kontrapunktisch auf das natürliche Material der Wirklichkeit abbildet« und »eine Verdopplung, also Wiederholung, der Realität« stattfinden läßt. Aber sie kann auch *Technik* sein und uns Ereignisse miterleben lassen, die die Wirkungen erst zukünftiger Entschlüsse und Handlungen sind. Auch ist es nicht ausgeschlossen, daß wir nocheinmal auf die biblische Schöpfungsgeschichte zurückkommen, um daraus eine Technik der Signatur zu machen.

Dabei halten wir uns mit Günther an die Lutherische Übersetzung, weil eine Übersetzung selbst schon dem Augenblick der Wiederholung Rechnung trägt: »Und was im Augenblick wichtig ist, ist nicht, was die ursprünglichen Autoren sich einmal gedacht haben, sondern was heute aus diesen Mythologemen herausgelesen werden kann – und muß.«

Was aber herauszulesen ist, ist die immer wiederkehrende Formel: »Und Gott sah, daß es gut war«, mit der Gott die Erschaffung der natürlichen Welt bestätigt. Deshalb kann diese »keine Geschichte haben, denn diese setzt erstens ein Moment der Unvollkommenheit voraus, durch welche das Wort des Schöpfers desavouiert wäre. Zweitens aber hat dieses Sein eine außerirdische Wurzel im göttlichen Willen, der sich in ihm erfüllt hat«. In der Formel, »daß es gut war«, kehrt dieser

Wille zu sich selbst zurück. Die Frage: wie geht es weiter? kommt nicht vor.

Sobald aber die Entstehung des freibeweglichen Lebens in Gestalt der Tiere erzählt wird, muß das Geschaffene zusätzlich gesegnet werden. Günther weist hin auf eine Reihenfolge, die zunächst die Bestätigung des Gutseins vorsieht, um dann erst innerhalb dieser so gegebenen Daseinsbedingung das Element der Freiheit abzusegnen, was nichts anderes heißt, als daß die freie Beweglichkeit des Tieres »ontologisch gebundene Freiheit« ist.

Die Erschaffung des Menschen hingegen »ist von der ontologischen Bestätigung, die in allem übrigen Dasein investiert ist, ausgeschlossen.« Der Mann und sein Weib werden nur »gesegnet«. Seine Schöpfung ist nicht abgeschlossen, weil er kein Sein, sondern ein »Bild« ist. Ob gut oder nicht gut ist unter der Voraussetzung der Ebenbildlichkeit gegenstandslos und so kommt es dazu, daß der Mensch nur »indirekt in seinem ausdrücklichen Gegensatz zur Definität alles natürlichen Seins« bestätigt wird.

All dies ist »von äußerster Zweideutigkeit« und läßt sich nur verstehen als die wiederholte Abbildung des Tätigseins, »in der sich die schöpferische Handlung qua Handlung ... *direkt* spiegelt. Also geht es darum, »auch nur annähernd zu sagen, wer oder was in diesem Bild eigentlich porträtiert wird« und daß es das »Identischsein« selbst ist, das eine Verdopplung oder Wiederholung in dem zum Leben erwachten Bild erfährt.

Wiederholung heißt so gesehen, daß es der Subjektivität gegeben ist, auf indirektem Weg, »über die nach außen gerichtete Handlung«, ihre Identität *zu wechseln*. Günther greift gnostische Spekulationen auf, die eine Trennung zwischen dem absoluten Gott und dem Schöpfer als Demiurgen, als Werktätigen, vorsehen. Dieser aber würde »weder den absoluten Gott in seinem Rücken noch die Schöpfung vor seinen Händen« kennen, was nichts anderes besagt, als daß »er weder mit dem einen noch mit dem anderen identisch ist«, weil er das personifizierte Dritte ist.

»Was mit einem durch einen Schaffensprozeß induzierten Identitätswechsel gemeint ist«, macht Günther deutlich: »Der Schöpfer stößt in diesem Vorgang sein erstes Subjektsein ab und erwirbt durch eben diese Tätigkeit eine neue Identität. Die abgestoßene Subjektivität aber geht durch eine demiurgische Übergangsperiode, bis sie sich an einem neuen ontologischen Ort als geschaffene Ich-Identität etabliert.

Im Falle der biblischen Geschichte ist es der Mensch, der diese ontologische Stelle im Universum besetzt. Ist das Ziel erreicht und der Identitätswechsel vollzogen, dann verschwinden auch die undeutlichen Konturen der Gestalt des Demiurgen wieder, seine Vermittlerrolle ist ausgespielt.«

Aber stimmt das denn auch? Ist diese undeutliche Kontur denn wirklich ganz und gar verschwunden? Ist sie nicht vielmehr der Abbruch selbst und auch die Wiederholung, dieser Geschichte, die ab 1. Mose 2,4 draufkommt, daß die Entstehung des im Selbst isolierten Ichs »in eben dieser seiner Vereinzelung *kein* Bild Gottes ist«? Deshalb muß die Geschichte *wiedererzählt* werden und fängt also noch einmal an, etwas anders, und kommt dann auf ihre Bestätigungsformel, die aber diesmal *negativ* ausfällt: »Es ist nicht gut, daß der Mensch allein sei.« Dementsprechend – so Günther – »folgt dann die Schöpfung des Du in der Gestalt des Weibes«.

Dabei ist keine Rede davon, »daß das Du seinen lebendigen Odem direkt und unvermittelt von Gott durch einen besonderen Einhauch empfängt. Es wird vielmehr aus dem Material des bereits durch lebendige Subjektivität belebten Körpers des Ichs erschaffen. In anderen Worten: Das Du ist abgeleitetes und vermitteltes Subjektsein«, eine *materielle Übertragung*, die nicht unmittelbar gegeben ist, sondern nur durch das Medium der Objektivität (des »Fleisches«) anerkannt wird: »das ist doch Bein von meinem Bein und Fleisch von meinem Fleisch ...« und also Gott *und* die Schöpfung ebenbildet und in *dieser* Familienähnlichkeit die schöpferische Handlung qua Handlung als die wiederholte Abbildung des Tätigseins *direkt* zu spiegeln vermag.

Die Erzählung im zweiten Kapitel der Genesis wiederholt also, wie es im ersten Kapitel dazu gekommen ist, daß es »Ich« gibt. Und daß das nicht genug ist, sondern wiederholt werden muß, damit es nicht nur zu Ich und Du mit verschiedenen Herkunftsgeschichten kommt, sondern auch noch zu einer Familienähnlichkeit außerhalb dieser Geschichten. Diese aber rührt von derselben Signatur her und bringt es mit sich, daß die zweite Geschichte die erste nicht ersetzen kann. Weil es keine mächtigste Geschichte gibt, wenn dieselbe Signatur zu immer neuen Geschichten autorisiert. Und eben nicht nur ein oder zwei Geschichten hervorbringt, sondern auch ein Gebilde von Unterscheidungen, in dem sich qua Familienähnlichkeit der Unterschied selbst wiederholt und *von daher* verhindert, daß der Schöpfer sich mit dem Geschaffenen identifiziert.

Was aber auch heißt, daß der Schöpfer »sich an seiner Schöpfung nicht desinteressieren« kann, sondern an sie gebunden bleibt, in seiner Signatur, die nicht aufgeht in der Formel, die er selber ausspricht und also diese Formel *als Zitat* identifiziert.

Wenn aber die Formel, die Gott aussprach, um den Schöpfungsakt zu bestätigen, als Zitat identifizierbar wäre, dann würde die Absicht, welche die Schöpfung beseelte, sich selbst und ihrem Gegenstand nie vollkommen gegenwärtig sein. Die Wiederholung würde von Anfang an einen wesentlichen Bruch eingeführt haben, der von nun an das Unernste nicht mehr aus der gewöhnlichen Sprache ausschließt. Vor allem wird man es dann nicht mehr mit einer Opposition von zitathaften Äußerungen einerseits und von einzelnen und einzigartigen Äußerungsereignissen andererseits zu tun haben, sondern *mit der Form der unwahrscheinlichsten Signatur*. Jenem Zufall, der im Namen einer Art idealen Regulierung diese selbst durchstreicht und auf alles Mögliche kommen kann.

Und so kann Peirce am 28. Dezember 1908 folgendes Postskriptum an Lady Welby schreiben: »Schön, liebe Lady Welby, Sie verdienen diese Heimsuchung, denn Sie haben davon gesprochen, daß ich 'immer freundlich' (!!!) an dem Werk interessiert gewesen bin, dem mein Leben geweiht ist', wenn ich mich seit 1863 für denselben Gegenstand verausgabt habe, ohne, bevor ich Ihre Bekanntschaft machte, einen einzigen Geist getroffen zu haben, dem es nicht als Blödsinn erschien ...

Ich habe oft gedacht«, fährt Peirce fort, »daß, wenn es nicht zu deutsch klänge (und ich hege eine ausgesprochene Verachtung für deutsche Logik), ich mein Logik-Buch (welches jetzt vorankommt) 'Logic considered as Semeiotic' betitelt hätte, aber jedermann würde denken, ich übersetzte als Semeiotik betrachtet, was ich nicht ausstehen kann.

Die Tatsache, daß ich diese Idee in Erwägung gezogen habe, zeigt, wie nahe wir beide uns sind ... ich bin zufrieden, daß es im gegenwärtigen Zustand des Themas keine allgemeine Wissenschaft von der Natur der Zeichen gibt. Wenn wir sie in zwei teilen, dann würden wir – nach meiner Idee, daß eine Wissenschaft (wie Wissenschaftler dieses Wort verwenden) eine soziale Gruppe von Ergebenen impliziert – in größter Gefahr sein, zwei Gruppen mit je einem Mitglied aufzustellen! Wohingegen, wenn Sie und ich uns zusammentun, wir wenigstens zwei sind ... ich bin absolut sicher, daß Ihr Artikel ein wertvoller sein wird, wie weit er sich auch von dem entfernen mag, was ich von einem Artikel erwarte. Es muß so sein, einfach deshalb, weil sie ein diesem Thema ergebener Student gewesen sind. Es ist Ihre eigene Sendung, die Sie zu erfüllen haben und sonst niemandes.«

Bleibt noch zu sagen, daß dieser letzte Brief Lady Welby nie erreichte. Aber es ist ja ihre eigene Sendung, die sie zu erfüllen hat und nicht die von Peirce, der plötzlich darauf gekommen ist: Daß »ich« zwei wären. Was keinesfalls zum »wir« zu verallgemeinern ist und also keine allgemeine Theorie der Zeichen inauguriert. Sondern in der Reproduktion eines Ensembles von logischen Zwängen den Bruch zwischen Ich und Du freisetzt und ganz von selbst zu zählen anfängt.

> Es hätten zwei sein müssen um die Sache abzuschließen.
> Aber da ist das.
> Das da es nicht das da sein muß ist nicht das.
> Wie leicht ist es so.
> Ein Meisterwerk ist mehr und mehr so.

Und so kommen wir zu dem, was bei Gertrude Stein die »göttliche Signatur« ausmacht, nicht leichter macht, aber leichter. Jetzt, da die Autorität Gottes nicht mehr als Wahrheit in der Welt auftaucht, weil sie die Eigenschaften, die sie nur durch allgemeine Anerkennung ihrer Gültigkeit gewinnen kann, nicht mehr besitzt. Auch hat sie sich längst in die Zweideutigkeit einer Geste mit Bezug auf die Vergangenheit verkehrt, um noch tieferliegende Schichten zu ergreifen und sie zitatweise in der Gegenwart anzusiedeln.

Nun kann man mit Stein sagen:

> Normalerweise beenden alle alles.
> Aber nicht beim Schreiben. Beim Schreiben beenden nicht alle alles.
> Das ist es was ein Meisterwerk zu dem macht was es ist nämlich daß es kein Beenden gibt.

Weil es immer noch etwas zu lesen gibt:

> Jeder kann lesen jeder der einer oder eine oder eins ist und sehr oft sind es Meisterwerke die Meisterwerke sind es was man liest.
> Man liest sie und sie sind eins das Meisterwerk ist es.

Also ist ein Meisterwerk kein Meisterwerk, sondern kommt, wie es so geht. Wie es so liest, daß es sich schreibt. Und keine Signatur autorisiert, sondern immer schon *mit ihr korrespondiert*.

Und nocheinmal mit Stein zu fragen anfängt:

> Was ist die Beziehung zwischen der menschlichen Natur und dem Geist des Menschen.
> Hat sie irgendetwas mit irgendeiner Zahl zu tun.
> Das was wichtig ist an Zahlen und richtig ist daß jede von ihnen einen hübschen Namen hat.
> Deshalb benutzt man sie beim Glücksspiel bei Lottospielen bei Theaterspielen beim Spielen in Szenen und überall ...
> Da sind sie wieder.
> Die drei Tauben sind wieder da. Es gibt keinen Grund dafür.
> Aber wenn man das anschaut muß man es malen, die Taube ist wieder da und wendet den zwei anderen Tauben die unter ihr sind gerade den Rücken zu. Man kann nur von der Seite her sehen wo man alles sieht man kann nur die zwei Köpfe der andern zwei Tauben sehen und jetzt sind es drei. Das macht im ganzen vier.
> Das zeigt warum Zahlen wirklich etwas mit dem Geist des Menschen zu tun haben. Daß das Tauben sind hat nichts damit zu tun wohl aber daß eine da war und daß dann drei da waren und daß es dann vier sind und daß es dann vielleicht nicht aufhört von Bedeutung zu sein welche Zahl auf eine andere folgt ... Also dann wenn schon dann könnte man vielleicht annehmen daß wenn Zahlen etwas bedeuten eine Erinnerung da sein muß. Aber keineswegs die Zahl der hier vorhandenen Tauben ist interessant wie eine auf die andere folgt auch wenn manchmal die eine die folgt zwei oder drei ist, aber man muß sich nicht an die eine erinnern um zu wissen daß zwei da sind und drei und ganz plötzlich vier.
> Im Augenblick wo man sich an die eine erinnert will man sie nicht anschauen wo alle Tauben eine sind und dann zwei und dann plötzlich vier alles was plötzlich geschieht ist nicht erinnern.

Plötzlich, das war's also.

Bibliographische Notizen

Hannah Arendt, »Isak Dinesen« (Tania Blixen), in: *Menschen in finsteren Zeiten*, München 1989.
Tania Blixen, »Die dritte Erzählung des Kardinals«, in: *Widerhall*, Stuttgart 1959.
Gotthard Günther, »Schöpfung, Reflexion und Geschichte«, in: *Beiträge zur Grundlegung einer operationsfähigen Dialektik*, Bd. III, Hamburg 1980.
– »Martin Heidegger und die Weltgeschichte des Nichts«, in: *Beiträge...* (a.a.O.) Bd. III, Hamburg 1980.
Georg Wilhelm Friedrich Hegel, *Phänomenologie des Geistes*, Frankfurt am Main / Berlin / Wien 1973.
Eva Meyer, *Zählen und Erzählen: Für eine Semiotik des Weiblichen*, Wien / Berlin 1983 (2. Auflage, Basel / Frankfurt am Main, in Vorbereitung).
– *versprechen: Ein Versuch ins Unreine*, Basel / Frankfurt am Main 1984.
– *Architexturen*, Basel / Frankfurt am Main 1986.
– *Die Autobiographie der Schrift*, Basel / Frankfurt am Main 1989.
Charles Sanders Peirce, *Über Zeichen*, Stuttgart 1965.
Gertrude Stein, *Die geographische Geschichte von Amerika oder die Beziehung zwischen der menschlichen Natur und dem Geist des Menschen*, Frankfurt am Main 1988.
– »Porträts und Wiederholung«, in: *Was ist englische Literatur*, Zürich 1965, 1985.

Hans-Wolfgang Schaffnit

Die Armut des Individuums
in der Gesellschaft offenbarer Indifferenz

Die folgenden Gedanken sind ungewohnt. Es werden Unterscheidungen gemacht, wo bisher nicht unterschieden worden ist. Zumindest wird das versucht. Das ist schwierig, weil es in keinem gewohnten Horizont scheinbar werden kann. Denn gewöhnlich bewegt sich eine Darstellung *in* einem überlieferten Unterscheiden. Philosophische Darstellung, wenn sie denn neu ist, muß das Unterscheiden zu unterscheiden lernen, sie muß dort Unterscheidungen machen, wo wir bisher, unterscheidend tätig, noch keine Unterscheidungen gemacht haben, sondern uns vielmehr in diesem Unterscheiden bewegten. Im Horizont eines traditionellen Unterscheidens muß also das neue Unterscheiden von unbegreiflicher Unauffälligkeit und Bedeutungslosigkeit sein. Man wird sich erst daran gewöhnen müssen. Das läßt sich nicht ändern.

Aber natürlich ist das, was ich in dieser Richtung mir vorgenommen habe, nur ein Versuch. Und ich kann mein Unvermögen nicht mit der Schwierigkeit der Sache bemänteln. Immerhin gibt es diese Schwierigkeit der Sache, die das heute zu Unterscheidende stellt. Mir scheint diese Sache unter dem Titel der gesellschaftlichen Vereinzelung von uns jedermann bekannt zu sein. Wenn wir in *ihr* übereinstimmen, so ergibt sich die Schwierigkeit der Darstellung, genauer gesprochen, daraus, daß wir in dieser Vereinzelung in dem Interesse übereinstimmen, diese Vereinzelung auf die vielfältigste Weise privat aufzulösen.

Unrettbar vereinzelt, suchen wir auf alle nur denkbaren und undenkbaren Weisen eine private Versöhnung, die dazu beiträgt, daß unsere Vereinzelung immer unübersehbarer wird. Immer unerträglicher auch, was uns wiederum dazu veranlaßt, noch einfachere Lösungen suchen zu müssen, oder jedenfalls wünschbar erscheinen zu lassen. Sie sind so schnell vergessen wie der jeweilige Wunsch, gerade nach *dieser* Lösung.

Niemand wird es erfolgreich bestreiten können: Irgendwann kommen wir, Einzelne, nicht darum herum, das Schwierige unserer Vereinzelung zu akzeptieren, es nicht zu verwechseln mit anderem, es vielmehr anerkennen zu lernen.

Die Vereinzelung von uns ist das Allgemeine, das Öffentliche, das Offenbare von uns. Sie bedarf einer Anerkennung in dieser Allgemeinheit und Öffentlichkeit. Statt dessen suchen wir in dieser Lage aber zunächst nach unseren privaten Versöhnern, denen wir Öffentlichkeit geben möchten, ohne daß dieser Wunsch lange anhält. Dann muß ein anderer her, ein anderer privater Vermittler.

Ich weiß also nicht, ob der Leser sich diese allgemeine Vereinzelung von uns unterstellen lassen und mit mir nach der Armut des Individuums in dieser Gesellschaft so Vereinzelter fragen möchte. Ich schreibe also zunächst nur für mich, in der Hoffnung und mit dem Anspruch, nichts Bestreitbares, sondern das durchaus Selbstverständliche geltend zu machen. Ich möchte also in der Darstellung meiner Armut alles Private durchaus ausklammern und muß so in Kauf nehmen, privaten Interessen unscheinbar zu werden. Dies ist jedenfalls der Anspruch. Der Leser muß sehen, ob dieser Anspruch erfüllt ist. Oder wieweit er allenfalls erfüllt ist.

Daß ich – bloßes Subjekt in der Gesellschaft bloßer Subjekte – arm bin, daß ich der Anerkennung solcher Subjekte bedarf, darüber kann sich niemand in der Gesellschaft der Heutigen dauerhaft hinwegtäuschen. Und das auch dann nicht, wenn jemand diese Anerkennung gerade selbstverständlich genießt und darum gar nicht darauf achtet, daß er sie genießt, daß er letztlich und vor allem auf *sie* angewiesen ist. Wir mögen es dem lieben Gott, unseren besonderen Fähigkeiten, unserer Macht oder unserer Gesellschaftsordnung zuschreiben, daß wir diese Anerkennung genießen, daß wir im Kampf für diesen Gott, diese Macht, diese gesellschaftliche Ordnung dieser Anerkennung Gewähr geben. Es ist heute unübersehbar, daß wir auch in diesem Gottvertrauen, auch in dieser Machtbehauptung, auch in diesem Vertrauen in unsere Gesellschaftsordnung der Anerkennung als bloßer Subjekte bedürfen.

Also muß dieses Bedürfnis, unsere Angewiesenheit auf diese Anerkennung, sehr viel weiter gehen als irgendeine Behauptung von uns, in der wir ja der Anerkennung als Subjekte dieser Behauptung bedürfen. Wir bedürfen der Anerkennung, der Anerkennung unserer bloßen Einzelheit, in der Gesellschaft von Einzelnen rücksichtslos und vor jeder

Die Armut des Individuums

Besonderheit, in der wir unsere Einzelheit in der Gesellschaft behaupten. Wir müssen sogar auf diese Anerkennung von uns durch uns vertrauen können. Denn mit welcher Behauptung sollten wir ihr Gewähr zu geben hoffen können? Wenn wir dieser Anerkennung doch gerade in dieser Behauptung bedürfen!

Trotzdem kann es offenbar keine Frage sein, daß wir nicht einfach in Jeglichem Anerkennung verlangen können. Es ist *nur* das Subjekt dieser jeweiligen Behauptung, nicht das Behauptete, das rücksichtslos der Anerkennung durch unseresgleichen bedarf und das darauf vertrauen muß, daß es diese Anerkennung genießt.

Indem wir, bloße Subjekte in einer Gesellschaft bloßer Subjekte, der Anerkennung als bloßes Subjekt bedürfen, kennen wir das da Anzuerkennende nur in unserer Armut als bloße Subjekte, nur aus der Erfahrung der Fraglichkeit unserer selbst als bloßes Selbst. Die Bekanntschaft mit uns selbst in dieser radikalen Fraglichkeit unserer selbst, unserer Armut, ist die einzige Quelle für die Anerkennung, der wir bedürfen. Anders ist sie nicht zu beschaffen. Denn anders würde diese Anerkennung abhängig von einem Behaupteten, sie gälte nicht mehr dem sich Behauptenden selbst. Das ist der Grund, warum wir in unserer Kultur allen jenen Zweifelnden, Verängstigten, Wahnsinnigen höchste Verehrung zollen, die diesem Zweifel, dieser Angst, diesem Wahnsinn zu angemessener Darstellung verhalfen.

Die radikale Frage nach mir selbst, die radikale Verzweiflung an mir selbst, die radikale Revolution gibt, dargestellt von mir, mir das Maß des Anzuerkennenden von uns durch uns.

Warum aber sollen wir sorgen müssen für die Anerkennung des Selbst als des bloßen Selbst, wenn wir doch vertrauen müssen darauf, daß wir sie genießen? Wie sollen wir diesen Genuß stören können? Wie sollen wir dieser Störung wehren können?

Ersichtlich können wir der Anerkennung von uns durch uns, der wir vertrauen müssen und vertrauen können, nur dadurch wehren, daß wir in spezifischer Behauptung für sie sorgen möchten, in spezifischer Behauptung glauben für sie sorgen zu können. Jene Darstellungen, in denen jeweils einer von uns die Fraglichkeit seiner selbst als bloßes Selbst bewiesen hat, werden zu Mitteln, für das bloße Selbst unserer selbst zu sorgen, ihm Achtung zu verschaffen. Dies aber so, daß der so Sorgende sich in besonderer Behauptung zeigt, Herrschaft beansprucht und gerade nicht das sagt, was er in der Frage nach sich selbst in diesem Heute erfahren könnte. Offenbar sind wir eine Gesellschaft solcher, die, uns einzeln behauptend unter Einzelnen, immer wieder Gelegenheit gegeben haben, in der Vereinzelung des jeweiligen Heute nach uns selbst zu fragen und in dieser Frage die Quelle für die Anerkennung von uns durch uns zu finden. Ersichtlich muß aber auch diese Darstellung, wiederholt, zu einer besonderen Behauptung werden, in der wir uns behauptend gerade nicht mehr die Fraglichkeit unserer selbst darstellen.

Wir müssen uns anerkennen, anders anerkennt uns niemand durchaus, das ahnen auch die Gottvertrauenden in ihrem Gottvertrauen heute. Wir bedürfen der Anerkennung durch uns, das wissen heute auch die, die sich dem Kampf gegen einen universellen Gegner, sagen wir – der Ausbeuterklasse, verschrieben haben. Sie bedürfen der Anerkennung in diesem Kampf durch uns als bloße Einzelne in einer Gesellschaft von Einzelnen. Es bleibt die Frage: wie anerkennen wir unsere bloße Vereinzelung? Wir können die Angewiesenheit auf diese Anerkennung nicht verwechseln mit der Angewiesenheit auf diese Anerkennung in irgendeinem Wahn. Und wir müssen fähig sein, da nüchtern zu unterscheiden. Daß ich keine Anerkennung darin finde, daß ich mich für den Kaiser von China halte, kann mir nur recht sein. Es ist Teil meiner Angewiesenheit auf die Anerkennung als bloßes Subjekt, daß das nicht verwechselbar ist, daß ich darauf vertrauen kann, daß man die Anerkennung meiner selbst nicht mit der Anerkennung irgendeines Wahnes verwechselt. Jeder von uns bedarf der Kritik seines wahnhaften Herrschaftswillens.

Wie unterscheide aber ich mich von dem Wahn, den ich über mich hege? Ich kann diese Unterscheidung von niemand anders beziehen. Ich muß das selbst machen, und ich muß das hier und jetzt, heute, machen. Und ich muß es ernsthaft machen, ernsthafter als irgend etwas anderes, denn ich stehe auf dem Spiel. Setze ich einen Wahn durch, mit dessen Anerkennung ich zugleich die Anerkennung meiner selbst erzwinge, wird meine Behauptung in der Gesellschaft sehr gefährlich. Das gilt für jeden von uns. Nicht nur mein Leben, mein Glück, sondern meine Zukunft steht da auf dem Spiel, und das in Gesellschaft derer, für die das gleiche gilt. Es kann weder für mich noch für die andern sinnvoll sein, daß ich jemanden darin bestätige, daß er der Kaiser von China ist, wenn er sich dafür hält.

Nun also: wer bin ich? Als bloßes Selbst?

Frage ich heute so, kann ich nicht übersehen, daß diese Frage vielfältig gestellt und vielfältig beantwortet ist. So vielfältig, wie da gefragt worden ist, so vielfältig kann ich heute fragen, so vielfältig finde ich Anerkennung als bloßes Selbst. In dieser Lage kann mir nicht übersehbar bleiben, daß ich, so vielfältig und gleich gültig als bloßes Selbst anerkannt, der Anerkennung meiner selbst als bloßes Selbst durchaus entbehre. Auch ich selbst, der ich diese gleich gültig selbstkritischen Fragen wiederholen kann, kann nicht übersehen, daß ich in diesem Wiederholen nicht nach mir selbst frage, denn ich bin unter anderem der, der so gleich gültig sich selbst in Frage zu stellen wiederholen kann, unter solchen, die das tun und nicht tun. So also gewinne ich weder ein Verhältnis zu mir selbst, noch kann ich, so ein Verhältnis zu mir selbst gewinnend, dessen sicher werden, worin ich letztlich Anerkennung erwarten kann und muß.

Weil dieses gleich gültige Fragen nach uns selbst als bloßem Selbst aber doch immerhin die radikalste und genaueste Kritik unserer gesellschaftlichen Behauptung einschließt, ist jede andere Behauptung durch das gleich gültig Herrschende dieser radikalen Selbstkritik gefährdet. Aber doch nur so gefährdet wie bestätigt. Denn dort, wo ich selbst mich gleich gültig als bloßes Selbst in Frage stelle, wird jede Herrschaft im Namen eines anderen als dieses Selbst unsicher. Kein Pathos erreicht jenen, der sich, seines bloßen Selbst gewiß, darstellt und diese Selbstgewißheit in der radikalen Frage nach sich selbst geprüft und bewiesen hat. Die gesellschaftlichen Erfahrungen zeigen dem Gottvertrauenden, daß er sich im Vertrauen auf Gott nicht durchsetzen kann, daß er Rücksicht nehmen muß auf die Kritik der ihres bloßen Selbst Gewissen. Dasselbe gilt für jede andere Behauptung. Die Folge ist, daß dort, wo ich verschieden und gleich gültig mich selbst darstellen kann, ich auch alles andere sagen und tun kann im Namen des Selbst. Fragend nach mir selbst, gleich gültig die verschiedenen Fragen nach mir selbst wiederholend, bin ich zugleich der, der im Namen des Selbst von uns jegliches gleich gültig wiederholen kann. In diesem Wiederholen von gleich Gültigem gewinne ich nun allerdings kein Selbstvertrauen. Ich werde nicht fähig, mich als bloßes Selbst anzuerkennen, derart, daß ich in dieser Anerkennung zugleich in dem übereinstimme, worin letztlich wir alle übereinstimmen – dem Bedürfnis nach der Anerkennung meiner selbst.

Umgekehrt werde ich, gleich Gültiges wiederholend unter solchen, die gleich Gültiges wiederholen, dessen gewiß, daß ich tun und lassen, sagen und beschweigen kann, was ich will, und ich in jeglichem die Achtung meiner selbst als bloßes Selbst einklagen kann. Mein Bedürfnis nach der Anerkennung durch den anderen der Gesellschaft von uns wird darum auf eine Weise befriedigt, in der ich zu spüren bekomme, daß ich, so anerkannt, diese Anerkennung durchaus entbehre. Ich finde mich als bloßer Einzelner in einer Gesellschaft von Einzelnen wohl anerkannt, aber mit jeglichem, was ich auch sage und tue, und so, je nach den Umständen, auch mit jeglichem gleich gültig nicht. Entsprechend kann ich mir in jeglichem, es wiederholend, fraglich werden, mich radikal in Frage stellen, aber angesichts der gleichen Gültigkeit dessen, was ich wiederhole, finde ich gleich gültig Boden im Bodenlosen und habe keinen Grund, Bodenlosigkeit Boden gebend zu beklagen. Und das unter eben solchen.

Doch darum verliere ich nicht meine Armut als Individuum der Gesellschaft von uns Individuen. Ich werde nicht reich dadurch, daß ich mich mit jeglichem in der Gesellschaft gleich gültig behaupten kann heute unter solchen, die das können. Ich empfinde meine Armut in dieser Gesellschaft empfindlicher, wenn ich in ihr jegliches als Mittel der Selbstbehauptung anerkennen und nicht anerkennen kann und ich mich in jeglichem anerkannt und nicht anerkannt finde. Niemand von uns kann fürchten, daß er die Anerkennung als bloß Einzelner immer und ewig entbehren muß und daran verzweifeln. Niemand kann aber auch dieser Anerkennung gewiß werden. Und das insofern nicht, weil er in der Frage nach sich selbst bemerken muß, daß er da nur verschiedenes und gleich gültiges Fragen nach sich selbst wiederholt unter solchen, die das tun und nicht tun.

Jeder von uns muß heute die Erfahrung machen, daß jeder von uns mit jeglichem Anspruch auf Achtung seiner selbst machen *kann* und machen *muß*. Wo ich mich auch als bloßes Selbst in der radikalen Fraglichkeit meiner selbst verschieden und gleich gültig behaupten kann, kann ich mich mit jeglichem gleich gültig behaupten. Wo ich mich aber mit jeglichem gleich gültig behaupten kann unter solchen, die das können, muß ich das auch, denn niemand von uns wird der Situationen einer Gesellschaft Herr, in der jeder von uns mit jeglicher Behauptung sich letztlich gleich gültig behaupten kann. Es zeigt sich, daß wir da kein Ethos, keine Pietät, keine Kritik und keine Klage kontinuierlich wahrnehmen können. Wir müßten denn unser Behaupten nicht in der Gesellschaft behaupten.

Ich muß also eingestehen: ich verliere meine Selbstgewißheit. Ich verliere meine Sicherheit, nach mir selbst fragen zu können. Ich verliere das Gefühl für meine Armut. Wie soll ich nach mir fragen? Wenn ich sehe, wie ich verschieden und gleich gültig fragen kann. Und das unter solchen, die so fragen und nicht fragen. Und also in jedem Fall gleich gültig reden und nicht reden, gleich gültig handeln und nicht handeln und so auch unter solchen sich darstellen müssen, je und je sich den wechselnden gesellschaftlichen Umständen anpassend? Wie soll ich da nach mir fragen? Ich kann mir nicht mehr verbergen: ich bin dieser Gesellschaft gegenüber nicht mehr souverän. Ich verfüge nicht mehr so über mich, daß ich nach ihr fragen kann, wenn dieses Fragen etwas anderes sein soll als ein Tick, der in dieser Gesellschaft, so radikal behauptet, obsolet werden muß. Ich kann nicht leugnen, daß ich Teil mir unverfügbarer gesellschaftlicher Prozesse bin, aber auch, daß ich mich darin nicht von andern unterscheide, die das auch sind.

Ich finde mich Einzelnen in der Gesellschaft von uns Einzelnen, aber nicht als Einzelner, sondern unter solchen, die sich ebenso unter solchen finden. Ich finde mich auf diese Weise fraglich und muß feststellen, daß ich darin mit Jeglichem von uns übereinstimme.

Ich bin armes gesellschaftliches Individuum unter ebensolchen und finde so übereinstimmend mit meinesgleichen zu fragen: wie stelle ich mich dar in dieser Armut des Individuums der Gesellschaft offenbarer Indifferenz?

Diese Gesellschaft offenbarer Indifferenz kann nur eine solche sein im Unterschied zu einer Gesellschaft, in der diese Indifferenz noch nicht offenbar war. Hätte sie sich anders verändert, so müßte das von uns in dieser Veränderung ansprechbar sein, es wäre nicht eine Indifferenz von uns, die da offenbar würde.

Verändert hat sich die Gesellschaft darin, daß wir diese Indifferenz von uns nicht mehr übersehen können, daß wir sie vielmehr nur gleich gültig übersehen können. Darin, daß und wie wir die Indifferenz der Gesellschaft von uns gleich gültig leugnen, wird offenbar, daß und wie wir das tun. Bisher haben wir das nicht einfach gleich gültig geleugnet, sondern es gab da jeweils eine Weise, die das am entschiedensten leugnete und uns so Gelegenheit gab, diese Entschiedenheit durchzusetzen oder unterzugehen.

Einzelne in einer Gesellschaft von uns Einzelnen, sind wir also nicht so Einzelne wie das, was *für uns* Einzelnes ist. Die Vereinzelung von uns macht sich anders bemerkbar als das, was für uns Einzelnes ist, das sich für uns zugleich in einer Gattungsbestimmung auflösbar zeigt.

Wir sind aber auch nicht so Einzelne, daß wir diese Vereinzelung von uns in der Anerkennung des Wesentlichen von uns übersehen zu können bestimmt sind. Einzelne, in der Gesellschaft von Einzelnen, so zeigen wir uns, sind wir weder Menschen noch Subjekte. Denn das würde heißen, daß sich das Offenbare der gesellschaftlichen Vereinzelung irgendwann in einer Bestimmung des Menschen oder des Subjekts aufhöbe oder auflösen könnte. Ersichtlich sind es Einzelne in der Gesellschaft von uns Einzelnen, denen sich das Gesellschaftliche von uns derart auflöst oder aufhebt. Doch zeugt die Gesellschaft von uns nicht für ihren Begriff, umgekehrt zeugen sie in der gleichen Gültigkeit, in der sie das tun, für das Offenbare der Gesellschaft von uns, in der wir Einzelne unter uns Einzelnen uns darstellen.

Einzelne in einer Gesellschaft von Einzelnen offenbaren wir uns, wenn wir verschieden handeln unter solchen, unter verschieden Handelnden und verschieden reden unter verschieden Redenden. Erst dann werden wir dessen gewahr, daß wir so weder Handelnde noch Redende *sind*, daß wir vielmehr verschieden handeln unter solchen, die verschieden handeln und nicht handeln, daß wir verschieden reden unter verschieden Redenden und nicht Redenden. So verschieden uns darstellend können wir uns nicht mehr als Subjekte des Handelns oder Redens anreden. Wir sind offenbar weder Handelnde noch Redende, sondern stellen uns einzeln so dar.

Wir haben aber in der Gesellschaft von uns immer schon den Anspruch machen können und müssen, daß wir uns derart verschieden darstellen. Es ist aber auch klar, daß das einzeln Handelnde, einzeln Redende haben übersehen können.

Einzelner in der Gesellschaft von uns Einzelnen machen wir Anspruch auf durchaus verschiedenes Tun und Lassen, verschiedenes Reden und Schweigen. Und das immer unter solchen, die das auch tun. Wir können das nicht mehr plausibel leugnen, und uns war das immer unverborgen. Niemand hat das wirklich bestreiten können oder auch nur bestritten. Warum war das also nicht jedem von uns offenbar? Das ist nur möglich, insofern wir darin übereinstimmten, daß wir das auf verschiedene Weise geleugnet haben und noch leugnen. Wenn unsere Übereinstimmung in etwas anderem bestünde als darin, daß wir uns verschieden in der Illusion behaupten, daß wir uns *nicht* einzeln unter uns Einzelnen in offenbarer Indifferenz behaupten, würden wir uns nicht in offenbarer Indifferenz behaupten.

Es ist auch leicht einzusehen, daß wir, Einzelne unter uns Einzelnen, ohne weiteres in Anspruch nehmen, unser Behaupten durchaus verschieden zu behaupten, unter solchen, die das tun, weil und insofern keiner von uns zunächst anzuerkennen bereit und fähig ist, daß wir uns in dieser Vereinzelung behaupten. Es muß das uns Selbstverständlichste sein, das, worin wir, durchaus verschieden, wesentlich übereinstimmen, die Illusion von uns durchaus verschieden geltend zu machen, wir behaupteten uns nicht verschieden.

Das aber heißt, die Anerkennung von uns Vereinzelten durch uns Vereinzelte ist eine sehr schwierige Sache. Die unvergleichbare Art dieser Schwierigkeit sollte einleuchten. Ebenso, daß sie nur selten und nur durch den Vereinzelten zu leisten ist. Sie ist auch erst dann zu leisten, wenn wir in offenbarer gleicher Gültigkeit in der Tat geleugnet haben, daß wir übereinstimmen in dieser Vereinzelung. So lange das *eine* Leugnen vor dem andern Leugnen plausibler erscheinen kann, werden wir danach trachten müssen, uns diesem Leugnen anzuschließen, um der Bedrohung durch die Indifferenz zu entgehen.

Ersichtlich gibt es vielfältige Interessen von uns, die wir alle kennen und die uns dahin bestimmen, daß wir die Vereinzelung, in der wir uns behaupten, leugnen und statt dessen einzeln uns einer Gattungsbestimmung unterstellen oder uns für derart Einzelnes erklären, wie es das Einzelne ist, das für uns ist. Weil das aber heute über allen ersten Augenschein hinaus vielfältige und gleich gültige Interessen sind, in denen wir diese Vereinzelung zu übersehen trachten, können wir sie nicht mehr erfolgreich leugnen. Aber das heißt nicht, daß wir sie damit schon ein einziges Mal anerkannt hätten und also herausgefunden hätten, wie verschieden wir unsere Vereinzelung leugnen, unter solchen, die das tun. Es ist klar, daß dies das Letzte ist, was wir in der Gesellschaft von uns anerkennen können, nachdem wir alles andere anzuerkennen gelernt haben. Aber es ist auch klar, daß das Offenbare der Indifferenz macht, daß es keinen Grund gibt, warum wir einzeln unter Einzelnen diese Vereinzelung anerkennen *sollen*. Wenn alles geht, jede Behauptung, jede Kritik sich gleich gültig behaupten läßt, gibt es keinen Grund darüber nachzudenken, was das heißt. Wenn wir uns in unserem verschiedenen Behaupten verschieden behaupten können unter solchen, die das tun, entbehren wir den Grund uns besinnen zu müssen auf diesen Sachverhalt. Und doch zeigt sich, daß wir diese Entbehrung des Grundes zu einer Besinnung auf uns sehr verschieden und offenbar gleich gültig in der Tat verstehen und in gleich gültiger Ausdruckslosigkeit klagen möchten, daß wir des Ausdrucks, des aufrichtigen Ausdrucks unserer selbst entbehren.

Das, was uns in der offenbaren Indifferenz offenbar ist und jeden Grund nimmt, über uns nachdenken zu müssen, veranlaßt uns doch, jeweils bezogen auf unsere jeweilige Behauptung, zu gleich gültiger Bitterkeit über ihre Vergeblichkeit. In ihr fänden wir womöglich einen Grund, uns bedenklich zu werden. Wieso diese Bitterkeit über das Vergebliche unserer Behauptung, wenn doch alles möglich ist?

Jetzt zeigt sich: das in dieser Bitterkeit von uns unübersehbare Ereignis unserer Vergesellschaftung ist eine sehr merkwürdige Sache. Sie wird offenbar, sie zeigt sich erst am Ende unserer Individualisierung. Wir können nicht mehr sagen: Individuen haben sich vergesellschaftet, Individuen haben sich sozialisiert. Wir müssen sagen: Wir, die einmal mit unserer Vergesellschaftung ursprünglich begonnen haben, haben uns in einem langen Lernen individualisiert.

Einzelne unter uns Einzelnen »leben« wir von der Indifferenz unserer Gesellschaft. Uns fehlte jeder Spielraum von gesellschaftlichen Individuen, wenn wir uns nicht, Einzelne unter Einzelnen, diesen Spielraum geben. Ohne die Indifferenz der Gesellschaft gibt es keine Gesellschaft. Sie kann nur Gesellschaft sein, solange grundsätzlich und immer schon garantiert ist, daß wir uns den Raum dieser Indifferenz geben. Wenn wir fürchten müßten, daß ein Teilnehmer der Gesellschaft über das Ganze der Gesellschaft in irgendeiner Weise verfügen könnte, gäbe es keine Gesellschaft von uns.

Sei das, was da furchtbar scheinen könnte, Herrschaft oder Aufklärung, beides würde, Gesellschaft vermittelnd, Gesellschaft leugnen. Gäbe es je so etwas wie eine Kommunikationsgemeinschaft, ließe sich das auch nur fürchten, so könnte es keine Gesellschaft geben. Ließe sich die Gesellschaft von uns Einzelnen, die Verschiedenheit, die die Gesellschaft ist, irgendwie auch nur annäherungsweise vermitteln, auflösen oder aufheben, so hieße das, Gesellschaft, die Verschiedenheit von uns, ist verschwunden. So etwas ist nicht einmal vorstellbar, weil diese Vermittlung immer die eines Einzelnen wäre, der seinen Wahn in der Gesellschaft, vereinzelt, offenbart. Niemand kann das fürchten, niemand kann das hoffen, niemand kann das aber auch bekämpfen wollen. Was da bekämpft würde, wäre nur eine leere Prätention von Herrschaft. In der Gesellschaft offenbarer Indifferenz wird aber diese leere Herrschaftsprätention vor allem als Kampf gegen die Vermittlung des Gesellschaftlichen behauptet. Es ist der alte Trick der Diebe, die »Haltet den Dieb!« rufen und auf diese Weise zu stehlen versuchen. Aber auch sie ist in der Gesellschaft offenbarer Indifferenz vergeblich. Sie dient nur sehr ephemerer Selbstbehauptung im Hier und Jetzt. Sie läßt sich nicht bekämpfen.

Die Armut des Individuums

Wir, Einzelne in der Gesellschaft der Einzelnen, können von der Gesellschaft keinen Begriff haben, wir können nicht über sie herrschen, wir können beides nicht einmal erfolgreich prätendieren unter den Bedingungen offenbarer Indifferenz. Denn wir zeigen dauernd, daß wir verschieden handeln und leiden unter ebensolchen, daß wir verschieden reden und schweigen unter ebensolchen. Niemand kann uns erfolgreich darüber täuschen wollen.

Aber das heißt nicht, daß nicht jeder Einzelne von uns das zunächst tut, und zwar auf durchaus verschiedene Weise, wir also, durchaus verschieden, übereinstimmend die sind, die das gleich gültig verkennen, daß wir das unter solchen gleich gültig verkennen. Aber auf *wie* verschiedene Weise können wir das, wenn wir es auf durchaus verschiedene Weise unter solchen tun, die das so verschieden tun?

Wir könnten und müßten die gesellschaftliche Vereinzelung auf sich beruhen lassen, wenn wir nicht übereinstimmten in der Verschiedenheit, in der wir das Gesellschaftliche von uns in unseren gesellschaftlichen Illusionen leugnen. Welches aber sind diese Illusionen? Wie lassen sie sich unterscheiden?

Einzelne, in der Gesellschaft von uns Einzelnen, sind wir offenbar die Verschiedenheit der Illusionen, in denen wir uns darstellen. Weil wir, einzeln, die Agenten dieser verschiedenen Illusionen werden, müssen wir uns fortschreitend differenzieren in der Darstellung dieser Illusionen von uns. Es macht die Armut des Einzelnen in der Gesellschaft von Einzelnen aus, daß er in jedem Moment spürt, spüren muß, daß er nur Einzelner dieses gesellschaftlichen Ganzen von Einzelnen ist. Er ist nicht Glied eines Körpers, der die Gesellschaft wäre. Er ist Glied unter Gliedern. Der gesellschaftliche Körper hat seine Existenz nur in der Darstellung der Illusionen.

Einzelne unter uns Einzelnen, sind wir das verschiedene Vertrauen, in dem wir uns übereinstimmend darstellen. Dieses Vertrauen können wir offenbar in keinem Moment verlieren. Denn nur in der Darstellung dieses Vertrauens sind wir Einzelne in der Gesellschaft von uns Einzelnen – und nirgendwo anders. Insofern wir aber Einzelne unter uns Einzelnen uns vielfältig darstellen, müssen wir in diesem Vertrauen auch vielfältig enttäuscht werden. Dies aber doch so, daß das Vertrauen der Grund ist für die Enttäuschbarkeit und das wiederum Darzustellende dieser Enttäuschung, die sowohl gerichtet ist wie motiviert in der Gesellschaft von uns Einzelnen. Sie hat also einen Beginn und ein Ziel.

Einzelne unter Einzelnen stellen wir uns im Vertrauen auf unsere Vereinzelung dar, dies aber immer und durchaus so, daß wir in der Wahrnehmung dieses Vertrauens dieses Vertrauen auch enttäuschen. So verschieden wir Einzelne unter uns Einzelnen uns darstellen, so selbstverständlich bewegen wir uns in der Differenz von Vertrauen und Enttäuschung.

Es ist die Frage, wo das anfängt. Und wie das aufhört. Denn daß es anfängt, angefangen hat, kann keine Frage sein. Wir stellen uns nicht immer schon dar. Einzelne in der Gesellschaft von Einzelnen haben wir uns darzustellen begonnen. Wie können wir uns so darzustellen begonnen haben, wenn gilt, daß am vorläufigen Ende dieser Darstellung offenbar ist, daß wir uns durchaus verschieden in der Verschiedenheit von bloßen Subjekten anreden können unter solchen, die das tun und nicht tun? Das läßt sich verstehen, das ist zu verstehen von uns in dieser Lage.

Wir müssen fragen: wie verschieden haben wir uns darzustellen *gelernt*, die jeweils als solche unter solchen gelernt haben, die Verschiedenheit von uns so sehr anzuerkennen wie zu leugnen? Das, worin wir – verschieden – übereinstimmen, sind die verschiedenen Illusionen, in denen wir uns übereinstimmend darzustellen gelernt haben. Nicht immer schon behaupten wir diese Illusionen, irgendwann haben wir uns in ihnen einmal zum ersten Mal darzustellen gelernt.

Nicht immer schon reden wir in Gesellschaft von uns, nicht immer schon handeln wir in Gesellschaft von uns, nicht immer schon sind wir in Gesellschaft von uns.

Einmal zum ersten Mal haben wir uns in der Illusion unseres gesellschaftlichen Seins dargestellt als solche unter ebensolchen. Einmal zum ersten Mal haben wir uns handelnd in der Illusion von gesellschaftlich Handelnden dargestellt. Einmal zum ersten Mal haben wir uns redend in der Illusion von uns Redenden dargestellt. Wenn wir uns heute darstellen, tun wir das in der komplexen Verknüpfung der Illusionen, in denen wir uns darzustellen gelernt haben.

In allen diesen Illusionen stimmen wir darin überein, daß wir leugnen, daß und wie wir uns in ihnen einzeln unter uns Einzelnen, geltend machen und geltend zu machen gelernt haben. Wir leugnen das in diesen Verhältnissen von uns durchaus verschieden, und zwar so, daß das ursprünglichere Leugnen uns auf dem Wege unseres gesellschaftlichen Lernens dazu nötigt, fortschreitend Differenzen anzuerkennen, in deren Anerkennung wir weiter fähig bleiben, unsere Vereinzelung unter

Vereinzelten zu leugnen. Anders könnten wir das durchaus Illusionäre unseres gesellschaftlichen Körpers nicht wahrnehmen, nicht wahrzunehmen lernen, als daß wir ausgehen von der *totalen* Illusion, die wir in Gesellschaft von uns übereinstimmend so darstellen, daß wir in ihr alle die Verhältnisse, in denen wir uns darstellen, noch leugnen. Es ist dies die Illusion von Wiederholenden, die in Gesellschaft von Wiederholenden das Wiederholen von uns Wiederholenden wiederholen. Die Spannungen dieser uns Grund gebenden Illusion machen unsere gesellschaftliche Energie aus. Wiederholend »existieren« wir gesellschaftlich. Wiederholend prätendieren wir unser gesellschaftliches Sein in den Spannungen dieser Prätention, in denen wir leugnen, *daß* wir wiederholen und leugnen, daß wir das *Wiederholen* wiederholen und leugnen, daß wir unter Wiederholenden wiederholen. Da dieses Leugnen zugleich mit diesen Verhältnissen aber durch uns in diesem Leugnen dauernd offenbart wird, kommen wir, die so differenziert leugnen, nicht darum herum, diese Differenzen von uns anzuerkennen, dies aber schrittweise jeweils in den Epochen unseres gesellschaftlichen Lernens.

Wir lernen, wiederholend, zunächst jenes Wiederholen zu wiederholen, das diesen Verhältnissen von uns Gewähr gibt. Und wir konkurrieren als solche, die das gelernt haben. Wir behaupten das in irgendeiner Weise stärkere, erfolgreichere Wiederholen vor dem weniger erfolgreichen. Wir lernen diese Gewährleistung von uns durch uns kontinuierlich zu behaupten. Wir lernen zu handeln, handelnd zu herrschen, in der Illusion von Nachahmenden, die dem Vater gehorchen. In der Indifferenz der sich gleich gültig behauptenden Väter lernen wir uns anzureden als die Kinder des Vaters und schließlich auf uns selbst als die Kinder durchaus gleich gültiger Väter und gleich gültiger Väter von Vätern. So verschieden wir da zu reden lernen, so verschieden lernen wir uns auch anzureden auf das Verschiedene unseres redenden Selbst. Derart, daß wir heute offenbar verschieden und gleich gültig uns anreden auf das bloße Selbst des Redenden selbst. In dieser Lage können wir uns nur noch anreden auf das Verschiedene unseres Gelernthabens.

Wir stimmen also, Einzelne in Gesellschaft von uns Einzelnen ursprünglich und von Anfang und durchgehend darin überein, daß wir wiederholen und wiederholend in vielfältigen Verhältnissen dieses Wiederholens das vielfältig leugnen. Einzelne in der Gesellschaft von uns Einzelnen, behaupten wir unser Behaupten übereinstimmend darin, daß wir vielfältig leugnen, daß und wie wir dieses Behaupten in der Gesellschaft von uns behaupten. Wir sind, gesellschaftlich, nichts als dieses Wiederholen, das das alles umgreifende, alles bedingende, allem Gewähr gebende Element unserer Differenzierungen wird. Was immer wir tun, was immer wir sagen, zeigt sich uns Wiederholenden tunlich, und muß, vor allem, wiederholt werden, gewinnt sowohl seine Verwechselbarkeit wie seine Unterscheidbarkeit im Element dieses unseres Wiederholens, in dem wir ursprünglich nur unser Wiederholen unterschiedslos unter ebensolchen wiederholen. In dieser vielfältigen Unterschiedslosigkeit, in der wir Einzelne uns im Verhältnis zu Einzelnen unter Einzelnen geltend machen und dauernd geltend machen, bleibt uns nichts anderes übrig: wir müssen uns zu unterscheiden lernen, wie wir uns zu unterscheiden haben lernen müssen. Dies aber nicht als solche, die unterschieden sind oder die die Differenz selbst sind, sondern als solche, die unter solchen uns durchaus unterschiedslos darstellen.

Diese Unterschiedslosigkeit, in der wir einzeln unter uns Einzelnen uns darstellen, durchaus übereinstimmen, ist also der Boden der uns nötigen Verwirrungen, wie der Boden der uns in diesen Verwirrungen nötigen Entschlossenheiten zum Unterscheiden.

Bezogen auf diese Verwirrungen und die in diesen Verwirrungen nötigen Unterscheidungen, werden prinzipiell alle Verwirrungen von uns aufklärbar, aber selbstredend nur als Verwirrungen von Einzelnen dieser Gesellschaft von uns, nicht in Bezug auf irgendein *Für uns*.

Aufklärung in den vielen manifesten Krisen unserer Gesellschaft kann also immer noch nichts anderes als Selbstaufklärung heißen, die Selbstaufklärung des Einzelnen, wie er, an den Verwirrungen von uns beteiligt, sich in diesen Verwirrungen anzuerkennen lernt.

Ich kann niemanden aufklären. Niemand kann einen anderen aufklären. Ich kann nur mich selbst aufklären in den Verwirrungen der Behauptung meines Behauptens. Wenn andere sich in den Verwirrungen ihres Behauptens behaupten wollen, habe ich keine Möglichkeit, sie daran zu hindern. Weder kann ich in der heute offenbaren Gesellschaft meine Hoffnungen darauf richten, daß ich ein Gutes und Wahres in dieser Gesellschaft durch Politik oder Werbung befördern kann. Es müßte dann nicht die Indifferenz von uns, die gleiche Gültigkeit allen Behauptens, offenbar sein.

Bibliographische Notizen

Meine Arbeit geht vom Problem der Darstellung aus, sie bewegt sich in der Differenz einer Reflexion von Darstellung. Das Studium Hegels setzt für die Exposition dieses Problems ein Maß, das nicht zu unterschreiten ist, wenn – nach Hegel – der Streit seiner Epigonen obsolet geworden ist, und sich das Problem auf neuer Ebene stellt.

In meiner Dissertation von 1968 »Mimesis als Problem«, Studien zu einem ästhetischen Begriff der Dichtung aus Anlaß Robert Musils, war ich noch von der Selbstgewißheit des Subjekts ausgegangen. In meinen späteren Schriften, die leider bis auf kleine Ausnahmen unveröffentlicht sind, versuche ich die Differenz verschiedener gesellschaftlicher Differenzen zu bedenken. Nicht: Das unbestimmte Subjekt stellt sich dar. Sondern: Wir, vielfältig unentschlossen, stellen uns dar, und zwar verschieden, in gleich gültigen Konkurrenzen der Darstellung von uns.

Wie ist Reflexion der Darstellung von uns in dieser Konzeption zu fassen?

In drei großen Arbeiten versuchte ich Annäherungen an die Bewältigung dieses Sachverhalts. Klassische Traditionen setzten da wieder die Maßstäbe. Einmal, für das Problem einer Solidarität mit dem Kranken, dem Unvernünftigen: Büchners *Lenz*, der unter dem Begriff einer sich selbst erzählenden, selbst-geschichtlichen Subjektivität in der Kontinuität seiner Darstellung zu rekonstruieren war.

Noch weiter führte die Behandlung des platonischen Dialogs, in dem das Problem eines Verhältnisses von Redenden und das der Autorität Sokrates' in diesem Verhältnis in kontinuierlicher Reflexion der platonischen Darstellung zu entwickeln war.

Schließlich ging es in einem ersten systematischen Entwurf meiner Arbeit im ganzen unter dem Begriff einer Solidarität der Lernenden um das Problem der Schule. Wie lernen wir, daß wir verschieden uns darzustellen gelernt haben?

Nach der Ablehnung jeder dieser Arbeiten, die jeweils als umfangreiche Habilitationsschriften entstanden waren, verfaßte ich nur kleinere Schriften, Versuche zum Problem der gesellschaftlichen Differenz und zur Indifferenz der Heutigen. Daneben viele kleinere Aufsätze.

Christina von Braun

Nada Dada Ada – oder
Die Liebe im Zeitalter
ihrer technischen Reproduzierbarkeit

Die französische Wochenzeitschrift *Le Nouvel Observateur* veröffentlichte vor einigen Jahren eine größere Untersuchung über Mischehen: über die Ehen von Schwarzen und Weißen, Christen und Juden, Franzosen und Arabern. In der Untersuchung wurde auch ein Mann zitiert, der sagte: »Von Mischehen verstehe ich viel: Ich bin seit langem mit einer Frau verheiratet.«

Ich denke, dieser Mann hat mit seiner Antwort Mythos und Realität der Geschlechterbeziehung im 20. Jahrhundert treffend umrissen. Er pointiert die Feststellung, daß die Frau anders sei als der Mann. Damit sagt er aber auch viel über die Vorstellungen unserer Zeit von »Normalität«, zu der das Verschwinden der Unterscheidung zwischen den Geschlechern gehört. In einer Ehe oder Liebesbeziehung findet die Begegnung mit dem »Fremden« offenbar nur dann statt, wenn der Andere eine andere Hautfarbe hat oder einer anderen Religion angehört. Frau-Sein an sich impliziert noch keine Andersartigkeit – und das ist neu. Nachdem Weiblichkeit über Jahrhunderte als *die* Definition von Andersartigkeit – und das hieß meistens: Minderwertigkeit – gegolten hatte, bedeutet diese Vorstellung von »Normalität« einen ungeheuren Wandel, dessen Bedeutung nicht nur für das Verhältnis der Geschlechter, sondern auch für die Gesellschaftsgeschichte, für Entwicklungen im politischen Alltag, kaum zu überschätzen ist.

Zunächst zum Titel dieses Aufsatzes, der vielleicht einige Rätsel aufgibt. Mit *Nada* ist die Verneinung, das Nichts gemeint, und mit diesen Begriffen auch das Vakuum, das das Verschwinden »der Frau« bzw. der Verlust ihrer Andersartigkeit hinterlassen hat. Mit *Dada* beziehe ich mich natürlich auch auf die allgemein bekannte Kunstrichtung des frühen 20. Jahrhunderts, aber vor allem auf das russische »Ja«, wobei hier von Bedeutung ist, daß der Laut »Ja« im Russischen wiederum

»Ich« bedeutet[1], andererseits aber auch die Kurzform des Gottesnamens Jahwe – *Jah* – darstellt[2]. Mit *Ada* ist schließlich eine Frauengestalt und ein Roman von Vladimir Nabokov gemeint – ein literarisches Werk, an dem sich einige Grundmuster des Liebesmythos der Jetztzeit festmachen lassen.

Nabokovs Roman erschien 1969 in den Vereinigten Staaten und sechs Jahre später auf deutsch. In *Ada oder Das Verlangen* – so der deutsche Titel[3] – geht es um das Begehren, um unerfüllbare und erfüllte Sehnsucht. Aber es geht auch um Zeit und Erinnerung, um das Verhältnis von Roman und Film, von Fiktion und Wirklichkeit. Vor allem aber handelt *Ada oder Das Verlangen* von Sprache und Wortspielen, von der Vieldeutigkeit der Begriffe und der unendlichen Verdoppelung von Menschen – genauer gesagt: der Verdoppelung des Ichs, das ein zentrales Thema aller Romane und Erzählungen von Nabokov ist. Spielerisch kalauert er auf französisch, englisch, deutsch und russisch vor sich hin – so als sei es ihm, und zwar gerade in diesem Alterswerk, gelungen, alle Ebenen seiner Identität, seiner vielen Sprachen[4] und der

1 Wobei natürlich nicht zu übersehen ist, daß auch der Dadaismus, einigen Legenden zufolge jedenfalls, seinen Namen dem russischen »Ja« verdankt. Übrigens gibt es auch einen »Nadaismus«: Er entstand in den 1960er Jahren in Medellín, Kolumbien, und ist dem Existentialismus sehr verwandt. Es handelt sich um eine Dichtergruppe, die sich angesichts der verzweifelten sozialen Lage in Lateinamerika dem Kult des »Nichts« verschrieb und mit ihrer existentialistischen Haltung Skandal erregte. Vgl. Jaramillo Agudelo, »La poesia nadaista«, in: *Revista Iberoamericana* 128–219 (Pittsburgh, Pa. 1984).
2 Im Roman *Die Verzweiflung* (Otcajanie, 1936) spielt Nabokov mit dieser Doppelbedeutung des Wortes. In einem anderen Roman, *Bastardzeichen* (Bend Sinister 1947, dt.: aus dem Englischen übertragen von Dieter E. Zimmer, Reinbek b. Hamburg 1962) behauptet der Diktator Paduk, alle Menschen bestünden aus denselben, wenn auch unterschiedlich kombinierten *fünfundzwanzig* Buchstaben des russischen Alphabets. Er, der Herrscher, hat ihnen den sechsundzwanzigsten, den Buchstaben »ja«, genommen, sie somit auch ihres Ichs beraubt. Vgl. hierzu auch den Aufsatz von Felix Philip Ingold, »Der Autor und sein Held: Zu Vladimir Nabokovs Erzählkunst«, in: *Neue Zürcher Zeitung* (4.4.1986).
3 Vladimir Nabokov, *Ada oder Das Verlangen*, aus dem Amerikanischen übertragen von Uwe Friesel und Marianne Therstappen, Reinbek b. Hamburg 1974. Das Buch ist hervorragend übersetzt, was angesichts von Nabokovs Sprachakrobatik und der immer wieder auftretenden Doppelbedeutung von Begriffen umso bewundernswerter ist. Der englische Titel »Ada oder Ardor« stellt eines der wenigen Wortspiele dar, die sich nicht übersetzen ließen: Ardor heißt soviel wie »Begehren«, und der Name *Ada* wird im Russischen seinerseits wie »Ardor« ausgesprochen. – Die Zitate im Folgenden entsprechen der Taschenbuchausgabe von 1977.
4 Nabokov, der von sich sagt, »ich war ein ganz normales dreisprachiges Kind«, lernte Englisch, bevor er Russisch schreiben und lesen konnte. Französisch lernte er ebenfalls als Kind. Vgl. seine Memoiren, *Sprich, Erinnerung, Sprich: Wiedersehen mit einer Autobiographie*, aus dem Englischen von Dieter E. Zimmer, Reinbek b. Hamburg 1984.

verschiedenen kulturellen Traditionen, denen er verpflichtet ist, zusammenzuziehen zu einer Einheit. Insofern ist dieser Roman zweifellos das Werk eines Einzelgängers: ein Werk, das symptomatisch ist für die Geschichte des russischen Emigranten, der zu einem der bedeutendsten amerikanischen Schriftsteller wird.

Gleichzeitig ist aber der Liebesmythos, den er in seinem Roman *Ada oder Das Verlangen* aufgreift, um sein zerstückeltes Ich – das »shattered self«, wie es so treffend in einem Ausdruck der amerikanischen Psychoanalyse heißt[5] – zusammenzuflicken, alles andere als ein literarischer Einzelgang. Denn er greift den Mythos der Leidenschaft zwischen Geschwistern auf; er beschreibt das sexuelle Begehren zwischen einem Mann und einer Frau, die einander ähneln wie ein Ei dem anderen, oder anders ausgedrückt: ein Ich *(one I)* dem anderen.

Daß das Motiv der Geschwisterliebe bei Nabokov auftaucht, ist nicht erstaunlich: Dieser Topos stellte im 19. und noch Anfang des 20. Jahrhunderts eine Art von literarischem Religionsersatz dar, der den Säkularisierungsprozeß begleitete. Schon deshalb wäre es erstaunlich, wenn dieses Motiv verschwunden wäre aus der Literatur nach 1945. Um darzustellen, welchen *Wandel* das Motiv unter der Feder Nabokovs erfuhr, muß ich kurz historisch zurückgreifen.

Rückblick

Das Motiv des Geschwisterinzests taucht in der europäischen Literatur seit Ende des 18. Jahrhunderts – mit der Säkularisierung also – immer häufiger auf. Bei Schiller in der *Braut von Messina* ist die Liebe zwischen Geschwistern noch belastet vom uralten Fluch, der, zumindest für die Irdischen, auf dem Inzest liegt. Bei Goethe – in *Wilhelm Meisters Lehrjahre* – kann sich der Inzest schon auf die Gesetze der Natur berufen.[6] Mit der Romantik aber gewinnt die Liebe zwischen

---

5 Richard B. Ulman, Doris Brothers, *The Shattered Self: A Psychoanalytic Study of Trauma*, Hillsdale, New Jersey 1988.
6 In Goethes Roman *Wilhelm Meisters Lehrjahre* verdankt Mignon ihre Herkunft einer inzestuösen Liebesbeziehung, die vom Fluch belastet ist; aber der Fluch wird letztlich weniger durch die Geschwisterliebe verursacht als durch eine »unnatürliche«, von Zwängen geprägte Erziehung. Das »Unheil« geht aus vom Vater, dann von den Kirchenmännern, den Besserwissern, den Sittlichkeitsfanatikern, die nach den Gesetzen einer menschenfeindlichen Moral statt nach den »Gesetzen ihres Herzens leben«. Auch als der Mönch Augustin erfährt, daß die Geliebte seine Schwester ist, kann ihn nichts von der Liebe ab-

Bruder und Schwester eine völlig neue Dimension, die sie allmählich zu *dem* Liebesmythos der Moderne machen wird – vor allem im deutschsprachigen Raum. Es gibt in der deutschsprachigen Literatur von 1800 bis 1945 kaum einen Schriftsteller, der nicht den Topos der Geschwisterliebe aufgegriffen hätte – mit einer großen Ausnahme: den jüdischen Schriftstellern, die den Stoff entweder gar nicht oder höchstens zur Darstellung der Bedrohlichkeit einer solchen Liebesbeziehung behandelt haben. So etwa bei Kurt Münzer, einem Autor der gehobenen Trivialliteratur, der in seinem 1907 erschienenen Roman *Der Weg nach Zion* diesen Stoff einer eher germanischen Blutmythologie auf eine Geschichte übertrug, in der es um die jüdische Identität ging. Nicht nur der Titel, auch viele Details des Romans zeigen, daß dem Autor die antisemitische Dimension des Inzestmotivs bewußt war und er diesen

bringen. Denn, so sagt er, erst die Liebe zu Sperata habe ihm den Verstand zurückgegeben, ihn von dem religiösen Wahn einer unermüdlichen Buße geheilt. Seinen leiblichen Brüdern und den Ordensbrüdern, die ihn von der Verbindung zur Schwester abzubringen versuchen, schleudert Augustin entgegen: »Nun da mich die gütige Natur durch ihre größten Gaben, durch die Liebe wieder geheilt hat, da ich an dem Busen eines himmlischen Mädchens wieder fühle, daß ich bin, daß sie ist, daß wir eins sind, daß aus dieser lebendigen Verbindung ein Drittes entstehen und uns entgegenlächeln soll, nun öffnet ihr die Flammen eurer Höllen, eurer Fegefeuer, die nur eine kranke Einbildungskraft versengen können, und stellt sie dem lebhaften, wahren, unzerstörlichen Genuß der reinen Liebe entgegen! [...] Gab es nicht edle Völker, die eine Heirat mit der Schwester billigten? Nennt eure Götter nicht, [...] ihr braucht die Namen nie, als wenn ihr uns betören, uns von dem Wege der Natur abführen und die edelsten Triebe durch schändlichen Zwang zu Verbrechen entstellen wollt. Zur größten Verwirrung des Geistes, zum schändlichsten Mißbrauche des Körpers nötigt ihr die Schlachtopfer, die ihr lebendig begrabt.« (J.W. Goethe, *Wilhelm Meisters Lehrjahre* (1795), Stuttgart 1982, S. 611) – Auch ist in den Worten, die der Dichter dem durch Liebe zu Verstand gekommen Mönch auf die Zunge legt, unentwegt von den Naturgesetzen die Rede, auf die sich der Geschwisterinzest berufen könne. Der erfahrene Botaniker Goethe läßt seinen Mönch auf das Beispiel der Lilien verweisen, bei denen »Gatte und Gattin einem Stengel entspringen« und durch die Blume verbunden sind, »die beide gebar«. Und ist nicht, so heißt es in diesem »Erziehungsroman« dann weiter, »die Lilie [...] das Bild der Unschuld, und ist ihre geschwisterliche Vereinigung nicht fruchtbar? Wenn die Natur verabscheut, so spricht sie es laut aus; das Geschöpf, das nicht sein soll, kann nicht werden; das Geschöpf, das falsch lebt, wird früh zerstört.« (Ebd., S. 612) – Der Geistliche, der schließlich auch Sperata in den Wahnsinn treibt, verheimlicht ihr zwar, daß ihr Bruder der Vater ihres Kindes ist, aber er behandelt »das Vergehen, sich einem Geistlichen ergeben zu haben, [...] als eine Art von Sünde gegen die Natur, als einen Inzest«. (S. 614) – Wo Goethes Sympathien stehen, wird in diesem Roman sehr deutlich, auch wenn er in seinem Spätwerk, den *Wahlverwandtschaften*, ein anderes Ideal der Liebe proklamiert. Leonhard Frank verweist in seinem Roman *Bruder und Schwester* übrigens ausdrücklich auf Goethe. Er stellt das Zitat über die Lilien seinem Roman als Motto voran.

Stoff benutzte, um darzustellen, daß die Assimilation zur Katastrophe führen müsse. Und zwar die Assimilation in jedem Sinne des Wortes: die zwischen Juden und Deutschen und die zwischen Männern und Frauen, die im Motiv der Liebesbeziehung zwischen Geschwistern einen besonders deutlichen Ausdruck fand.[7] Der Topos der Geschwisterliebe, der Vereinigung mit dem »eigenen«, dem »reinen Blut« lieferte gleichsam den mythischen Überbau für alle Theorien vom »fremden« Blut und der »fremden Rasse«, die das deutsche Geistesleben des späten 19. und frühen 20. Jahrhunderts prägten und später die Wirklichkeit bestimmten. Daß ausgerechnet ein Jude – ein assimilierter Jude, nämlich Sigmund Freud, mit seinem ödipalen Dreieck – dem Inzest Anfang des 20. Jahrhunderts geradezu normativen Charakter für jede Liebesbeziehung zuweist, widerspricht dieser These nicht. Denn für Freud lag der Schwerpunkt auf der Überwindung des *Inzestwunsches*, während das Anliegen der meisten Literaten in der Überwindung des *Inzestverbots* bestand.

Allen Variationen dieses Liebesmythos ist gemeinsam, daß es um eine narzißtische Problematik geht, was sich übrigens nicht zuletzt darin zeigt, daß die Werke – vor allem die neueren Werke – sehr oft einen Ich-Erzähler haben. Tatsächlich offenbart der Wandel im Mythos der Geschwisterliebe, daß sich zwischen dem Beginn des 19. und dem Ende des 20. Jahrhunderts eine erhebliche Veränderung des Ichbildes vollzogen hat. Spiegelte sich in der Geschwisterliebe zunächst das Bild eines gefräßigen Ichs wider, das sich des Anderen *bemächtigt*, so wird sie nunmehr zum Abbild eines Ichs, das seine Seinsberechtigung aus der *Erzeugung* des Anderen bezieht. In den Romanen und Novellen des 19. und noch Anfang dieses Jahrhunderts wird meistens der *Untergang* des weiblichen Ichs zelebriert: Eine »Schwester« wird geopfert, damit der Mann/Bruder die »Erlösung« findet: Chateaubriands *Atala* und *René*[8], E.T.A. Hoffmanns *Elixiere des Teufels*[9], aber auch

---

7 Vgl. »Die Blutschande – Wandlungen eines Begriffs: Vom Inzesttabu zu den Rassengesetzen«, in: Christina von Braun, *Die schamlose Schönheit des Vergangenen: Zum Verhältnis von Geschlecht und Geschichte*, Frankfurt am Main 1989, S. 81ff.
8 François René de Chateaubriand, *Atala* (1801), *René* (1803), aus dem Französischen übertragen von Trude Geissler, Stuttgart 1962.
9 E.T.A. Hoffmann, *Die Elixiere des Teufels: Nachgelassene Papiere des Bruders Medardus, eines Kapuziners, herausgegeben von dem Verfasser der Fantasiestücke in Callots Manier* (1815), Frankfurt am Main 1978. Die Vorstellung in diesem Buch von Weiblichkeit als Spiegel des Ichs werden ausführlich behandelt in: Susanne Asche, *Die Liebe, der Tod und das Ich im Spiegel der Kunst: Die Funktion des Weiblichen in Schriften der Frühromantik und im erzählerischen Werk E.T.A. Hoffmanns*, Königstein, Taunus 1985.

Leonhard Franks *Bruder und Schwester*¹⁰ sind symptomatisch für diesen Vorgang, der dem *Nada* zuzuordnen ist. Ganz anders bei Nabokov: In *Ada oder Das Verlangen* ist die Schwester keineswegs dem Verderben anheimgegeben. Im Gegenteil: Der Wandel des literarischen Mythos, die Verlagerung der narzißtischen Problematik scheint geradezu zu fordern, daß sich die Frau/Schwester einer blühenden Gesundheit und einer vitalen Sexualität erfreut. Sie wird zur Galionsfigur einer sexuellen Leistungsgesellschaft des 20. Jahrhunderts, sozusagen zum »kategorischen weiblichen Imperativ«, wie es eine Kritikerin beim Erscheinen des Buches formuliert hat¹¹. Das Ich vereinnahmt nicht mehr die Schwester, das weibliche Ich, sondern das Ich wird von dieser Schwester »entbunden« – mit allen Implikationen des Gebärens, die der Begriff beinhaltet. Dieser Aspekt am Motiv des Geschwisterinzests taucht ansatzweise auch schon im 19. Jahrhundert auf, aber seine Bedeutung – auch für das Leben jeder »realen« Frau – wird erst im 20. Jahrhundert deutlich sichtbar.

Wie eng gerade in der deutschsprachigen Literatur der Mythos der Geschwisterliebe mit realer Verfolgung und Vernichtung zusammenhängt, mit dem Haß gegen einen – fiktiven – Anderen, den Juden oder den weiblichen Vamp, das kann ich hier nur andeuten. Aber es ist wichtig festzuhalten, wie fiktiv diese »Rasse« und das »Fremde« des »anderen« Blutes waren, gegen die sich dieser Haß richete (gerade wenn man begreifen will, weshalb sich ein Wandel in der Behandlung des Mythos der Geschwisterliebe vollzogen hat). In dieser Fiktion zeigte sich die fatale Wechselwirkung von Imagination und Wirklichkeit: eine Wechselwirkung, die nur mit dem Einfluß der Religion auf die gesellschaftliche Wirklichkeit zu vergleichen ist. Vielleicht hat Nabokov die Deutschen, unter denen er immerhin fünfzehn Jahre gelebt hat (von 1922 bis 1937) eben deshalb so verabscheut: In diesen Jahren erscheint nicht nur bei einzelnen deutschen Dichtern, sondern in Deutschland überhaupt der Unterschied zwischen Fiktion und Wirklichkeit wie ausgelöscht.¹² In der Erzählung *Der Späher*, die Nabokov 1930 in Berlin

---

10   Vgl. die Ausführungen zu Leonhard Franks Roman *Bruder und Schwester* im Aufsatz »Die Blutschande – Wandlungen eines Begriffes« (Anm. 7).
11   Sibylle Wirsing, »Es waren zwei Königskinder: Vladimir Nabokovs Roman Ada oder Das Verlangen«, in: *Frankfurter Allgemeine Zeitung* (26.11.1974).
12   »Es ist ein widerwärtiges und schreckenerregendes Land«, schrieb Nabokov einmal in einem Brief über Deutschland. Zit. nach Wolf Scheller, »Vladimir Nabokov erinnert sich«, in: *Bonner General Anzeiger* (5.4.1984).

verfaßte, heißt es an einer Stelle: »Es ist beängstigend, wenn sich das wirkliche Leben plötzlich als Traum erweist, aber um wie vieles beängstigender ist es, wenn das, was man für einen – fließenden und verantwortungslosen – Traum gehalten hat, plötzlich zur Realität zu erstarren beginnt!«[13] Tatsächlich läßt sich der Nationalsozialismus auch als eine Epoche definieren, in der Mythen und Metaphern zu Fleisch und Blut wurden. Vielleicht ist dies einer der Gründe dafür, daß uns die Wirklichkeit dieser Zeit – bei allem was wir inzwischen über sie wissen – noch immer so unfaßbar erscheint.

Nada oder Die Entsagung

Die Vorgeschichte des Inzestmythos erklärt wohl, weshalb der Topos der »Blutschande« in der deutschsprachigen Nachkriegsliteratur selten – und wenn, dann unter sehr veränderten Vorzeichen – auftaucht. Wie soll eine Literatur, die Wirklichkeit – grausame Wirklichkeit – geworden ist, noch Mythen produzieren? Liebesmythen? Mythen des Begehrens – denen per se die Unerreichbarkeit eigen sein muß? Woher soll eine Fiktion, die bei ihrer Entgrenzung, bei ihrer Übertragung auf die Wirklichkeit gezeigt hat, daß sich Liebesmythen in realen Haß und Mord verkehren können, noch den Mut nehmen, neue Liebesmythen zu produzieren?

Dort, wo der Geschwisterinzest in der deutschsprachigen Literatur nach 1945 auftaucht, verweist er oft sogar ausdrücklich auf diese Erbschaft. Das ließe sich besonders deutlich an Ingeborg Bachmanns *Fall Franza* oder *Malina*, aber auch an anderen Beispielen darstellen[14].

---

13 Vladimir Nabokov, *Der Späher*, aus dem Englischen von Dieter E. Zimmer, Reinbek b. Hamburg 1985, S. 116.
14 Vgl. »Nada Dada Ada oder Die Liebe nach dem Jüngsten Gericht«, in: Christina von Braun, *Die schamlose Schönheit des Vergangenen* (Anm. 7), S. 143ff. In diesem Aufsatz werden die Beispiele Geno Hartlaub (Geno Hartlaub, *Der Mond hat Durst*, Hamburg 1963), Ingeborg Bachmann (Ingeborg Bachmann, *Der Fall Franza: Unvollendeter Roman*, München 1981) und Reinhold Batberger (Reinhold Batberger, *Skalp*, Frankfurt am Main 1987) behandelt.

Dada oder Die Bejahung

Eine derartig negative Besetzung erfuhr der Topos der Geschwisterliebe nur in der deutschsprachigen Literatur – und ich vermute, daß es sich auch hier nur um eine vorübergehende Erscheinung handelt. Es ist absehbar, daß der Topos unter den Vorzeichen der neuen deutsch-deutschen Verschwisterung und im Kontext der deutschen »Erlösung« von der Schuld durch die Wiedervereinigung wieder verstärkt auftauchen wird. Wie präsent von Anfang an diese Phantasie war, zeigt sich an den Worten des CDU-Parteichefs von Schleswig-Holstein, Hennig, der Anfang 1990 seine Partei ermahnte, endlich mit der Ost-CDU ein Bündnis zu schließen, denn die Ost-CDU sei »Fleisch von unserem Fleische«.[15]

Auf eine andere Entwicklung verweisen Texte aus der Literatur Englands, Frankreichs oder der Vereinigten Staaten, wo es – offenbar, weil der Topos nicht so belastet ist wie in Deutschland – keinen radikalen Bruch in der Behandlung des Inzestthemas gab. In der ausländischen Literatur ist die Geschwisterliebe weiterhin ein Motiv des Begehrens. Aber auch hier gibt es einen Wandel. Das Begehren hat eine andere Richtung eingeschlagen. Das ließe sich wiederum an drei Beispielen darstellen: Ian McEwans 1978 in England erschienener *Zementgarten*, Marguerite Duras' 1981 in Paris erschienene Erzählung *Agatha* und natürlich, last but not least, Nabokovs Roman *Ada oder Das Verlangen*. Ich werde hier nur auf die beiden letzten eingehen.[16] Es ist übrigens bemerkenswert, daß sowohl Duras wie Nabokov zu den »Großen« der zeitgenössischen Liebesliteratur zählen.[17] Das ist eines von mehreren Indizien dafür, daß das Inzestmotiv in der Mythenbildung über die Geschlechter und die Sexualität weiterhin eine wichtige

---

15 dpa-Meldung vom 26.1.1990.
16 Vgl. Ian McEwan, *Der Zementgarten*, aus dem Englischen übersetzt von einer studentischen Arbeitsgruppe des Instituts für englische Philologie an der Universität München, unter der Leitung von Christian Enzensberger, Zürich 1980. Auch dieses Beispiel wird ausführlicher an anderer Stelle behandelt; vgl. »Nada Dada Ada oder Die Liebe nach dem Jüngsten Gericht«, in: Christina von Braun, *Die schamlose Schönheit des Vergangenen* (Anm. 7) S. 143ff.
17 Beide Autoren werden in einem Aufsatz von Marcel Reich-Ranicki als Beispiele für die Lebendigkeit der Liebesliteratur im Ausland aufgeführt – ein Aufsatz, in dem er darauf verweist, daß die deutschsprachige Literatur nach dem Krieg keine nennenswerte Liebesliteratur hervorgebracht habe. Vgl. *Frankfurter Allgemeine Zeitung* (6.10.1988), Literaturbeilage zur Buchmesse.

Rolle spielt und in Deutschland vielleicht nur vorübergehend verschwunden ist.

Marguerite Duras: Gestern das Paradies

Marguerite Duras' *Agatha*, eine in Dialogform geschriebene Liebesgeschichte, erschien 1981 gedruckt und 1982 als Film.[18] Interessanterweise vermittelt der Film beinahe mehr vom Begehren als der geschriebene Text. Interessanterweise deshalb, weil sich der Film einer Bildersprache und eines Imaginären bedient, die eigentlich das geschriebene Wort kennzeichnen. Es gibt in diesem Film keine *Darstellung* von Erotik – im Gegenteil: Die beiden Hauptfiguren, ein Bruder und eine Schwester, sind fast nie zusammen zu sehen. Ihre Stimmen kommen häufig aus dem Off. Manchmal sind sie im Bild: schweigend. Öfter noch sieht man den verlassenen Strand von Trouville. Ein kalter Wind jagt über das Meer. Schwere Wolken hängen am Himmel. Eine Villa an der Strandpromenade hält mit verschlossenen Läden ihren Winterschlaf. Man bewegt sich mit der Kamera durch die menschenleere Halle eines großen Hotels. Zu diesen Bildern hört man die Geschwister sprechen: Sie gedenken ihrer Liebesleidenschaft füreinander; sie erinnern sich an das Geheimnis, das sie teilten; sie verspüren noch die Schmerzen, die ihnen die gewaltsame Trennung voneinander zufügte.

Duras erzählt eine regelrechte, eine klassische Liebesgeschichte, die banal wäre, wenn sie nicht das inzestuöse Motiv enthielte (oder die es gerade deshalb ist). Wenn es Duras gelingt, das Begehren, das diese Geschwister füreinander empfinden, spürbar zu machen – so durch die Beschreibung von Abwesenheit: den verlassenen Strand, das menschenleere Hotel, die verschlossene Villa und vor allem das Geschwisterpaar, das manchmal »Du« und manchmal »Sie« zueinander sagt. Duras läßt das Begehren spürbar werden, indem sie den Mangel zeigt, indem sie Bilder von Abwesenheiten entwirft, indem sie eine Liebe beschwört, die unerreichbar ist. Unerreichbar durch die Tatsache, daß die Liebenden voneinander getrennt wurden, unerreichbar aber vor allem deshalb, weil ihre Liebe der Vergangenheit angehört.

---

18 Marguerite Duras, *Agatha* (französisch-deutsch), deutsche Übersetzung von Regula Wyss, Basel / Frankfurt am Main, 1982.

Diese Unwiederbringlichkeit des Vergangenen ist einer der Gründe, weshalb sie auf das Motiv des Geschwisterpaares zurückgreift. Kein Liebespaar vermittelt so wie dieses die Vorstellung, daß das Paradies der Vergangenheit (der Kindheit) angehört und somit auch endgültig verloren ist. Marguerite Duras, die während der Dreharbeiten zu *Agatha* ihrerseits von einem Filmteam beobachtet wurde, sagt von dieser Liebesgeschichte:

> Dies ist ein Sommerfilm, der im Winter gedreht wird. Es ist ein Film über das Begehren – ein existentielles und unauslebbares Begehren –, das in der Kälte gedreht wird. *Agatha* ist der Film, den ich machen wollte. Agatha hat es nicht gegeben. Die Villa von Agatha hat es nicht gegeben. Nur jetzt, im tiefstem Winter, kann ich von dieser Liebesgeschichte zwischen Bruder und Schwester erzählen, von diesen Sommerferien berichten, in denen es zum Inzest gekommen ist.[19]

Dieser Hintergrund des *verlorenen* Paradieses stellt den entscheidenden Unterschied zwischen Marguerite Duras' Behandlung des Topos der Geschwisterliebe und der der deutschsprachigen Literatur vor 1933 dar: Bei Leonhard Frank, bei Robert Musil, aber auch bei anderen Autoren liegt das Paradies immer *vor* den Geschwistern. Sie treten eine Reise an, die sie in die Erfüllung führt und die dort auch endet – im einen Fall glücklich, im anderen tragisch. Bei Duras hingegen bleibt das Paradies unerreichbar, weil es der Vergangenheit angehört und weil »es Agatha nie gegeben hat«. Eben weil das Begehren unerfüllt und unerfüllbar ist, bleibt es aber auch als Begehren bestehen. Was Duras – ebenfalls im Zusammenhang mit den Dreharbeiten zu *Agatha* – über die *Darstellung* des Begehrens sagte, gilt auch für seine *Erfüllung*:

> Man beschreibt die Wirklichkeit der Dinge über den Mangel: über das Fehlen von Leben, das Fehlen von Sichtbarem. Man zeigt das Licht über das Fehlen von Licht, das Begehren über den Mangel an Begehren, die Liebe über das Fehlen von Liebe. Ich glaube, das ist eine absolute Regel. Ich glaube, daß die Erfüllung des Begehrens, der Liebe, der Wärme, der Lebenslust, keinen Seinsmangel enthält und deshalb nicht dargestellt werden kann.[20]

---

19 Aussagen im Dokumentarfilm *Duras filme* von Jérôme Beaujour und Jean Mascolo über die Autorin und die Dreharbeiten zu *Agatha*.
20 Ebd.

Marguerite Duras gehört zu den wenigen Filmemachern, denen es gelungen ist, die imaginären Bilder des geschriebenen Wortes in eine Welt hineinzutragen, in der das Gesetz der Sichtbarmachung vorherrscht. Diesem Gesetz der Bilderwelt setzt sie das Gesetz der Schrift entgegen, die Begehren und Verführung durch das Verschwinden, durch die Abstraktion (das »Abziehen« vom Sichtbaren) mitteilt. Dabei bedient sie sich einer Bildersprache, die die Sehnsucht erhöht, den Mangel verstärkt, der von den geschriebenen Worten ausgeht. Ihre Bilder von Abwesenheiten steigern das Verlangen, das in den Worten liegt: das Verlangen zu sehen, das Verlangen, die Erfüllung an der eigenen Haut zu erfahren. Duras greift also das Motiv der Geschwisterliebe – ein Motiv des »Verschwindens« der Andersartigkeit – auf, um dahinter die Liebe selbst »unsichtbar« werden zu lassen. Auf diese Weise gelingt es ihr, einen Mythos, bei dem aus Liebe Untergang geworden war, zurückzuverwandeln in einen Mythos des Begehrens.

Die Filme der Duras, in denen es immer um Liebe und Begehren geht, handeln auch immer von Literatur und Bildersprache, von Erinnerung und Vergessen. In Nabokovs Werken geht es um ganz ähnliche Fragen – aber während Duras dem Film die »Blindheit« der literarischen Sprache abverlangt (Blindheit im Sinne von bildlich nicht darstellbar), bedient sich Nabokov in seinen Texten einer Sprache des Bilderreichtums, man möchte beinahe sagen: einer Filmsprache. Nicht nur greift er oft auf das Motiv des Auges oder des Spiegels zurück; nicht nur bedient er sich mit Vorliebe verschiedener Montagetechniken, wie sie für den Film typisch sind – Doppelbelichtung, Rückblende, irreale Zeitsprünge, Verlangsamung oder Zeitraffer – kennzeichnend ist vor allem, daß Nabokov mit dem »Mangel« oder der Unerfüllbarkeit nichts im Sinn hat. Dennoch bleiben seine Werke Literatur, geschriebene Worte, die mit der sichtbaren Welt nichts zu tun haben wollen. (An dieser Tatsache scheitern auch alle Versuche, die Romane und Erzählungen von Nabokov zu verfilmen: Der Film kann das Imaginäre an einer Figur wie *Lolita* nicht nachvollziehen: Statt von den *Phantasien* eines Humbert zu sprechen, zeigt er die sichtbare Gestalt des Eis lutschenden Mädchens, das diese Phantasien personifiziert. Das heißt: Die Verfilmung der Texte von Nabokov scheitert letztlich daran, daß seine Werke – wie heute fast jeder Film – die eigene Sprache zum Thema haben: Alle Figuren bei Nabokov sind letztlich nur Metaphern für den literarischen Prozeß, für das »Verhältnis« des Autors zu seiner Schöpfung.)

Ada oder Das Verlangen

Im Roman *Ada oder Das Verlangen* begegnen sich ein Cousin und eine Cousine im Alter von 14 beziehungsweise 12 Jahren zum ersten Mal. Ivan, genannt Van, und Adelaide, genannt Ada, verbringen die Sommerferien auf dem Landsitz der Familie, einem ausgedehnten Gut mit unendlich vielen Möglichkeiten, sich unbeobachtet Liebesspielen hinzugeben. (Wie sich hinterher zeigt, bleiben sie doch nicht ganz unbeobachtet: Ein Photograph hält von Anfang an alles fest [21]). Die Anziehung der beiden füreinander ist sofort da und wird noch durch die Entdeckung erhöht, daß sie Halbgeschwister sind, Kinder desselben Vaters. Später erfahren Van und Ada, daß sie sogar dieselbe Mutter haben. Das Haus, in dem die lebenslange Liebesbeziehung von Ada und Van beginnt, heißt Ardis Hall. Anläßlich eines Scrabble-Spiels erfahren die Leser, daß *Ardis* auf griechisch die Pfeilspitze heißt und zugleich erotische Anspielung und Bedrohung bedeutet. Aus *Ardis* wird das französische *Château de la Flèche* und daraus dann wiederum das englische *Flesh Hall*. Der Kreis schließt sich: Über eine Kette von Wortassoziationen hat Nabokov seine Leser in den Garten der Lüste dieses Geschwisterpaares eingeführt.

Die leidenschaftliche Liebesgeschichte von Van und Ada setzt sich, mit Unterbrechungen, über eine Reihe von Jahren fort, bis eines Tages der Vater der beiden – sie sind inzwischen schon erwachsen – das Geheimnis entdeckt und die Trennung fordert. Ada heiratet. Erst dreißig Jahre nach der gewaltsamen Trennung findet das Liebespaar, finden Van und Ada, Bruder und Schwester, wieder zusammen. Inzwischen sind nicht nur Adas Ehemann, sondern auch die Eltern, einzige Zeugen dieses inzestuösen Verhältnisses, verschieden. »Wenn alle Leute sich an dasselbe erinnerten, wären sie nicht verschieden«, sagt Ada. »Aber wir sind nicht 'verschieden'!« – »Douceur«*, antwortet ihr Bruder, »mein

---

* *douceur* Sanftheit; aber auch: »*douce soeur*« sanfte Schwester

21 Die Passage, in der beschrieben wird, wie »öffentlich« das intime Verhältnis von Ada und Van geworden ist, zeigt auf anschauliche Weise, wie sehr es sich bei dieser Liebesgeschichte um Literaturgeschichte handelt. Die Verbreitung von Van und Adas Romanze gleicht dem, was mit literarischen Stoffen geschieht, die zu Trivialliteratur oder Photoromanen werden: d.h. nur noch als »Bilder« – als Photos – wahrgenommen werden, nicht mehr als Metaphern. Als Ada erfährt, daß ein Photograph von Anfang an ihr Liebesleben verfolgt hatte, gerät sie in einen Taumel: »Sie war sich nie im klaren darüber gewesen, sagte sie wieder und wieder (als ob sie beabsichtigte, die Vergangenheit von der Trivialität der Tatsachen des Albums zurückzufordern), daß ihr erster Sommer in den Obst- und Orchi-

Kind, mein Reim.«²² In diesem kurzen Wortwechsel werden schon die entscheidenden Muster dieses Liebesmythos deutlich: die Gemeinsamkeit der Erinnerung als Strategie der Unsterblichkeit; die Schwester als Gedicht, als Schöpfung des Autors. Denn Bruder Van ist natürlich auch der Autor selbst. »Van's Book« heißen die Aufzeichnungen, in denen der greise Liebhaber die Geschichte der Liebesleidenschaft zu seiner

deengärten von Ardis quer durchs Land ein geheiligtes Geheimnis und Glaubensbekenntnis geworden war. Romantisch veranlagte Dienstmädchen, deren Lektüre aus *Gwen de Vere* und *Klara Mertvago* bestand, adorierten Van, adorierten Ada, adorierten Ardensis Aboreta. Ihre Schäfer, die auf ihren siebensaitigen russischen Leiern unter den Blüten der wilden Racemosa-Kirschbäume oder in alten Rosengärten Balladen zupften (während die Fenster in dem Schloß eines nach dem andern aufgingen) fügten frisch komponierte Zeilen – naiv, lakaimäßliebchenhaft, aber von Herzen kommend – an Volksliederzyklen. Exzentrische Polizeioffiziere verliebten sich in den Glanz des Inzests. Gärtner paraphrasierten schillernde persische Gedichte über Bewässerung und die vier Pfeile der Liebe. Nachtwächter bekämpften Schlaflosigkeit und das Feuer des Trippers mit den Waffen aus *Vaniadas Abenteuer*. Hirten, die auf fernen Hügeln vom Blitz verschont blieben, benutzten ihre riesen 'Klagehörner' als Ohrmuschel, um die Liedchen von Ladore zu erhaschen. Jungfräuliche Burgfräuleins in marmorflurigen Herrenhäusern liebkosten ihre einsamen Flammen, die von Vans Romanze entfacht worden waren. Und ein weiteres Jahrhundert würde vergehen und das gemalte Wort von dem noch reicheren Pinsel der Zeit retouchiert werden.« (*Ada oder Das Verlangen*, S. 311)
22 Ebd., S. 96. Dieses Bild des Reims als ein »Kind« des Dichters kommt auch in *Fahles Feuer* vor. Der Dichter John Shade, der sein Kind verloren hat, versucht die Mauer zu durchbrechen, die die Lebenden von den Toten trennt. In den »Gesängen« heißt es: »Wer reitet so spät durch Nacht und Wind? / Es ist des Dichters Schmerz. Es ist der wilde / Märzwind. Es ist der Vater mit seinem Kind.« Einmal glaubt der Dichter, in das »Dunkel« des Lebens nach dem Tode eingedrungen zu sein, einmal, als er »eigentlich« schon gestorben war. In einer Zeitung liest er von einer Frau, die ebenfalls die Schwelle überschritten hatte und eine Vision von dem »Danach« gehabt hat, die ihm wie eine »Zwillingsoffenbarung« erscheint. Shade fährt »fast dreihundert Meilen«, um sie zu sprechen:
»[…] Ich hätte insistieren können. Ich hätte
Sie noch mehr erzählen lassen können über die weiße
Fontäne, die wir beide 'jenseits des Schleiers' sahn.
Aber falls ich (sagt' ich mir) dieses Detail erwähnte, Sie
spränge darauf an, als wär's eine innige
Affinität, eine sakrale Bindung,
Die mystisch sie und mich vereint,
Und spornstreichs wären unsre beiden Seelen
Bruder und Schwester, zitternd am Rande
Süßen Inzests. […]«
Tatsächlich stellt sich heraus, daß es sich bei der »Zwillingsoffenbarung« um ein Mißverständnis handelte, das auf einen Druckfehler im Zeitungsbericht zurückzuführen ist. Die Dame hatte in ihrer Vision nicht einen hellen Brunnen (fountain) gesehen wie Shade, sondern einen hellen Berg (mountain). Vladimir Nabokov, *Fahles Feuer*, Deutsch von Uwe Friesel, Reinbek b. Hamburg 1968, vgl. S. 58, 61, 63.

Schwester erzählt. »Van's Book« ist ein Anagramm, das neu durchgeschüttelt »Nabokov's« ergibt.

The I of the Book Cannot Die in the Book

Bei Nabokov wird besonders deutlich, wie eng das Selbstbild des Schriftstellers mit den Liebesmythen der Neuzeit zusammenhängt. Denn er hat sich als Schriftsteller vornehmlich mit zwei Stoffen beschäftigt: Das eine ist die Liebe, das andere ist der Doppelgänger. Er hat aber letztlich immer nur über *ein* Thema geschrieben: über Vladimir Nabokov. Und tatsächlich gelang es ihm auch, über mehr als zwanzig Bücher hinweg das Interesse an seiner Person aufrecht zu erhalten – indem er diese Person zum Verschwinden brachte.[23]

Die Konzentration auf die Ich-Thematik, die Nabokovs gesamtes Werk durchzieht, erscheint als ein einziges großes Manöver, das reale Ich auszulöschen und durch ein fiktives, ein Roman-Ich zu ersetzen, das für ihn freilich, das »wirkliche Ich« darstellt. Wir hienieden, so hat er einmal in einem Essay geschrieben, sind nichts anderes als »die irdischen idiotischen zerknüllten Photographien« der Jenseitigen, der Un-

---

23 Kritiker haben immer wieder auf die »Rätselhaftigkeit« des Autors Nabokov hingewiesen – allerdings auch oft mit kritischen Untertönen. Er kokettiere »allzusehr mit seiner eigenen Rätselhaftigkeit« schreibt Thomas Urban (*Neue Zürcher Zeitung*, 27.5.88), und Sybille Wirsing schreibt, Nabokovs kokettiere mit dieser Rätselhaftigkeit »wie eine durchtriebene Frau mit ihrer geheimnisvollen Gefährlichkeit« (*Frankfurter Allgemeine Zeitung*, 26.11.1974). Der Vergleich mit der »durchtriebenen Frau« ist nicht uninteressant: Daß das Spiel mit der eigenen Rätselhaftigkeit, die sich bei Nabokov als eines von vielen Manövern verstehen läßt, das reale Ich zum Verschwinden zu bringen, mit dem Wunsch zu tun hat, dem Ich eine »weibliche« Verkleidung zu verschaffen, wird im Folgenden noch deutlicher werden. Aber auch Otto Weininger, dessen Ablehnung der Weiblichkeit zweifellos viel mit dem Wunsch zu tun hatte, eine Frau zu sein, schrieb schon: »Das Weib als Sphinx! Ein ärgerer Unsinn ist kaum je gesagt, ein ärgerer Schwindel nie aufgeführt worden. Der Mann ist unendlich rätselhafter, unendlich komplizierter.« Interessanterweise sieht er einen Beweis für den Mangel an Rätselhaftigkeit des Weibes darin, »daß regelrechte Fälle von 'duplex' oder 'multiplex personality', Verdoppelung oder Vervielfachung des 'Ich', nur bei Frauen beobachtet worden sind« (Otto Weininger, *Geschlecht und Charakter*, Wien/Leipzig 1917, S. 277). Die schmückende »Rätselhaftigkeit« ist für Weininger also ein Attribut der *Eindeutigkeit* des Ichs – anders als bei Nabokov, wie noch zu zeigen sein wird. Gerade der Mythos des Geschwisterinzests im ausgehenden 20. Jahrhundert zeigt, wie sehr die *Gespaltenheit* des Ichs zum Idealzustand erhoben wird. Mit dieser Gespaltenheit ist freilich nicht die Akzeptierung der Andersartigkeit gemeint, sondern die Schöpfung männlicher Weiblichkeit. Es handelt sich also auch hier um eine Vorstellung von Eindeutigkeit, wie bei Weininger.

sterblichen[24] – der literarischen Figuren also.[25] *Antiterra* heißt der Planet, auf dem in *Ada oder Das Verlangen* die beiden Geschwister ihrer Leidenschaft nachgehen. *Antiterra* ist aber auch der Roman selbst: die fiktive Welt, der »Geschwisterplanet«[26], auf dem sich für Nabokov die eigentliche Wirklichkeit des 20. Jahrhunderts abspielt.

Warum ein solches Streben danach, die Wirklichkeit hinter der Imagination verschwinden zu lassen? Was gewinnt das Ich bei seiner Verwandlung in eine Fiktion? Die Sehnsucht, die Gesetze der Zeit zu durchbrechen und der Vergänglichkeit des Ichs einen Riegel vorzuschieben, durchzieht das gesamte Werk Nabokovs, und die Unsterblichkeit ist der Schlüssel zum Verständnis des schriftstellerischen Ichbildes, das Nabokov zeichnet, wie auch seiner literarischen Frauengestalten und der Liebesmythen, die er entwirft. »The I of the book cannot die in the book«, so hat er es einmal ausgedrückt.[27]

24 Nabokov 1922 in einem Essay über Rupert Brooke, zit.nach Felix Philip Ingold, »Der Autor und sein Held«, in: *Neue Zürcher Zeitung* (4.4.1986).
25 In der Einleitung zur *Kunst des Lesens* schreibt Nabokov: »Wir werden nach Kräften bemüht sein, nicht den Fehler zu begehen, in Romanen dem sogenannten realen Leben nachzuspüren. Unternehmen wir also gar nicht den Versuch, die Fiktion der Fakten mit den Fakten der Fiktion in Einklang zu bringen. Der *Don Quijote* ist ein Märchen, so wie *Bleak House* oder *Tote Seelen* auch. *Madame Bovary* und *Anna Karenina* sind ganz außerordentliche Märchen. Aber ohne diese Märchen wäre die Welt nicht real. Ein Meisterwerk der Fiktion ist eine originale Welt und als solche der Welt des Lesers schwerlich einzupassen. Anderseits – was ist dieses vielgepriesene 'reale' Leben, was sind diese soliden 'Fakten'? Sie werden uns verdächtig, sobald wir sehen, wie Biologen mit scharf geladenen Genen aufeinander losgehen oder zerstrittene Historiker ins Raufen kommen und sich im Staub der Jahrhunderte wälzen. Ob für den sogenannten Mann von der Straße das sogenannte 'reale' Leben nun aus der täglichen Zeitung besteht und aus den auf die Zahl 5 reduzierten Sinnen oder nicht, so ist zum Glück eines gewiß: Daß nämlich dieser Mann von der Straße selber ein Stück Fiktion ist – ein Konstrukt der Statistiken.« Vladimir Nabokov, *Die Kunst des Lesens: Cervantes' Don Quijote*, hg. von Fredson Bowers, mit einem Nachwort von Guy Davenport, aus dem Amerikanischen von Friedrich Polacovics, Frankfurt am Main 1985. – In *Sieh doch die Harlekins* sagt der Ich-Erzähler, ein Schriftsteller, der auf der Suche nach seiner Identität ist: »Ich wurde heimgesucht von einem traumartigen Gefühl, daß mein Leben eine Parodie sei, die minderwertige Variante eines anderen.« Und an anderer Stelle geht ihm durch den Kopf: »Es war mir vorher nie aufgefallen, daß historisch betrachtet Kunst, oder zuminderst Artefakte, der Natur vorausgegangen sind, nicht ihr gefolgt waren; aber genau dies geschah in meinem Fall.« Vladimir Nabokov, *Sieh doch die Harlekins,* Deutsch von Uwe Friesel, Reinbek b. Hamburg 1979, S. 270.
26 *Ada oder Das Verlangen*, S. 260.
27 Zit. nach Felix Philip Ingold, »Der Autor und sein Held« (Anm. 24). Der Spruch taucht (im Deutschen als Knüttelvers) wieder auf in dem (1974 erschienenen) Roman *Sieh doch die Harlekins*: »Das Ich / im Buch / stirbt nicht / im Buch«, vgl. S. 265. Der Ich-Erzähler in diesem Buch heißt mit Vornamen Wadim und kann sich gelegentlich nicht erinnern, ob er mit Familiennamen Naborro, Naborcroft oder Nablidse heißt.

Unsterblichkeitsstrategie:
The Eye of the Book Cannot Die in the Book

Weil Nabokov das »echte Ich« – man könnte auch sagen: das sichtbare Ich – zum Verschwinden bringen möchte, ist er auch ein virulenter Gegner der Psychoanalyse. Er läßt keine Gelegenheit ungenutzt, in seinen Texten eine Polemik gegen Sigmund Freud loszuwerden, den er mal als Dr. Froid, ein anderes Mal als Sigismond Lejoyeux tituliert. In *Ada oder Das Verlangen* ist sogar von einem Dr. Sig Heiler die Rede.[28] Kein Werk, in dem nicht beißende Kritik an den psychoanalytischen Texten geübt würde – die Nabokov aber offenbar eifrig gelesen hat.[29] Nabokovs Einwände gegen die Psychoanalyse richten sich vor allem gegen die Symbollehre. Da Träume und Bilder ebenso konkret seien wie zum Beispiel ein Bleistift könne das eine nicht als Allegorie für das andere dienen, so sagt er.[30] Doch der Hauptgrund für Nabokovs Kritik an der Psychoanalyse liegt *nicht* in der Symbollehre.

Nabokovs gesamtes Werk – und gerade dieser Liebesroman macht es deutlich – läßt sich als ein Gegenentwurf zu den Freudschen Lehren vom Unbewußten und seiner Funktionsweise verstehen. Nicht durch Zufall hat Nabokov, der in *Ada oder Das Verlangen* zwei Zeitrechnungen von etwa fünfzig Jahren Abstand einführt (ich verwies schon auf das filmische Stilmittel der Doppelbelichtung, der Übereinanderlegung von zwei verschiedenen Bildern und Zeitebenen), nicht durch Zufall hat Nabokov also in einer dieser beiden Zeitrechnungen den Beginn der Liebesgeschichte von Van und Ada um 1890 angesiedelt, in genau den Jahren also, in denen auch die *Studien zur Hysterie* erschienen und die Geburtsstunde der Psychoanalyse einläuteten. Seine *Ada* ist sozusagen der Gegenentwurf zum Modell *Anna O.*

Nicht nur Nabokovs erbitterte Feindschaft gegen die Psychoanalyse, auch die *Parallelen* zwischen seinem Werk und den psychoanalytischen Lehren verweisen auf eine Konkurrenzsituation. Die Parallele wird besonders deutlich, wenn man seine Schriften mit denen von Jacques Lacan vergleicht, der zwei Jahre nach Nabokov geboren, vier Jahre nach ihm gestorben, ebenfalls Mitte der 30er Jahre seine ersten größeren Texte veröffentlichte und der, wie Nabokov, ein Philosoph

---

28 *Ada oder Das Verlangen* (Anm. 3), S. 31.
29 Vgl. z.B. *Fahles Feuer* (Anm. 22), S. 293f.
30 Vgl. *Ada oder Das Verlangen* (Anm. 3), S. 276f.

der Sprache war: Auch er liebte es, mit der Doppelbedeutung von Worten zu jonglieren, die Vieldeutigkeit der Sprache bis in die Nuancen auszukosten; und auch er betrachtete die Sprache als die Macht, die über die Funktionsweise des Unbewußten und die sexuelle Identität des Einzelnen, der Einzelnen bestimmt.[31] Trotz vieler Parallelen gibt es aber einige Unterschiede zwischen den beiden Sprachakrobaten: Ist Nabokovs Sprache wie die der Filmbilder strukturiert, so sagte Lacan, daß die Bilder des Unbewußten »wie eine Sprache strukturiert« seien.[32]

In der schon erwähnten Erzählung *Der Späher*, die Nabokov 1930 in Berlin schrieb, nimmt sich der Ich-Erzähler das Leben, um fortan als Auge weiterzuleben. Wen beobachtet das Auge? Sich selbst natürlich, der als Smurow weiterhin unter den Lebenden weilt, und dessen »Geheimnis« der Ich-Erzähler zu ergründen sucht. »The Eye« heißt die Erzählung auf englisch – wie das Auge, wie das Ich. Nachdem das Auge schließlich mit Smurow wieder verschmolzen ist – im Spiegel eines Blumenladens (in dem der Ich-Erzähler Blumen besorgte, um endgültig Abschied zu nehmen von einer »eingebildeten« Liebe) – kommt das Ich zur Erkenntnis, daß es Smurows »Geheimnis« – das Geheimnis seiner Herkunft – nie wird ergründen könnnen.

> Denn es gibt mich nicht: Es gibt nur tausende von Spiegeln, die mich reflektieren. Mit jeder neuen Bekanntschaft wächst die Population der Phantome, die mir ähneln. Irgendwo leben sie, irgendwo vermehren sie sich. Ich alleine existiere nicht. Smurow indessen wird es noch lange geben.[33]

Diese Beschreibung weist eine bemerkenswerte Nähe zu den Lacan'schen Lehren vom »Spiegelstadium« auf (die er zuerst 1936 in Marienbad verkündete, also fast zeitgleich mit Nabokovs Erzählung),

---

31 »Es gibt die Frau nur unter Ausschluß der Natur der Dinge, die die Natur der Worte ist, und man muß sagen, wenn es etwas gibt, worüber sie sich im Moment ziemlich beklagen, so eben darüber. Nur, sie wissen nicht, was sie sagen, das eben ist der Unterschied zwischen ihnen und mir. [...] Das sexuelle Sein der nicht-vollständigen Frau entsteht nicht über den Körper, sondern über die Logik der Sprache. Denn die Logik, diese Kohärenz, die in der Tatsache begründet ist, daß es die Sprache gibt, befindet sich außerhalb der Körper, die sie agiert. Kurz: Der Andere, der sich, wenn man so sagen kann, als sexuelles Wesen inkarniert, fordert jede einzeln.« Jacques Lacan, »Dieu et la jouissance de (la) femme«, in: *Le Séminaire XX*, Paris 1975, S. 68.
32 Jacques Lacan, »Funktion und Feld des Sprechens und der Sprache in der Psychoanalyse«, übers. von Klaus Laermann, in: *Schriften*, Bd. 1, Frankfurt am Main 1975, S. 100.
33 *Der Späher* (Anm. 13), S. 122.

laut denen sich das Ich aus den Funktionen, Verkennungen und Idealisierungen der anderen zusammensetze.[34] Dennoch gibt es einen entscheidenden Unterschied: Sagt Lacan, für die Imagination, für das Unbewußte gibt es den Anderen nicht, so setzt Nabokov dagegen, daß das Ich sogar der Schöpfer des Anderen sei. Denn ebenso wie sich das Ich aus den Projektionen der anderen zusammensetze, vermöge auch das Auge – oder das Ich – seinerseits die Spiegelbilder der anderen beliebig zu arrangieren, neu zu ordnen, gleich einem Kinoregisseur zu den Schatten seiner Phantasien zu machen. Im *Späher* heißt es an einer Stelle:

> Nutzlos, es zu verhehlen – alle diese Leute, die ich kennengelernt hatte, waren keine lebenden Wesen, sondern nur Smurows zufällige Spiegel [...] Wann immer es mir beliebt, kann ich die Bewegung all dieser Menschen beschleunigen oder lächerlich verlangsamen, kann sie zu verschiedenen Gruppen anordnen, zu diversen Mustern arrangieren, sie bald von unten, bald von der Seite anstrahlen [...] Für mich ist ihr ganzes Dasein nichts gewesen als ein Schimmer auf der Leinwand.[35]

---

34 Am 31. Juli 1936 hielt Jacques Lacan auf dem Internationalen Psychoanalytischen Kongreß in Marienbad einen Vortrag unter dem Titel »Le Stade du Miroir« (Das Spiegelstadium). Er greift das Thema 1949 auf dem XVI. Internationalen Psychoanalytischen Kongreß in Zürich wieder auf unter dem Titel: »*Le stade du miroir* comme formation de la fonction du *je*« (Das Spiegelstadium als Funktion der »Ich«bildung), vgl. *Revue Française de psychanalyse* (1949), S. 449ff. Die Thesen Lacans lauten, vereinfachend zusammengefaßt: Ein Kind von sechs Monaten, das sich im Spiegel sieht, glaubt das Spiegelbild sei ein anderer. In einem späteren Stadium aber erkennt das Kind, daß es sich bei dem Spiegelbild um ein Abbild seiner selbst handelt. Diese primäre Identifikation des Kindes mit seinem Spiegel bildet die Grundlage aller anderen Identifikationen. Sie ist »dual«, reduziert auf den Körper des Kindes und seine Abbildung und, wie Lacan sagt, zugleich *imaginär*. Denn das Kind identifiziert sich mit einem Doppelgänger seiner selbst: mit einem Bild, das nicht es selbst ist, ihm aber erlaubt, sich zu erkennen. Die Ich-Konstitution besteht also aus einem Vorgang, der zugleich die Erkenntnis und Konstitution des Selbst beinhaltet wie auch eine »Entfremdung«, die Unterwerfung des Kindes unter das eigene Abbild.
35 *Der Späher* (Anm. 13), S. 107f.

Unsterblichkeitsstrategie 2:
die Verwandlung der Erinnerung in eine Fiktion

Noch eines erinnert an die Psychoanalyse: In Nabokovs gesamtem Werk geht es um Erinnerungsarbeit – wie auch in der Psychoanalyse, nur unter umgekehrten Vorzeichen. Nabokov interessiert sich nicht für die Aufdeckung realer Erinnerungen, sondern ihm geht es um die Verwandlung von Erinnerung in eine Fiktion. Die Verwandlung der Erinnerung in eine Fiktion ist die Voraussetzung für das Verschwinden des Ichs hinter einem erdachten Gebilde.

Die Arbeit der Imagination, durch die die reale Erinnerung in eine Fiktion verwandelt wird, dient für Nabokov dem Ziel, aus Vergänglichkeit eine immerwährende Gegenwart zu machen. Sagt Lacan: »Die Amnesie der Verdrängung ist eine der lebendigsten Formen des Gedächtnisses«[36], so beruft er sich auf reale Erinnerungen und deren Fortbestehen im Unbewußten. Das Credo eines Nabokov lautet genau umgekehrt: Die Verwandlung der Erinnerung in eine Fiktion ist die sicherste Methode, der Vergänglichkeit des Ichs einen Streich zu spielen:

> Ein Gefühl von Sicherheit, Wohlbehagen und Sommerwärme durchdringt meine Erinnerung. Jene robuste Wirklichkeit macht die Gegenwart zu einem bloßen Schemen. Der Spiegel strömt über vor Helligkeit; eine Hummel ist hereingekommen und stößt gegen die Decke. Alles ist, wie es sein sollte, nichts wird sich je ändern, niemand wird jemals sterben.[37]

Vor allem im Roman *Ada oder Das Verlangen*, dessen Handlung in einem imaginären Land spielt, wo die Ortsnamen wie die Teilnehmerliste einer russisch-amerikanischen Abrüstungskonferenz klingen (der Roman endet um 1940, dem Jahr, in dem sich Nabokov in Amerika niederließ) – vor allem in diesem großen Roman einer Liebesleidenschaft zwischen Geschwistern fließen die ganzen realen Erinnerungen zu einer vollkommenen Fiktion zusammen: Aus Nabokovs verlorener Kindheit wird das Liebesglück von Van und Ada. In Ada, dieser schönsten aller Frauen, wird die Vergangenheit zu einem »glittering now«,

---

36 Jacques Lacan, »Funktion und Feld des Sprechens und der Sprache in der Psychoanalyse« (Anm. 32), S. 100.
37 *Sprich, Erinnerung, Sprich* (Anm. 4), S. 75.

wie es im Roman heißt. Nabokov macht aus dem Mythos der Geschwisterliebe, dem Mythos einer Liebe zwischen Gleichen, auch einen Mythos der Gleichzeitigkeit von Vergangenheit und Gegenwart. »Als Liebende *und* Geschwister«, sagt Ada zu Van, »haben wir eine doppelte Chance, in Ewigkeit, in Terrakeit zusammenzubleiben. Vier Augenpaare im Paradies.«[38] Ada ist übrigens – wie Nabokov selbst, der sich als Lepidopterologe einen Namen gemacht hat – Insektensammlerin: ein »scient« des »insect«, was wiederum nur ein Anagramm für »incest« darstellt – und der ist, so teilt uns Nabokov mit, »nicest«.

Unsterblichkeitsstrategie 3: Das gespaltene Ich

Es wurde schon darauf verwiesen, daß der Topos des Geschwisterinzests eine Art säkularer Religion darstellt. Auch aus diesem Grund ist es nicht erstaunlich, daß Nabokov dieses Liebesmotiv aufgegriffen hat. Für ihn, er hat es wiederholt gesagt, gleicht der Schriftsteller Gott: Er sei allmächtig, weil er einen Kosmos erschaffe, in dem alle Figuren nach seinen Gesetzen zu leben haben.[39]

Die Gleichsetzung des Schriftstellers mit Gott ist nicht neu. Neu ist aber die Tatsache, daß der Künstler seine Allmacht aus genau dem be-

---

38 *Ada oder Das Verlangen* (Anm. 3), S. 444.
39 »Meine Helden sind Galeerensklaven«, sagte Nabokov einmal in einem Interview: »Jede Figur folgt dem Kurs, den ich ihr weise. Ich bin der perfekte Diktator in dieser privaten Welt, denn ich alleine trage die Verantwortung für ihre Stabilität und Wahrhaftigkeit [...].« Zit. nach Felix Philip Ingold, »Der Autor und sein Held« (Anm. 24). – Von Tolstoi (den er sehr bewunderte) sagt Nabokov: »Hier ist es nun eigentümlich zu sehen, daß Tolstoi, der sich stets seiner eigenen Person bewußt war, der immer wieder in das Leben seiner Gestalten eingriff und beständig den Leser ansprach, als Autor in den bedeutenden Kapiteln, die seine Meisterwerke ausmachen, unsichtbar ist, so daß er jenes leidenschaftslose Ideal erreicht, das Flaubert jedem Autor so entschlossen abforderte: unsichtbar zu sein und überall zu sein wie Gott in seiner Welt.« Vladimir Nabokov, *Die Kunst des Lesens: Meisterwerke der russischen Literatur*, hg. von Fredson Bowers, aus dem Amerikanischen von Karl A. Klewer, Frankfurt am Main, 1984, S. 207. An einer anderen Stelle in demselben Band schreibt er: »Göttlich ist ein Kunstwerk, weil der Mensch dadurch Gott am nächsten kommt, daß er aus eigenem Vermögen ein wahrer Schöpfer wird.« Und Nabokov bezieht das keineswegs nur auf die Gestalten des Werkes, sondern auch auf die Gestalt des Lesers, der »bewundernswert« sei, »weil er jede Einzelheit des Textes in sich aufnimmt und versteht, sich an dem freut, woran er sich nach dem Willen des Autors freuen soll; er strahlt innerlich und äußerlich, wird begeistert von den Zauberbildern des Meisterfälschers, der Phantasie des Fälschers, des Magiers, des Künstlers. Von allen Gestalten, die ein großer Künstler schafft, sind seine Leser die besten.« (S. 39)

zieht, was bis ins 20. Jahrhundert hinein als Schwäche, als Unvollständigkeit gewertet wurde und noch wird: aus der Gespaltenheit des Ichs, aus der Tatsache, daß sich das Ich aus unzähligen Spiegelbildern zusammensetzt und als Einheit gar nicht existiert.[40] Nabokov, dessen Biographie ihn zu einem der vielen Entwurzelten dieses Jahrhunderts machte, der heimatlose Nabokov, dem die Geschichte der Neuzeit eine gespaltene Identität und die perfekte Zweisprachigkeit abverlangte, der Schriftsteller Nabokov also macht aus dem »shattered self« Ich-Stärke, ja sogar Omnipotenz. Sein Roman-Gedicht *Fahles Feuer* besteht aus vier »Gesängen«, in denen der Dichter John Shade – Nabokovs Schatten – seine Versuche beschreibt, das Dunkel zu erhellen, das über dem Leben nach dem Tod liegt. Seine »Gesänge« sind versehen mit den ausführlichen Anmerkungen eines Ich-Erzählers, der vorgibt, John Shade gut gekannt zu haben. Es handelt sich also auch in diesem Werk, wie im *Späher*, um die Beschreibung einer Ich-Spaltung: Der Schriftsteller Nabokov läßt einen Dichter in Ich-Form erzählen, der wiederum von einem anderen Dichter in Ich-Form kommentiert wird. Etwa so: John Shade versucht, dem Tod ein logisches Schnippchen zu schlagen, indem er sagt: »Andere Leute sterben, ich jedoch/ Bin kein anderer; also sterb ich nicht.« Daraufhin kommentiert der andere Dichter: »Dies mag einem Knaben gefallen. Später lehrt uns das Leben, daß *wir* diese 'anderen' sind.«[41] Nabokov aber wird auf diese Weise zum »anderen« seiner selbst.[42] Aus eben dieser Gespaltenheit bezieht er aber wiederum seine Vorstellung von der Omnipotenz des Schriftstellers.

40 Dieser Wandel von einer Omnipotenz-Vorstellung, die auf »Eindeutigkeit« beruht zu einer Allmachts-Vorstellung, die auf Gespaltenheit, »Ichlosigkeit« im Sinne von mangelnder Identität beruht – dieser Wandel also weist eine bemerkenswerte Ähnlichkeit zum Wandel des hysterischen Krankheitsbildes auf: Bezeichneten die Nosologen einst jene als »hysterisch«, die sich der herrschenden Norm widersetzten, so sieht die Nosologie des 20. Jahrhunderts in der Hysterie eine Krankheit der Angepaßtheit, der »Ichlosigkeit«. Vgl. Christina von Braun, *Nicht ich: Logik Lüge Libido*, Frankfurt am Main 1985, 1. Kapitel: »Die Hysteriker und ihre Therapeuten«. – Die Ähnlichkeit und Zeitgleichheit beim Wandel von Omnipotenzbild und Krankheitsbild hängt zweifellos mit den Phantasien von Zweigeschlechtlichkeit zusammen, die die Hysterie seit der Aufklärung begleitet haben – vor allem die männliche Hysterie, die sich im 19. Jahrhundert unter Künstlern und Schriftstellern besonderer Beliebtheit erfreute.
41 *Fahles Feuer* (Anm. 22), S. 42 und S. 176.
42 Es scheint beinahe, als werde das Thema der Alterität, der Fremdheit im Ich, nicht nur zu einem der Leitthemen der Literatur sondern auch der Philosophie des ausgehenden 20. Jahrhunderts. Vgl. Tzvetan Todorov, *Nous et les autres: La réflexion française sur la diversité humaine*, Paris 1989 (eine eher historische Betrachtung des Themas), und Julia Kristeva, *Etrangers à nous-mêmes*, Paris 1988.

Diese Demontage und Rekonstruktion der schriftstellerischen Allmacht spiegelt sich auch im Wandel des Inzestmotivs wider. Bei vielen Autoren, die Anfang des 20. Jahrhunderts das Motiv des Geschwisterinzests behandelt haben – Robert Musil, Frank Thiess zum Beispiel – taucht die platonische Sage von den zwei Hälften auf, die einander suchen, um miteinander wieder »ganz« zu werden.[43] Ganz anders bei Nabokov: Die Spaltung des Ichs wird zur conditio sine qua non der »Vollständigkeit«. Die Allmacht des Ichs – und mit ihm das Begehren – entstehen durch die Teilung in zwei (beinahe) identische Hälften: Bruder und Schwester. Verbarg sich einst hinter dem literarischen Topos der Geschwisterliebe ein Ideal der Vereinigung, so ist es nunmehr symptomatisch für ein Ideal der Vervielfachung des einen, vergleichbar nicht durch Zufall, dem Kloning.

Dennoch ist hier eine andere Phantasie am Werke als die, die der Gentechnologie zugrundeliegt. Denn während hinter dem Kloning das Wunschbild einer ewig zu wiederholenden Reproduktion desselben steht, handelt es sich hier, in der Literatur, um die Produktion des *Anderen*, der Alterität. Ada ist Frau und zugleich Literatur, Sprache, das Irreale – der »andere Zustand«, nach dem auch schon Ulrich und Agathe, die Geschwister in Musils *Mann ohne Eigenschaften* suchten. In beiden Fällen hat die Literatur das Erbe der Religion angetreten. Aber während Musils Kinder zueinander streben, um die Erfahrung der *unio mystica* zu machen, zeugt Nabokov Kinder – literarische Frauenfiguren wie Ada oder Lolita –, um die *Desunion, die Andersartigkeit* zu erzeugen. Freilich: eine Andersartigkeit vom eigenen Blute: Der Name »Ada« verweist auch auf den Mythos von Adam, dieses Geschöpf Gottes, das durch Zweiteilung zu Mann und Frau wurde. Mit Ada und Adam werden Mann und Frau nun wieder eins – aber nicht weil sie zusammengefügt sind, sondern weil sich ihre Zweiheit als Gleichheit er-

---

43 Vgl. den Aufsatz »Die Blutschande – Wandlungen eines Begriffs« (Anm. 7). In der zeitgenössischen irischen Literatur (die man auch als eine Literatur der Selbstbehauptung und der Auflehnung gegen die kulturelle und sprachliche Entfremdung betrachten kann) spielt das Inzestthema kaum eine Rolle. In einem Roman taucht es dennoch auf – und hier auch im Sinne des »Wiederfindens«. John Banvilles *Birchwood* (London 1984) handelt von der Geschichte eines Jungen, der während des Bürgerkriegs und den Aufständen gegen die Engländer aufwächst und in dieser unruhigen Zeit im besetzten Irland seine »Identität« zu begreifen versucht. Allmählich kommt es dahinter, daß er nicht das Kind der Frau ist, die er für seine Mutter hielt, sondern der Schwester seines Vaters. Er flieht von zu Hause und schließt sich einem Wanderzirkus an, in der Hoffnung, seine verschollene Zwillingsschwester wiederzufinden.

weist. Der Sündenfall wird aufgehoben durch die Ununterscheidbarkeit der beiden. So steht der Rückkehr der Menschheit ins Paradies nichts mehr im Wege.

Letzte Unsterblichkeitsstrategie:
Die Frau im Buch darf nicht sterben im Buch

Die Tatsache, daß *Ada* die Alterität – eine selbsterzeugte Alterität – darstellt, erklärt das Verschwinden der Tragödie aus dem Inzestmotiv: War für die Schwestern einst die Vereinigung gleichbedeutend mit dem physischen oder psychischen Tod, mußten sie ihr Ich auf dem Altar des Wir opfern, so dürfen, ja sollen sie sich nunmehr, (da sie die Erfindung des Schriftstellers »verkörpern«) bester Gesundheit und der Erfüllung jeglicher Liebessehnsucht erfreuen.

Die Funktion, die den Frauengestalten in Nabokovs Werk zugewiesen wird, ist mit dem Wort »Projektionsfigur« nicht beizukommen. Die Frauen sind seine Schöpfung und seine Geliebten zugleich. Der Liebesakt gleicht der Schöpfung von literarischen Werken, und er besteht darin, das Objekt der Liebe zu zeugen: die Erzählung, den Roman, die durch Frauengestalten wie Lolita oder Ada personifiziert werden. Nabokov hat den Vorgang im *Zauberer* anschaulich dargestellt: einer Erzählung, die im Herbst 1939 entstand und in der er zum ersten Mal das Motiv der *Lolita* aufgreift.[44] In dieser Erzählung überkommt einen Mann von etwa vierzig Jahren mit bürgerlichem Beruf die leidenschaftliche Begierde beim Anblick von zehn- bis zwölfjährigen Mädchen, von ihm »Nymphchen« genannt. Besonders ein veilchenblau gekleidetes Mädchen auf Rollschuhen, dem er in einem Park begegnet, tut es ihm an. Er sieht das Mädchen, und es erscheint ihm, »als hätte er sie auf der Stelle, gleich im allerersten Moment ganz und gar, von Kopf bis Fuß in sich aufgenommen«. Dieser Verschlingung folgt die »Zeugung« des Mädchens – und die löst eine sexuelle Begierde aus, bei der, so heißt es im Text, »die Welle der Vaterschaft« mit »der Welle geschlechtlicher Liebe« verschmilzt. Um seiner »Nymphe« näher zu sein, heiratet der Mann die (todkranke) Mutter des Mädchens, die ihm auch bald den Gefallen tut zu sterben. Der Zauberer hat nun sein Ziel

---

44 Vladimir Nabokov, *Der Zauberer*, aus dem Englischen von Dieter E. Zimmer, Reinbek b. Hamburg 1987, für die folgenden Zitate vgl. S. 13, 39, 92.

erreicht: Er ist der »Vater« des Kindes, und schon die erste Nacht ihres neuen Zusammenlebens verbringt er mit ihm im Doppelbett eines Hotels. Dort kommt es zur Katastrophe. Die Erzählung, die auch die Studie eines Wahns, gesehen durch die Augen des Wahnsinnigen darstellt, endet damit, daß sich der *Zauberer* unter einen vorbeidonnernden Lastwagen wirft. Die letzten Worte lauten: »und der Film des Lebens war gerissen«.

Wie auch in *Lolita*, hat das Begehren, von dem hier die Rede ist, nichts mit Zweisamkeit zu tun: Das junge Mädchen begehrt nicht selbst, und es wird auch nur begehrt, weil es die Schöpfung des »Zauberers« ist, sein Alter ego. Es ist gleichsam die personifizierte Fiktion. In ihm begehrt der Schriftsteller seine eigene Schöpfung. Mit dieser »Schwester«, seinem »Kind, seinem Reim« feiert der Schriftsteller eine hocherotische Hochzeit, die die Realität der physischen Sinnlichkeit weit in den Schatten stellt.[45] Sagt Lacan: »Sie mögen denken, daß ich an Gott glaube; ich glaube an die Sinneslust der Frau«[46], so verkündet Nabokov:

> [...] die Bücher, die man liebt, muß man auch mit Seufzen und Schaudern lesen. Lassen Sie mich folgenden praktischen Vorschlag machen. Man darf Literatur, wahre Literatur, nicht wie einen Heiltrank hinunterstürzen, der gut für Herz oder Hirn ist – Hirn, dieser Magen der Seele. Literatur muß man zerlegen, zerstückeln, zerquetschen, um ihren lieblichen Duft in der hohlen Hand wahrnehmen zu können. Nur wer sie gründlich kaut und voll Entzücken auf der Zunge rollt und zergehen läßt, erlebt ihr seltenes Aroma in seinem wahren Wert und dann fügen sich ihm auch die einzelnen Teile im Geist wieder zusammen und enthüllen die Schönheit eines Ganzen, zu dem man ein wenig von seinem eigenen Blut gegeben hat.[47]

---

45 Maurice Couturier schreibt zu Nabokovs Romankunst: »So wie Nabokovs Roman konzipiert ist, stellt er ein stummes Kunstobjekt dar; er 'redet' nicht, ebenso wie ein Bild, er liefert keinen Diskurs. Er redet nicht, weil es in diesem Roman keine Trennung mehr gibt zwischen dem, was Sprache und dem, was nicht die Sprache ist. Er ist ein Objekt, das sich über eine Sinnlichkeit, die an die Sprache gebunden ist, auf machtvolle Weise an unsere Imagination wendet und über diese wiederum, in einem seltsamen Vorgang, an unsere Sinne.« Maurice Couturier, zit. nach Felix Philipp Ingold, »Der eine und der andere Nabokov«, in: *Neue Zürcher Zeitung* (9.1.1981).
46 Jacques Lacan, »Dieu et la jouissance de (la) femme« (Anm. 31), S. 71.
47 *Die Kunst des Lesens,* (Anm. 39), S. 158f.

Mit seiner Romanfigur Ada hat Nabokov »von seinem eigenen Blut« gegeben. So nimmt es nicht wunder, daß dieser Liebesroman auch von einer Geschwisterliebe handelt, von einem Paar, das mit dem »eigenen Blut« verkehrt.

Obgleich wir auch der Gestalt der Ada im Alter von zwölf Jahren begegnen, unterscheidet sie sich grundlegend von den Frauengestalten der Lolita oder dem veilchenblauen Mädchen. Denn im Gegensatz zu diesen wächst Ada zu einer reifen Frau heran. Vor allem aber: Während es im *Zauberer* oder im Roman *Lolita* eindeutig ist, daß es nur einen Liebenden gibt, nämlich den älteren Mann, wird der Frauengestalt in *Ada oder Das Verlangen* eine eigene Leidenschaftlichkeit und eine eigene Liebesfähigkeit zugewiesen. Daß jedoch auch mit dieser Frauengestalt nur die Selbstliebe gemeint ist, darauf verweisen eine Reihe von Eigenschaften Adas. Vans Geliebte zeichnet sich durch eine unglaubliche Schönheit aus, einen unglaublichen sexuellen Appetit, einen unglaublich hohen IQ (er beträgt zweihundert, wird an einer Stelle des Romans präzisiert). Außerdem lebt sie in unglaublichem Wohlstand. Mehr noch: Die beiden Geschwister sind steril. Sie können keine Kinder bekommen, aus Gründen, die nicht näher erläutert werden, aber mit »einer alten Krankheit« zusammenhängen, über die man, so heißt es, in einer »Familienchronik« besser schweige.[48]

Diese Sterilität erhöht ihrerseits die »Übersinnlichkeit« der beiden Figuren – »Übersinnlichkeit« im Sinne von »überlegener Sinnlichkeit«, aber auch im Sinne eines quasi-religiösen Anspruches auf »Auserwähltheit«, wie er in der Literatur dieses Liebesmotivs häufig auftaucht. Die Sterilität verschafft diesen beiden Geschwistern, und mit ihnen auch ihrer Liebesgeschichte, Zeitlosigkeit und Unwirklichkeit. Durch sie verlieren die Liebenden jeglichen Bezug zur Realität. Sie werden zu »echten Kunstwerken«, die sich als Schöpfungen nicht verselbständigen – keine eigenen Kinder zeugen – können. Sie werden zu den Garanten einer »reglosen Zeit«, einer immerwährenden Gegenwart.

Nur in einer Beziehung versagt Ada völlig: Sie ist eine miserable, drittklassige Schauspielerin. Tatsächlich verbietet es die »Echtheit« des »Kunstwerks«, das sie darstellt, sie als Meisterin der Simulation in Erscheinung treten zu lassen; sie darf nicht als Abbild, als »Schatten« er-

---

48 *Ada oder Das Verlangen* (Anm. 3), S. 299f.

kennbar werden. Aus demselben Grund unterscheidet sich Ada auch von den Mädchenfrauen des fin de siècle, an die sie ihrem Aussehen nach erinnert – der schmale Körper, das wallende dunkle Haar: Man meint, die Frauengestalten eines Fernand Khnoppf, eines Gustav Klimt oder eines Franz Stuck vor sich zu sehen. »Jeune fille fatale« wird Ada an einer Stelle des Romans von ihrem Vater genannt.[49] Obgleich Ada also diesem fragilen, verführerischen Frauentypus der Jahrhundertwende ähnelt, umgibt sie doch eine völlig andere Aura des Begehrens als die Lulus und Salomes: Weder treibt Ada ihren Geliebten ins Verderben, noch braucht sie selbst den Tod zu erleiden. Überhaupt fehlt dem Roman *Ada oder Das Verlangen* jegliches Element der Tragödie. Es ist eine glückliche Liebesgeschichte, in der ohne Unterlaß die Sonne scheint, die Blumen immer in Blüte stehen und alle Orte des Geschehens, auch die Bordelle, von erlesenem Geschmack sind. Vor allem aber: Der Roman stellt eine Liebesgeschichte mit happy end dar, und eben diese Anhäufung von Glück und Erfüllung verleiht ihm auch etwas Beklemmendes. Der Roman nimmt die Gestalt eines totalitären Kosmos an, er erweist sich als ein Paradies der »Erfüllung«, aus dem es kein Entrinnen gibt – schon gar nicht für die Frauen, die zur »Lust« verurteilt sind.

Literatur als Schöpfung von Alterität

Das Beispiel von Nabokov und anderen großen Schriftstellern verdeutlicht, daß sich mit der Literatur – und dem Begehren – im 20. Jahrhundert ein Wandel vollzogen hat – ein Wandel, der sich im schriftstellerischen Selbstbild, aber auch in der Literatur selbst niedergeschlagen hat. Betrachtete sich der Künstler einst als einen Fremden, der in der Kunst oder der geschriebenen Sprache seine Heimat suchte, so ist es heute die Heimat, die den Schriftsteller bedrängt. Es scheint beinahe, als dienten Literatur und künstlerisches Schaffen im 20. Jahrhundert der »Auswanderung« in die Fremde, der Entfremdung – im Sinne einer Fabrikation von Fremdheit. In der Literatur (und Philosophie) keines anderen Zeitalters haben Ironie (die Entfremdung schlechthin) und das Spiel mit der Doppelbedeutung von Worten, dem Doppelsinn und der

---

49 Ebd., S. 188.

Zweideutigkeit der Sprache eine solchen Raum eingenommen wie in der des 20. Jahrhunderts.[50]

Besonders deutlich zeigt sich dieses Bedürfnis nach Entfremdung bei Joyce zum Beispiel, der der englischen Sprache jegliche Sicherheit entzogen und der Literatur die Gemütlichkeit des Frankfurter Flughafens verliehen hat. »Joyce«, so sagt der irische Dichter John Montague, »ist unsere Rache an den Engländern, die Irland ihre Sprache und ihre Kultur aufgezwungen haben. Er nahm ihre Sprache und zerfetzte sie.«[51] Beckett schreibt zunächst auf französisch, um der Vertrautheit der englischen Sprache zu entkommen; und als ihm das Französische wiederum zu vertraut ist, sucht er wieder im Englischen die Entfremdung. Ähnlich Nabokov: Als russischer Schriftsteller hat er mühsam die englische Sprache erobern müssen. Doch als er sich in der englischen Sprache heimatlich zu fühlen beginnt, verläßt er Amerika. In Montreux läßt er sich nieder: in der Mitte zwischen Ost und West, zwischen allen Stühlen. Er lebt im Hotel – dem Ort der Fremde schlechthin – und schreibt dort seinen großen Liebesroman *Ada*[52.]

In der Schweiz beendet auch das greise Liebespaar des Romans, Van und Ada, seine Tage. Bei Nabokov wird also aus dem Topos der Ge-

---

50 Es ist natürlich unbestreitbar, daß diese Tradition auch schon in der Romantik eine wichtige Rolle spielt: »Die Kunst, auf eine angenehme Art zu befremden, einen Gegenstand fremd zu machen und doch bekannt und anziehend, das ist die romantische Poetik«, sagte Novalis. Novalis: *Werke*, hg. von Gerhard Schulz, München 1969, S. 561. Schulz schreibt dazu: »Die Romantiker sind die Entdecker der Entfremdung des Menschen vom Menschen«. (Gerhard Schulz, »Der Fremdling und die Blaue Blume«, zur Novalis-Rezeption, in: *Romantik heute*, Bonn 1972, S. 42). Aber während in der Romantik das »Symphilosophieren« und die »Harmonie«, hinter der sich die Bemühung verbarg, die Andersartigkeit zum Verschwinden zu bringen – vgl. Christina von Braun, »Männliche Hysterie – weibliche Askese: Zum Paradigmenwechsel der Geschlechterrollen«, in: *Die schamlose Schönheit des Vergangenen* (Anm. 7) –, während also in der Romantik das Ideal der Vereinigung der beiden geteilten Hälften noch eine wichtige Rolle spielte, scheint sich die Literatur des 20. Jahrhunderts zunehmend auf das Ideal der *Erzeugung* von Andersartigkeit zu verlegen. Ein Beweis, falls es dessen noch bedarf, für den Untergang der Andersartigkeit.
51 John Montague, in: Christina von Braun, »Die eingepflanzte Zunge«, in: *Zeitgenössische Irische Literatur*, Film in drei Folgen, Saarbrücken 1986, Teil 2.
52 »Ada« heißt übrigens auch eine Computersprache, die das Pentagon in den sechziger Jahren – also in der Zeit, in der auch Nabokovs Roman entstand – entwickelte, um die Geheimdaten der amerikanischen Abwehr gegen östliche Spionage zu sichern. Benannt ist diese Computersprache interessanterweise nach Byrons Tochter Ada, die ein mathematisches Genie gewesen sein muß und an der Entwicklung der ersten Rechenmaschine beteiligt war. Vgl. Jack B. Rochester / John Gantz: *Der nackte Computer*, Köln 1984; siehe auch Joseph Weizenbaum, »Wir sitzen auf einem Vulkan«, Interview mit Karl-Heinz Karisch, in: *Frankfurter Rundschau*, (10.11.1988).

schwisterliebe, hinter dem sich einst ein Liebesmythos der Vereinigung und der Heimat verbarg (so besonders in Deutschland[53]), ein Motiv der Fremde: einer Fremde, die sich im fiktiven Ich und einer ebenso fiktiven Alterität ansiedelt.

Kein Beispiel zeigt so deutlich wie das von Nabokov, daß die Suche in der modernen Literatur und Kunst nach der Entfremdung auch mit einem Wandel des Begehrens einhergeht. Nabokovs Werk bietet einen Schlüssel zum Verständnis des Wandels, der sich im Verhältnis der Geschlechter vollzogen hat und heute, im ausgehenden 20. Jahrhundert, auch in anderen Werken zutage tritt.

In Schwestern ertrinken

Was bedeutet nun aber ein solcher Liebesmythos, in dem das Begehren nur durch die immer wieder erneute »Zeugung« von Frauen »des eigenen Blutes« zustandekommen kann – was besagt dieser Liebesmythos für die profane Liebe der Geschlechter? Auf diese Frage möchte ich kurz mit einigen Thesen antworten.

Dieser Liebesmythos spiegelt nicht die Abwendung vom realen Begehren wider, sondern einzig das Verschwinden der realen Personen, auf die sich das Begehren richtet. So erklärt sich einerseits die Tatsache, daß Nabokov, wie er selbst sagt, ein generelles »Vorurteil gegen weibliche Autoren« hegt.[54] Es ist tatsächlich nicht erstaunlich, daß ausgerechnet Nabokov, der »Dichter der Liebe«[55], Abneigung gegen die schriftstellerische Tätigkeit von Frauen empfand. Da das Schreiben für ihn den eigentlichen Liebesakt darstellt – einen Liebesakt, der in der »Erzeugung« des Liebesobjekts besteht – können reale Geliebte nur als

---

53 Frank Thiess, *Die Verdammten* (1922), Berlin o.J. Der Roman ist sehr aufschlußreich was den Zusammenhang zwischen Inzest und arischer Blutmythologie betrifft. Vgl. Christina von Braun, »Die Blutschande – Wandlungen eines Begriffs« (Anm. 7).
54 Vladimir Nabokov, *Die Kunst des Lesens* (Anm. 39), S. 12.
55 *Frankfurter Allgemeine Zeitung* (5.7.1977); dort wird er auch »einer der größten Erotiker unseres Jahrhunderts« genannt. Werner Vordtriede über *Ada oder Das Verlangen*: »Der sinnlichste, schamloseste, poetischste, amüsanteste Liebesroman der neueren Zeit«, in: *Die Zeit* (13.9.1974). Marcel Reich-Ranicki zu *Lolita* und *Der Zauberer*: »Wollust, Hörigkeit, Liebe«, in: *Frankfurter Allgemeine Zeitung* (6.10.1987). Joachim Kaiser: »Nabokovs sinnliche Romanlabyrinthe« (zum Tod des Schriftstellers), in: *Die Süddeutsche Zeitung* (5.7.1977), usf. usf.

störend empfunden werden. Vor allem dann, wenn sie selber schreiben. Wenn sie Künstlerinnen sind, statt Kunstwerke zu sein, Schöpferinnen statt Schöpfungen.

Aber auch auf einer anderen Ebene – und die erscheint mir erheblich wichtiger – geraten die Frauen, vor allem Künstlerinnen – Frauen, die sich ihrer Verwandlung in ein Kunstwerk widersetzen – in Konflikt mit den Gestalten der *Adas* und ihren Schöpfern. Denn ihre Alterität, der Ort ihrer Selbstbehauptung ist besetzt von der Andersartigkeit, die das männliche Ich als Alterität »vom eigenen Blut« entworfen hat: als Schwester, als Personifizierung der eigenen – männlichen – Schöpfung, die sich in Frauenbildern inkarniert. Das bedeutet aber, daß die Ich-Entwürfe der sexuell und intellektuell emanzipierten Frau immer weniger von ihren Schwestern, den Ich-Entwürfen männlicher Autoren und Künstler, zu unterscheiden sind. Mehr noch: Durch das Schreiben selbst, durch jeden Akt der Emanzipation und mit jedem Ausdruck des Begehrens – also auch durch ihre schöpferische Arbeit – liefern diese Frauen mit ihrem Leib und ihrem Begehren eine *sichtbare* Bestätigung für die Realität der Ich-Entwürfe männlicher Künstler. Gerade als Künstlerinnen beweisen sie also die »Echtheit« von Kunstfiguren wie Ada. Das heißt: Die schöpferische Arbeit, mit der sich Frauen gegen die Vereinnahmung zu schützen versuchen – gegen dieses Vereinigungsideal, das von ihnen als Schwester oder als Geliebte das Opfer des Ichs forderte – gerade ihre Versuche, sich der Verspeisung durch ein gefräßiges Ich zu entziehen, führen sie dorthin, wo sie ihre Weiblichkeit erneut besetzt finden: als Alterität, mit der nicht *ihre* Andersartigkeit, sondern eine Andersartigkeit vom »eigenen Blut« gemeint ist. Ihre Möglichkeiten einer Selbstbehauptung, ihre Aussicht darauf, Subjekt ihres Begehrens zu bleiben, gehen unter, weil sie als begehrende und sich selbst behauptende Frauen zum »sujet« geworden sind: zum Thema. Die Entfremdung, der schöpferische Frauen ausgesetzt werden, besteht also darin, daß sie als Fremde gar nicht existieren dürfen, sondern sich vielmehr einem *Bild* von Fremdheit unterwerfen müssen, einer Andersartigkeit, die ihre Andersartigkeit gleichzeitig negiert. Mit anderen Worten: Wenn Nabokov und andere Schriftsteller und Künstler dem Schrecken des zur »Realität erstarrten Traums« durch die Erzeugung einer fiktiven Andersartigkeit zu begegnen suchen, so schaffen sie ihrerseits eine Realität, die Frauen allen Anlaß haben, als unheilvoll zu empfinden. Ich denke, hinter diesem unlösbaren »double bind«, sich nur zum Preis der Unterwerfung unter ein fiktives

Frauenbild verwirklichen zu können, verbergen sich einige der Gründe für die Faszination vieler Künstlerinnen und Schriftstellerinnen mit der Thematik des Todes: Es geht nicht nur darum, »die traditionelle Auffassung des weiblichen Todes aufzugreifen, um diese radikal umzusemantisieren«, wie Elisabeth Bronfen zu Recht schreibt[56] – es geht auch darum, daß der Tod zur einzigen Möglichkeit einer Unterscheidung zwischen dem Ich und dem fiktiven Frauenbild wird, unter dessen Diktat das Leben der einzelnen Frau – auch gerade der Künstlerin – steht. Das Recht verschieden zu sein, hat eben nur die verschiedene Frau. So mag Nabokovs Abneigung gegen schreibende Frauen auch damit zusammenhängen, daß hier der Tod – als letzte Möglichkeit der Unterscheidung – thematisiert wird, während im Liebesmythos der Jetztzeit, den er in seinen Werken so genau beschrieben hat, die Frau zur Auferstehung verurteilt wird.

Eine andere Konsequenz des Liebesmythos, den ich hier beschrieben habe, hängt eng mit dieser ersten zusammen. Wenn das Begehren nur noch durch die Anstrengungen des Imaginären zustande kommen

---

[56] Elisabeth Bronfen analysiert in ihrem Aufsatz »Die schöne Leiche« nicht nur die Erotisierung des »Todes einer schönen Frau« in der Literatur des 19. Jahrhunderts, sondern auch die Übernahme (und semantische Umformung) dieser Vorstellung von Eros bei Dichterinnen und Schriftstellerinnen des 20. Jahrhunderts: Zu den von ihr angeführten Beispielen gehören Ingeborg Bachmann, Sylvia Plath und Anne Sexton. Während sich Texte der Bachmann auch als scharfe *Analyse* der männlichen Darstellung von Frauen und des männlichen Mißbrauchs weiblicher Realität begreifen lassen, greifen Plath und Sexton, wie Bronfen schreibt, »die traditionelle Auffassung des weiblichen Todes auf [...], um diese radikal umzusemantisieren und den Tod als Akt der autonomen Selbstautorschaft darzustellen.« Vgl. Elisabeth Bronfen, »Die schöne Leiche«, in: Renate Berger / Inge Stephan (Hgg.), *Weiblichkeit und Tod in der Literatur*, Köln / Wien 1987, S. 87–115.– In dem Gedicht *Lady Lazarus* heißt es bei Sylvia Plath: »Sterben ist eine Kunst, wie alles andere. Ich tue es gewöhnlich gut [...] Ich schätze man könnte sagen, ich habe eine Berufung« (in: *The Collected Poems*, New York 1981, S. 244–47). Anne Sexton wiederum, die ihrem Gedicht *Sylvias Tod*, das Sylvia Plath gewidmet ist, einen beschreibenden Text beigefügt hat, schreibt darin: »Wir redeten über den Tod und das war Leben für uns, das trotz unser oder besser wegen uns, bestand«, vgl. Anne Sexton, »The barfly ought to sing«, in: *Triquarterly* 7 (Herbst 1966), S. 89–94. Angesichts der Tatsache, daß Sylvia Plath sich auch tatsächlich das Leben genommen hat, stellt sich die Frage, ob es hier wirklich zu einer »radikalen Umsemantisierung« im Sinne von »autonomer Selbstautorschaft« gekommen ist. Gewiß, den aufgezwungenen Tod in einen freiwilligen Tod zu verwandeln, stellt einen Akt der Selbstbehauptung dar. Aber so wie jede Dichtung einer Art von Überlebensstrategie angesichts einer aussichtslosen Lage gleicht, wurde auch mit dieser »Umsemantisierung« der Versuch unternommen, den realen Tod in eine Metapher zu verwandeln und ihn somit als Realität zu bannen. Daß dieser Versuch bei Sylvia Plath und einigen anderen Autorinnen gescheitert ist, hängt mit Faktoren wie den hier beschriebenen zusammen, die jenseits der Strategie einer Umsemantisierung liegen.

kann, so wird die Realität eines Liebesobjekts immer mehr in den Hintergrund treten, ja unwichtig werden. Der Geliebte, die Geliebte werden beliebig, und je leichter er oder sie sich gegen einen anderen austauschen lassen, je weniger eigene Realität sie der Fiktion entgegenzusetzen haben, desto besser eignen sie sich wiederum zum Objekt des fiktiven Begehrens. Das bedeutet aber, daß die Geschlechter selbst austauschbar werden. Es wird keine Rolle mehr spielen, ob die Imagination ihr Begehren auf ein männliches oder ein weibliches Liebesobjekt richtet.

Bibliographische Notizen

Der vorliegende Text ist die überarbeitete Fassung des Aufsatzes »Nada Dada Ada – oder Die Liebe nach dem Jüngsten Gericht«, in: Christina von Braun, *Die schamlose Schönheit des Vergangenen: Zum Verhältnis von Geschlecht und Geschichte*, Frankfurt am Main 1989.

Christina von Braun, *Nicht ich – Logik Lüge Libido*, Frankfurt am Main 1985.
- *Der Einbruch der Wohnstube in die Fremde*, Bern 1987.
- *Die schamlose Schönheit des Vergangenen: Zum Verhältnis von Geschlecht und Geschichte*, Frankfurt am Main 1989.
- *Der Ewige Judenhass: Chritlicher Antijudaismus, Deutschnationale Judenfeindlichkeit, Rassistischer Antisemitismus* (Begleitbuch zur gleichnamigen Filmtrilogie), hg. zusammen mit Ludger Heid, Stuttgart / Bonn 1990.

Dokumentationen und Filmessays (in Auszügen)

- *Madame Bovary: Sitten aus der Provinz*, Dokumentarspiel nach dem gleichnamigen Roman von Gustave Flaubert (1976, 60 Min.).
- *Frühstück im Pelz: Portrait von Meret Oppenheim* (1977, 45 Min).
- *Eine Frau ist eine Frau ist eine Frau: Feminismus in der Kunst* (1977, 45 Min.).
- *Zum Sterben muß man geboren sein*, Filmreihe in zwei Folgen über die Geschichte des Todes im Abendland (1978, 90 Min.).
- *Begegnungen der Ersten Art: Marguerite Yourcenar und die Académie Française* (1980, 60 Min.).
- *Verfemt Verfälscht Vergessen: Die Frauen der Französischen Revolution von 1789* (1981, 45 Min.).
- *Menschen und Bücher: Eine Geschichte der Bibliothek* (1981, 45 Min.).
- *Die Erben des Hakenkreuzes: Eine Geschichte der Entnazifizierung in den beiden deutschen Staaten*, zwei Folgen (1988, 120 Min.).
- *Der Ewige Judenhass*, Filmtrilogie (1990, 135 Min.): I. Christlicher Antijudaismus, II. Deutschnationale Judenfeindlichkeit, III. Rassistischer Antisemitismus.
- *Die Angst der Satten: Von Hungerstreik, Hungersnot und Überfluß* (1991, 45 Min.).

Hans Ulrich Reck

Medientheorie und -technologie als Provokation gegenwärtiger Ästhetiken

Wim Wenders Film *Bis ans Ende der Welt* zeigt das Ende der Bilderwelt in einer Welt, die über kein Ende und kein Bild sich mehr verstehen läßt. Eine Frau und Mutter soll, über eine Apparatur vermittelt, mit dem Hirn eines anderen Menschen, des Sohnes, sehen lernen. Die Verbildlichung des inneren Sinnes führt dabei zu einer abschließenden Vermessung der Imagination, der kein Ort mehr bleibt. Das Sehen wird total, selbst die Bedingung des Sehens, der bisher nicht beobachtbare blinde Fleck, wird transparent, in Reizkonfigurationen berechenbar, in Datenflüsse umwandelbar. Dramaturgisch verknüpft Wenders mit der Geschichte einer nunmehr schrankenlosen Ermächtigung des Sehens die Enteignung der Sinne gegenüber einer Wirklichkeit, deren technische Gefährdung nicht mehr erlebbar ist. Aber auch der vermeintlich totale Sieg des Sichtbarmachens zerfällt in das Objektiv eines Bannes durch die Bilder. Technische Registraturen der eigenen Träume werden auf dem Bildschirm vergegenständlicht. Die Ausschaltung der Differenz zwischen den inneren und den technischen Bildern äußert sich als uralte Magie eines undurchdringlichen Bilderbannes, dem die Subjekte als die Unterworfenen einer übermächtigen Welt sich ausliefern. Es ist der Rhythmus dieser Bilder, das Strahlen des Bildschirms, der zeitverschobene Einblick in das Tiefengepräge der inneren Bild-Automatismen, die längst verlorenen Bilderinnerungen, es ist die medial im Kurzschluß erzwungene Selbstvergessenheit, mit der Wenders eine Ikonographie der Weltbedrohung verzeichnet. Wie der unriechbare atomare Holocaust den physikalischen, so droht der Datenraum der visualisierten Geheimnisse den zeitlichen Raum zu liquidieren. Als Ausweg skizziert Wenders eine paradigmatisch moderne Position und bietet zwei Wege an: den einer religiösen Erleuchtung des Profanen, die Lösung der Fixierungen durch Mythos, und die reflexive Macht des Textes. Wo Leben im Bann der Bilder sich verliert, weil ihm jeglicher Mythos fehlt, dort kann nicht das Bild, sondern nur der Text, von Fall zu Fall, fragmentarisch und in vorläufiger Verbindung, den im Unordenbaren längst verlorenen Faden des Lebens noch einmal zusammenknüpfen. Wenders Vision, nicht die Auflösung seiner Geschichte in einem dem Bildungsroman vergleichbaren Schema von Kohärenz, interessiert hier. Denn sie bündelt wesentliche Motive der Medienentwicklung der Gegenwart, die sich aus der technischen Perfektionierung des bewaffneten Auges ergeben.

Suggestion der Präsenz

Im Datenraum der virtuellen Realität sind beliebige Begegnungen möglich. Francis Ford Coppola träumt seit langem davon, den im Auge des Betrachters ablaufenden Film mit dessen neuronalen Reaktionen so zu verkoppeln, daß der kinematographische Ablauf als Innervierung seiner Rezeption eingerichtet werden kann. Die künftigen Brillen der virtuellen Realität sind nicht mehr auf den »Cyberspace« beschränkt, sondern funktionieren in der umgekehrten Richtung: als Monitore, die mittels Laserstrahlen vorher eingegebene Daten direkt auf die Netzhaut projizieren, so daß Bilder der Außenwelt informationell von Prä-Konzepten ihrer technischen Handhabung überlagert werden. Das sind keine abstrakten Hirngespinste, sondern Arbeitsprogramme. Bis die Objekte mit dem Maß an Intelligenz ausgestattet sind, daß sie ohne die Vorherrschaft einer Rechner-Bildschirm-Station direkt miteinander kommunizieren, sollen noch etwa 20 Jahre benötigt werden – Jahre eines Gewinns an technischer Rechenkapazität, d.h. an Minimalisierung der Rechenzeit. Das simulative Begehen eines scheinhaft realen Raumes in der Datenwelt verrät wenig über die technische Apparatur, liefert aber einen Schlüssel für das ästhetische Alltagsverhalten. Es tendiert zur auto-suggestiven Einpassung in eine Simulation, deren provokative Pointe widersinnig dahin tendieren soll, als Wirklichkeit sich zu verkleiden. Das dazu nötige Maß an Selbstüberlistung bedient sich der Apparate gerade nicht als mystifizierender Techniken, sondern als Metaphern. Die Simulation verschiebt sich ins Vorfeld der Handhabung der Apparate: Ich lasse mich auf meinen Hang zur Selbsttäuschung so ein, als ob der Zugewinn an scheinhafter Realität nicht von meinem Einverständnis mit der simulativen Versuchsanordnung abhinge. Dieses propädeutische »als-ob« ist, nebenbei gesagt, ein Schlüssel für das Verständnis des zutiefst pornographischen Zuges aller gegenwärtigen technischen Darstellungssysteme. Triumph der Objektivierung, ist die Vermessung des Wirklichen als des bloßen Rohmaterials für Daten – physikalischer Raum, eigener Körper, innerer Sinn, Aneignung des Anderen – ein Beleg für die entgrenzte Vision vom mathematisch-elektronischen Bilduniversum, das, den propagandistischen Überzeugungstätern zufolge, endlich das historische Denken ins formale und uns damit vom Begründungszwang unserer symbolischen Handlungen zu befreien verspricht. Ob als Wiedergeburtsmagie oder Ästhetisierung der Kriegsapparate: die pornographische Generierung beliebiger Sinnesstimulation aus den in Daten umgerechneten Archiven der Menschheit setzt sich nicht nur in der Theorie fort. Umgekehrt: die pornographische Stimulation des Unsichtbaren, das den Triumph der Visualisierung aus den technischen Geräten hervorgehen läßt und die Macht des Wirklichen nur noch als negative Metapher, Kontrastfolie für die Mystifikation ihrer abschließenden apparativen Handhabung, gelten läßt, die Innervierung der Geräte in den Organen selber ist Ausdruck dieser Theorie, die sich notdürftig hinter den von ihr selber konstruierten Evidenzen verbirgt. Dagegen auf die Kontinuität ästhetischer Kritik zu setzen, ist deshalb blind, weil die damit bemühte Ontologie der Kunst nicht das wiedergibt, was den technischen Medien der Gegenwart kritisch abzugewinnen wäre, sondern das, was sich immer von deren Differenzierungskraft ausgenommen hat. Die Provokation der gegenwärtigen Ästhetiken durch die technischen Medien denunziert die Überalterung der herkömmlichen Kunst ebenso wie ihre kulturtheoretische Abspaltung vom Gemeinen.

Aporie der Kunst

Die Provokation der Medien wirkt in eine doppelte Richtung. Sie zielt auf eine Künstlichkeit der Technikgesellschaft, die das Symbolische der Kultur radikal prägt. Die ästhetische Dimension des Alltagslebens verbindet über zahlreiche Kommunikationstechnologien Wissenschaft mit kulturellen Rhetoriken, die nicht mehr ins Selektionsmuster der ehemaligen Hochkultur passen. Damit ist das zweite Moment einer Irritation benannt: Nicht nur ist unklar, was unter die Sachverhalte

»Kunst« zu fassen ist, wenn Kunstwerke auf Kontexte einer raffiniert stilisierten Lebenswelt treffen, die Kunst als Design zu behandeln sich erkühnt. Da sich die diskursive Semantik langsamer ändert als das soziale Instrumentarium der Symbol-Modellierung, erscheint die Theorie der Kunst weder als Materie der Kunstproduktion geeignet, noch als Kategoriegerüst für die Untersuchung ihrer Rezeption. Was bleibt, ist das Persönlichkeitsbild in einer pyramidalen Selektion, die Kunst nur unter Abwertung der Alltagsästhetik denken kann. Medientechnologien haben das Alltagsleben nachhaltig verändert und damit auch die Bedeutung von kulturellen Handlungen, die nicht mehr normativ selektioniert werden können. Medientheorie läßt sich entsprechend nicht aus der Verlängerung der Kunsttheorie, der Wissenschaft von ihrer Geschichte oder einer ästhetischen Theorie herleiten. Sie verweist auf die diesen zugrundeliegenden, lange unbewußt gebliebenen Probleme. Verkürzt laufen sie alle auf eine Abkoppelung der Kunst als Text von Kunst als Symbolsystem hinaus. Traditionelle Kunstwissenschaft kapituliert deshalb nicht nur vor den neuen, technischen Medien, sondern erfährt an deren Reflexion ein instrumentelles Ungenügen gegenüber ihren eigenen Phänomenen. Nur so ist zu verstehen, daß Kunstwissenschaft heute für Medienanalysen plädiert und dennoch bei Ikonographie und Hermeneutik verbleibt: Sie wendet ihre Kategorien als Texterfassung des Visuellen an. Viele Phänomene des Visuellen hat sie parallel zur neuzeitlichen Geschichte des disziplinierten Sehens in die banale Kultur des Gemeinen verdrängt. Ihre Theorie hat immer beansprucht, für das Erschließen des Sehens einen herausragenden, ja zentralen Platz einnehmen zu können. Die Gesellschaft versammelt sich nach dieser in der Kultur der Symbolik selbstreferentiell um die Ästhetik der Kunst, gelesen als Wissenschaft ihrer historischen Entstehung und Geltung. Diesen Platz nehmen heute technische Medien, insgesamt die visuelle Kultur außerhalb der Kunst ein. An ihnen läßt sich die Ökonomie des Imaginären, die Dynamik der Wünsche, die Funktionsweise des Symbolischen studieren. Kunstwissenschaft ist dagegen zur Quellenforschung einerseits, zur Moralherrschaft des Guten im Bild der schönen Seele und der gebildeten Person andererseits mutiert.

Massenkultur und inszenierte Persönlichkeit

Veränderungen der Kultur geben Änderungen in der Perspektive ihrer Betrachtung wieder. Die Überalterung der Kunst durch eine Kunstgeschichte im Kontext des Humanismus bedeutet, daß Kunstwissenschaft einen historischen Gegenstand konstruiert, über den sie nur in Hinsicht des Zerfalls ästhetischer Werte verfügen kann. Der Aufbruch der Kunst in ein endloses Netzwerk wechselnder Kausalitäten ist geschichtlich älter als die wissenschaftliche Kunstgeschichte. So prägen in Stilansprüchen ästhetische Valeurs den Ausdruck der Bilder als Exemplifizierungen zuschreibbarer Persönlichkeitswerte. Indem im 20. Jahrhundert Kunst in einen meta-theoretischen Prozeß der Beobachtung von Beobachtungen eintritt, welche Unterscheidungen gewissermaßen endlos differenzieren, wird die Kunst selber zu einem Trainingsfeld für suggestive Rollenkonzeptionen. Auch wenn die systemtheoretische Verpflichtung der Kunst auf Kommunikation ihrer selbst letztlich eine Ordnung des Möglichen als semantische Leistung der Kunst verlangt, dominieren die Ausdrücke des Individuellen und Einzigartigen doch Techniken ihrer Rollenbesetzungen. Was salopp als Vorrang der Strategien von Material und Form erscheint, ist seit langem gerade innerhalb der Kunstentwicklung als stetig erneuerte Unterscheidung, als Exklusion nicht nur an die Bewegung der Form, die Verwirklichung des Unterschiedenen (das die Unterscheidung nicht zeigt, sondern diese einem weiteren Schritt der Beobachtung überschreibt), nicht nur an die Wahl eines Unterscheidungsmomentes gebunden, sondern verwirklicht Form durch den autorschaftlichen, individuellen Kommentar zu den institutionellen Aspekten der Kunst, die ihren Diskurs regeln: Kritik, Rhetorik, Ausstellung, Museum im Verhältnis zur Alltagswelt, Erwartung der Verletzung der Erwartungen. Wenn Kunst selbstreferentiell zwischen gegensätzlichen Momenten selektioniert und ihre Geschichte als Ausarbeitung des Verhältnisses von Schönheit und Häßlichkeit rekonstruiert, dann greift die Diskussion um Avantgarde am anderen Ende nicht mehr. Die Differenzierung der Rollen, durch die Materialien für den endlosen Unterschied zwischen schön und häßlich erzeugt und punktualisiert zugänglich gemacht werden, ist eine alltagskulturelle Normalleistung. Ästhetisches Training des Spiels mit Rezeptions- und Zeichenmodellen zieht mit den Leistungen der Kunst gleich. Das Simulationsversprechen des »Cyberspace« ist abhängig von einer Kooperation von Rollen und Mentalitäten: Künstler,

Militärstrategen und Ingenieure finden sich in der technischen Simulation der Wiedergeburtsmagie und eines implosiven Fruchtbarkeitszaubers zusammen. Dem korrespondiert das Spiel um die Test- und Erfahrbarkeit der Körper in den Apparaten der technischen Massenmedien. Kunst spiegelt, beispielsweise in den Filmen Peter Greenaways, die Gier nach der evidenten Eigensprache der Körper. Die Ikonologie des Kannibalismus reizt ästhetische Mechanismen einer Rache der Ohnmächtigen gegen den Text der Geschichte aus. Der Text der Aufklärung wandelt sich zum Folterinstrument mit tödlichem Ausgang. Die Drastik des Körpers, dem Zeit nur als Tod einzuschreiben ist, ist nicht nur eine Metapher, sondern auch ein Instrument. Die Aufhebung der Grenzen des Körpers zu wechselnden (Maschinen-)Kontexten folgt einer Verschworenheit der technischen Bildmedien mit der Logik des Traumes, in dem die genauen Bilder in Überwältigung des an ihnen blind werdenden Sehens umschlagen. Die Faszination des Umschlags von Zeit in Raum ist der Kern einer faschistischen Mythenpolitik, die sich a-moralisch auch mit anderen Inhalten verfolgen läßt. Das Geheimnis der technischen Bildlogik ist der Triumph einer Dramaturgie, in der die technischen Apparate der Bilderzeugung an den lebenslangen Kreislauf selbstregulierter Körperorgane angeschlossen werden können.

Körper, Extension

Der Zielinhalt dieser Fiktion von Simulierbarkeit beschreibt nicht allein die Wirklichkeit des Imaginären, gefiltert durch Stereotypien von Traumbildern, mit denen sich die Bewegung des Zeigens in klassifizierte Metaphoriken, in die Logotechnik gemeinschaftsbildender Lebensdeutungen verwandeln läßt. Man sollte derartige Träume ernst nehmen in Bereichen, in denen Realität von der Überzeugungskraft der Simulations-Arrangements abhängig geworden ist, weil über das Symbolische zu herrschen bedeutet, die unaussprechliche Physis des Nicht-Simulierbaren ins Schweigen zu verbannen. Der Golfkrieg bestätigt diese entsetzliche Ausblendung. Seine Wahrheit wird in seinem operativen Arrangement nicht mehr greifbar: die Vernichtung Hunderttausender von Menschen wird aus dem Spiel um die strategische Bereinigung der Symbolfunktionen der Rechner und Bildschirme verbannt. Der Krieg selber aber, in der Kohärenz seiner Simulationslogik, hat sich gegen dieses Reale abgeschottet (nicht von allein: das Umfeld der medialen Konstruktion des Wirklichen wurde diesmal perfekt kontrolliert). Seine Wirklichkeit erscheint nur noch als die Wirklichkeitskraft der Effekte, die seine Simulation einrechnet und erzwingt. Wirklich ist, was Effekte erzeugt. Anders gesagt: was uns zum Handeln zwingt. Ausblendungen von Handlungen folgen derselben Logik. Die wie immer euphorisch oder kritisch beschworene Zwillingsexistenz von technischer Medien- und Kriegsgeschichte, geht hier als Ausblendung in die Szenarien ein. Wirklich ist, was uns zum Schweigen bringt. Es kann deshalb nicht wundern, daß der »Cyberspace«, dessen Technologie sich von avanciertesten Militärkalkülen nicht unterscheiden läßt, die Totalsimulation fiktionaler Körperlichkeit, die verdoppelte künstliche Haut an den Nervenenden des Hirns, verspricht. Er korrespondiert dem Wirklichkeitsverlust des Körpers auf der Ebene der kontrollierten Symbolik. So senkt sich ins kulturelle Selbstempfinden die Körperlosigkeit als das Unheimliche einer nie bewältigten Geschichte der Maschine nicht in der Form der Angst ein, sondern der Kompensationsgier ihrer Entgrenzung. Die Teilhabe an der Abspaltung des Körpers ist der religiöse Kern einer Medientheorie, die – wiederum auf symbolischer Ebene, der kulturkritischen Lektüre des Bedeutungssystems einer Epoche – zur eigentlichen Theologie der Gegenwart geworden ist. Ihrer Rhetorik eignet dasselbe Muster: Erzeugung von Alternativlosigkeit zu ihren eigenen Voraussetzungen. Und wie für die alte, so gilt für die neue, die technische Theologie, daß die Rhetorik sich nur kohärent behauptet durch eine bis aufs Blut greifende Ritualisierung der von ihr simulierten Inhalte.

Die Geschichte der technischen Medien ist die Geschichte einer zunehmenden Eliminierung der sinnlich-körperlichen Selbsterfahrung. Diese Eliminierung wird metaphorisch in den technischen Bildmedien verwertet. Hollywood als Brennpunkt dieser Verwertung funktioniert duch Einschreibung feudalistischer Würde-Herstellung in alltägliche Kompensationsspiele. Macht ist hier auch motivlich ein Verfügenkönnen über Körper. Umgekehrt ist sein Schauwert auf das Verschwinden der Erfahrungen einer offenen, abenteuerfähigen Welt gegründet. Mediengeschichte wird bestimmt durch die Ablösung der Nachrichten von den Körpern, die Perfektionierung der Aussage-Codes, die Signalökonomie, die Rationalisierung der Darstellungsmittel und die Beschleunigung der Nachrichten-Übermittlung. Die besondere Voraussetzung des Banns durch bewegte, technisch gespeicherte, nunmehr technisch modulierbare Bilder, ist eine doppelte. Es ist die Geschichte der Kunst an der Front ihres Fortschreitens, die durch die distanzierende Beherrschung über das sichtbar zu Machende gekennzeichnet ist. Und es ist die Wertigkeit der Hochkultur im Kontext der Aufklärung des 18. Jahrhunderts, welche die heute massenmedial verwertete Passivierung erst erzeugt hat. Denn vor dem passiven Zuschauerdasein vor den Bildschirmen wurde parallel zur Technisierung der produzierenden körperlichen Vermögen und zur Maschinisierung der Arbeitsteilung das Lesen als differenzierende Selbstbildung des Subjekts im Modus einer kognitiven Selbstkontrolle des auf Bewegungslosigkeit verpflichteten Körpers eingeübt. Es wundert deshalb die Ferne der technischen Massenkultur zu den Kunstwissenschaften nicht. Denn sie antwortet als eine privilegierte Stilisierungsdomäne auf ihren Kontrollverlust, der einer Wirklichkeit entspringt, die ästhetische Raffinesse jedem zur Verfügung stellt, der manipulativ die Regeln beherrscht, Aufmerksamkeit auf sein inszeniertes Ich zu lenken. Das läßt sich nur dann als Kulturzerfall und Kitsch denunzieren, wenn Kulturzerfall negativ gesetzt und Denunzierung als Verschwiegenheit der eigenen Angst verdrängt wird. Massenmedial wiederholt sich aber keineswegs ein ästhetischer Konflikt zwischen »hoher« und »gemeiner« Kultur. Diese Absetzungen sind nur noch für das Studium der Unterschiedlichkeit von Rhetoriken interessant, die sich alle auf die Verfügbarkeit von Differenzierungen beziehen. Pointiert gesagt: hohe und gemeine Kultur sind beide Differenzsemantiken. Noch einfacher gesagt: Teilkulturen neben anderen. Es ist nicht der Kitsch, der die Avantgarde ernährt. Es ist der Kitsch, der Avantgarde erst möglich macht. Avantgarde erhellt die Komplexität der Kitschtechniken, Kitsch verhindert, daß Avantgarde zur blinden Form abstrakter Selbstermächtigung wird. Die avancierten Ekeltechniken und Umwertungserklärungen der Avantgarde haben ihre Wirkung im massenkulturellen Bereich in diesem Jahrhundert eingelöst. Ohne propädeutische Absicht erringen sie ihren Wert im strategischen Spiel mit Rezeptionsfähigkeiten, die sie als Voraussetzungen und Wirkungen ihrer Selbstüberschreitung einplant. Das zeigt, daß »Kunst« längst zum Recodierungsmaterial banaler Alltagshandlungen geworden ist. Und das nicht erst im Mitspieltheater von Joseph Beuys. Der Zerfall des Originalen ist die Provokation eines alltäglichen Rahmentheaters für Persönlichkeitsansprüche. Das Persönliche selber wird zu einer Beziehungsform, zum Arbeitsstoff medial ausgestatteter Persönlichkeitsrollen, deren Effekte bekanntlich davon abhängen, von zahlreichen Individuen, also: nicht-individuell, besetzt zu werden. Die Lust an der Erfahrung der Dramaturgien wächst nicht nur stetig, sondern scheint interessanter zu sein als die Intimität eines Selbstschutzes. Davon spricht jede televisuelle Unterhaltungssendung, spätestens aber gewisse Ernten der hochkulturell eingeübten Passivierung: die Live-Berichterstattungen von Sport-Großereignissen, in denen sich das Verhältnis von Ereignis und Apparat umkehrt. Die Ereignisfolgen werden vom dramaturgischen Apparat festgelegt. Simulation kann hier verstanden werden als Selbstvergewisserung über diese historischen Bedingungsverhältnisse. Es ist ein Arbeitsprojekt, den Tausch der Symbole über die Verfügungen des Technischen und die Einpassung von Imagination und Eigenzeit in die Apparatur auf einer Meta-Ebene darstellbar zu machen. Die individuelle Ausstattung von Moral und quantitative Wirkungsabwägungen sind demgegenüber unwichtig. Wenn Kunstwissenschaft auf die authentische Privilegierung des Originalen abhebt, dann simuliert sie in massivem Ausmaß eine Unschuld der Geschichte und degeneriert zunehmend zum Selbstmißverständnis eines Ästhetischen, das vom Anspruch auf Kulturherrschaft des Kognitiven sich nicht zu lösen vermag. Die herkömmliche Ästhetik des Kunstschönen, gegen die sich immer wieder Künstler gemeinsam mit Technologen der Massenmedien verschworen haben, ist eine bloße Verlängerung der praktischen Vernunft, welche die Irritation der sich entziehenden Welt auf die Binnenkonstruktion »menschlicher Vernunft« beziehen möchte. Die Vernunftlosigkeit der Massenmedien schert aus dieser Konstruktion aus. Man mag das, wenn man will, den Massenmedien vorwerfen. Aber sie enthalten mehr ästhetisches Potential als diese ontologische Konstruktion der Moral an Stelle der Ästhetik.

Sehen

Die Vorherrschaft des Visuellen über die anderen Sinne ist nicht nur der herausragende Zug der Neuzeit, sondern ein Gemeinplatz ihrer Geschichtsschreibung. Was als wissenschaftlich nutzbare Distanzleistung erschien, lieferte zugleich den Nährboden für eine populistische, später massenhafte Verwertung der Bilderlust. Die kunsthistorische Kontrolle der Bilder durch ihre Überführung in Texte und Allegorien suggeriert eine einseitige Zähmung der visuellen Lockungen. Diese

Distanzsicherung gelingt aber nur, wenn die Unmittelbarkeitsdrohung der Verführung zumindest eine mögliche Erfahrung bleibt. Die Reaktivierung der Distanzlosigkeit geht demnach aus der Distanzsicherung selber hervor. Die ästhetische Theorie der Kunstgeschichte ist an ihre massenkulturelle Negativdrohung gebunden. Die Prädominanz des Auges, die unermeßliche Gefräßigkeit des visuellen Sinnes bilden die Kontinuität zwischen Kunst und Massenkultur. Die technischen Bildmedien setzen die Logik der ästhetischen Operationen fort, welche die hohe Kultur entwickelt hat. Die Autonomie des Wissens, das sich aus der Bevormundung durch die Kirche löst, triumphiert in der cartesianischen Wissenschaft des Sehens als Verfügbarkeit über die Welt. Die visuelle Kontrolle als Test für die Belastbarkeit des Auges hat sich ausgewachsen zu einer heillosen Suggestion, intensive Wirklichkeitserfahrungen aus der intensivierten Gewalt des bannenden Auges zu entwickeln. Das Auge ist ein expansiver und implodierender Sinn geworden. Bis zu den neuesten sind alle Medientechnologien dem künstlichen wie künstlerischen Triumph einer zügellosen visuellen Neugierde verfallen. Der ursprüngliche Distanzgewinn und das Durchbrechen des religiösen Fetischismus ersetzen die sakrale Ikone durch die Illusion einer perfekten Ikonizität der Bilder. Die Dialektik von Abstraktion und Annäherung, Unermeßlichkeit einer sich entziehenden Natur – damaliger Begriff des Göttlichen – und Selbstermächtigung eines, übrigens: einzelnen Auges, in dem alle Linien des Wirklichen machtvoll geordnet zusammenlaufen, diese Dialektik soll gänzlich unter der Vorgabe einer gelingenden Kultivierung, eines Zurückdrängens der emotiven Fluten des Unmittelbaren sich zurückziehen. Die Kulturtheorie einer Modellierung der Sinne hat die Gestalt eines Trainings in jederzeitig abrufbarer Distanzierung angenommen. Der aus dem Augensinn entschwundene Körper ist in philosophischer Vision das Überflüssige der reinen Reflexion. Das visuelle Paradigma der Kunst als Ordnung eines Bedeutungstextes vollzieht eine analoge Bewegung wie die Wissenschaften und die Philosophie. Die ihrer Genesis enthobene Geltung der Kategorien belegt eine bürgerliche Geschichte universaler Sinnenfeindlichkeit. Korrekturen durch Nietzsche und Freud beschäftigen sich mit dem Verschwinden des Körpers. Die ästhetische Subversion der Lockung gilt in der Nachfolge Nietzsches als subjekt-dezentriert. Die Pathosformel von der Immaterialität der Gegenwart als einer Epoche der Isolierung der Bedeutungen von der Physik der wirklichen Ereignisse spiegelt die simulative Erzeugung nicht der

Realität, sondern eines fiktionalen Probehandelns. Die Überzeugung, daß aus dem Sehen erst kognitive Operabilität und eine universale Logik des Denkens wie, rückgreifend, der Wahrnehmung sich entwickeln können, prägt selbst die experimentelle Psychologie Jean Piagets. Ohne die Koordination der Handlungen über das Bild, das Gesehene, die visuell kontrollierbare Schaubühne für das operative Geflecht von Assimilation und Adaption, können nach ihm kognitive Operationen nicht richtig ausgebildet werden. Wer sich aber mit der Selbstbeschreibung des Sehens von Blinden so beschäftigt wie die Künstlerin Sophie Calle, der entdeckt in obigem nicht nur eine heilpädagogische Verirrung, sondern einen blinden Reflex auf die neuzeitliche Prädominanz des Sehens, die historisch auf Denkkategorien abgebildet wird. Künstlerische Wahrnehmung zeigt, daß ein Erfahrungszusammenhang in inneren Bildern ausgeformt wird, auch wenn über deren ikonische und semantische Dimension nichts außer den individuellen Veranschaulichungen mythisch besetzter Bedeutungen, Erzählungen, Erinnerungen, vielfältigen Umgangsformen mit »Welt« ausgesagt werden kann. Die Bilder, die die Künstlerin für die von Blinden erzählten Sehmomente erinnerbaren Lebens findet, zeigen dem Betrachter eine Beobachtung des von der Künstlerin arrangierten Sehens, zugleich eine interpretierte Beobachtung des erzählten inneren Schauens. Diese diskursive Stufung der Beobachtung ist, was den Unterschied als Form der Erfahrungen herausbildet. Solche Formen sind mit vielfältigen Sinnen verbindbar. Das Visuelle erscheint also gerade im Sehen der Blinden als eine Organisation des Imaginären und der mentalen Kategorien. Jede Organisation von Wirklichkeitserfahrung beinhaltet auch ein Sehen des Imaginären. Die Unerläßlichkeit des Sehens ist eine Suggestion der neuzeitlichen Kultur und ein Rohstoff der signaletischen und technischen Verwertung der Orientierungskapazitäten des sozial geschulten Auges. Erkenntnistheoretisch aber ist der Durchgang durch das Visuelle als Entwicklung der Schematisierung des Wirklichen, womit erst die Selbstbewegung der kognitiven Kapazitäten begründet wird, nur ein Reflex innerhalb der Metaphorik des Spiegelns, Transportierens, Abbildens, Registrierens einer Außenwelt auf den rezeptiven Organen der Innenwelt. Das ist für emergenztheoretische und konstruktivistische Argumente nicht mehr einsichtig. Welt erscheint hier, selbstverständlich mit der Voraussetzung ihres objektiven Existierens, als Differenzierung von Bedeutungsebenen, deren Konstruktion nicht mehr in einem solchen naturalistischen Verweisschema gründet, sondern in einer »unspezifischen Codierung«. Wahrnehmung und Kognition lassen sich ebensowenig trennen wie das Wirklichkeitskonzept von seinem Geltungsanspruch. Das bedeutet, daß Neuronen immer im spontanen Verbund organisiert sind. Mit dem Anteil der Hirntätigkeit an Decodierungen und Interpretationen vielfältigster Reizkonfigurationen erscheinen die Sinne als gleichberechtigte. Ohne Aktivierung der neuronalen Emergenz wären Bilder für Sehende nicht möglich. Da diese Emergenz aber bei allen Menschen grundlegend gegeben ist, kann man ohne weiteres davon ausgehen, daß Blinde sehen, d.h. sensuelle Symbole für diese imaginative Orientierung entwickeln können. Daß wir dieses Sehen nicht sehen, ist ein Problem der Zuschreibung und der Assimilation an Bilder vom Fremden. Was Sophie Calle als Beobachtung dieser Beobachtung zeigt, ist gerade der Entzug des Gesehenen, das als das Fremde des eigenen Blicks zurückkehrt. Diese interne Differenz ist, was das Sehen der Blinden ermöglicht. Wer der Beschreibung ihrer Seherfahrungen folgt, der ist von der poetischen Konstruktion ihrer Wirklichkeit derart berührt, daß er ihr Sehen nicht auf die externen Zugeständnisse der Sehreste oder des intraretinalen Sehens bezieht, sondern auf die Beschreibung einer bildnerischen Imagination. Das Sehen der Blinden kann geradezu als Konstruktionsmodell des Imaginären gelten, das als Differenzmodell funktioniert.

Zeit

Wenn Wirklichkeit nicht als Ursache von dechiffrierbaren Reizen oder als sensueller Erzeuger informationell decodierter Sachverhalte gelten kann, dann ist jeder Vorgang der Imagination ein Handeln in der Zeit. Nur in der Erfahrung der Zeit erscheint die Notwendigkeit der oben angesprochenen Differenz. Denn das Unterscheidende folgt nicht dem Unterschied, sondern der sukzessiven Überprüfung dessen, was unterschieden wird. Der Gesichtspunkt der Unterscheidung ist auf jeder Objektebene der blinde Fleck: Er ermöglicht das Sehen, ohne selber gesehen werden zu können. Seine Produktivität läßt sich erst auf einer meta-theoretischen Ebene funktionalisieren. Indem er dort zu einem Moment des Unterscheidens wird, verweist er auf ein auf dieser Ebene ins Spiel gebrachtes Funktionssystem, das seinerseits wieder als blinder Fleck der meta-theoretischen Ebene fungiert: Bedingung des Sehens, aber selber nicht sichtbar. Die Konstruktion der Zeit ist nicht nur Bedingung des inneren Sinnes oder bloß soziale Symbolisierung, sondern eine wesentliche Bedingung der Symbolerzeugung. Zwar läßt sich nicht sagen, daß es »Zeit gibt«, und es scheint sinnvoll, davon auszugehen, daß Zeit nicht »existiert«. Aber solche Aussagen bedingen bereits die uneinholbare Sukzession der Unterscheidungsmomente. Die in der Sukzessivität vollzogene Ordnung und Desorganisation des Unterscheidens ist, was »Zeit« bedeutet. Das gilt evidenterweise auch für technisch-mediale Zeit. Der Gebrauch einer medial fixierten Zeit, die technisch handhabbare Ordnung der Sukzession, führt nicht zur Verwechslung von Schein und Realität, wie das Susan Sontag schon für die Fotografie behauptet hat, sondern zu einer ontologischen Verdoppelung des Wirklichkeitsbegriffs. Die Handicam-Geräte beispielsweise erlauben heimliche Dokumentation von allem. Die Instant-Bildproduktion zersetzt das Wirkliche, das sich der Interpretation nicht mehr entziehen kann, wenn es ins Symbolische eingegangen ist. Der Gebrauchswert der Medien lebt zwar von der von ihnen inszenierten Verfügbarkeit des Wirklichen, eignet sich dieses aber als »objet trouvé« von Zeitmomenten an. Die visuelle Beschreibung eröffnet nicht allein externe Archive im Sinne der früheren Enzyklopädie der Schrift, sondern erzeugt das von ihnen gezeigte Wirkliche durch den Filter medialer Eigenzeit. Damit verhindern technische Bildmedien nicht die Einsicht ins Wirkliche, sondern schärfen, an der Erfahrung der durch sie annektierten Zeit, die Wahrnehmung ihrer paradoxalen Struktur. Wo alles sichtbar gemacht werden kann, erfahren wir nur die Untauglichkeit unserer natürlichen Sinne gegenüber den technisch geschaffenen Gefahren, die von ihnen nicht erfaßt werden können. Die Armseligkeit der Wahrnehmungsvermögen enthüllt sich erst auf dem illusionären Gipfelpunkt der vollkommenen Mediatisierung. Die Enteignung der Sinne entspricht dabei der vorläufigen Unfähigkeit, die unsere Kultur bedingenden Kräfte (Apparate, Techniken) zu symbolisieren. Der Verlust der Chiffren ist ein Defizit des Wirklichen selber. Die technische Mediatisierung der Lebenszeit spiegelt im weiteren nicht eine Suggestion der televisuellen Apparate, sondern die konventionelle Sozialstruktur, d.h. die Ungleichzeitigkeit zwischen technisierter Produktion und depravierter Sinnlichkeit. Daß Television Tagträume stillegt, indem sie das Versprechen des Ekstatischen annektiert und das aus sich heraustretende Subjekt in die Empfindungslosigkeit des leeren Körpers zwingt, ist eine Realität, die nicht mehr an der Bewegung des Schauens verzeichnet wird. Die Apparate funktionieren als Implosion dieses

Heraustretens. Sie legen Eigenzeit still. Sie können als Agenturen wie als Metaphern dieser aufschiebenden Überschreibung der Eigenzeit verstanden werden. Die Zeitstruktur der Medien aber ist nicht einfach nur Effekt einer langen Passivierung der Sinne durch bürgerliche Bildung, sondern auch Metapher einer historischen Verschiebung der Wahrnehmungsvermögen. Die apparative Durchformung der Herstellungsfähigkeiten und die Mechanisierung der sozialen Existenz sind historisch vorlaufende Erfahrungen solcher Dissoziation. Die Prädominanz der Bedeutungen entspricht dem Wandel einer Kultur, die Erfahrungen in der Zeit deshalb aus dem Taumel des Visuellen hervorgehen läßt und der Immunisierung des Zeitempfindens überantwortet, weil die Wirklichkeit Räume des Sich-Bewegens nicht mehr eröffnet. Die famose Immaterialisierung der Welt, die Prädominanz der Bedeutung über die Physis, die semiotischen Plattitüden von der Verschiebung der Kognition vom Erleben hin auf Zeichensysteme: all das ist nur eine geschwätzige Metapher für den Entzug der Wirklichkeit in der gegenwärtigen Weltgesellschaft. Dieser Entzug ist real und metaphorisch ins Selbstempfinden von immer mehr Menschen eingegangen. Für dieses Selbstempfinden muß Medienkritik anders denn als Kritik an Surrogaten stattfinden, in denen das Eigentliche beschworen wird, dessen Nicht-Existieren-Können die televisuellen Realmetaphern täglich auf das deutlichste belegen. Insofern ist die Kritik an den Apparaten nur ästhetisch zu führen. Denn ihre Funktion ist gegründet in der Bewegung des Imaginären. Television sortiert Wirklichkeitserfahrungen, indem sie dramaturgische Kategorien der ästhetischen Identifikation anbietet. Damit wird nicht Wirklichkeitserfahrung zersetzt, sondern der Selbstbezug des traumlos gewordenen Betrachters habitualisiert. Wenn heutige Medientheologen affirmativ den futuristischen Schock als täglichen Erlebniskitzel wiederholen, dann belegt das keineswegs die Desorganisation der Wirklichkeitsvoraussetzungen von Erfahrungen des Betrachters und Objekts dieser Theorien, sondern einzig den Leerlauf des Kulturbetriebs. Die Unmöglichkeit der Beobachtung bricht die Suggestion auf und lenkt sie auf ihre Urheber zurück. Affirmative Medientheologie ist deshalb die adäquate Metapher für einen infantilen Kulturbetrieb, der sich immer schneller von der gesellschaftlichen und politischen Wirklichkeit wegbewegt.

Fiktion und Zwang

Die Metaphorik der Medien, ihre Wirklichkeitskraft, ist motivational von Ausblendungen bestimmt. Das Wirkliche ist geradezu das, was nicht objektivierbar und nicht darstellbar ist. Nur die »mediengerechten« Dramaturgien können die ihr passenden Wirklichkeiten erzeugen. Die technischen Apparate stehen über diese Regulierung des Metaphorischen hinaus für eine Enteignung des Symbolischen. Die Technisierung der Sinne schreitet weiter voran. Die Vervollkommnung der Rechenkapazitäten, die Programme zur Generierung und Automatisierung von Programmen gehen verstärkt davon aus, daß alles Wesentliche sich in Form von informationellen Sachverhalten, d.h. Prädikationen ausdrücken läßt. Insofern ist die Computerlogik nichts anderes als die Fortsetzung der Theorie des kommunikativen Handelns, das ästhetische Expressivität immer nur nach Maßgabe der Logik eines besonderen Sprechaktes gelten läßt. Die Technisierung der Sinne geht insgesamt von der Fiktion aus, daß alles, was der Fall ist, aus dem Bekannten, dem schon Formulierten gefolgert werden kann. Die Apparate der Symbolerzeugung bewirken einen doppelten Terror: die Suggestion einer ästhetisch geordneten Welt, die keinen Bruch, keine Subversion und keine Negation kennt, und die Verpflichtung aller Imagination auf Kommunikabilität, auf eine instrumentalisierbare, nur in technischen Begriffen faßbare Übermittlung des Erkannten. Diese doppelte Substitution des Imaginären durch einen eindimensionalen Begriff von Vernunft, die sich am Wirklichen längst blamiert hat, vollendet gerade die Technisierung der Person. Aber die gewaltsame Zersetzung der Sinne simuliert nicht Realität, sondern Fiktion. Dieser Verschiebung entlang sind, im Sinne der »Durcharbeitung« Sigmund Freuds, die Leitlinien einer ästhetischen Theorie der Medienkultur zu entwickeln. Sie kann in keiner Weise Fortsetzung der Kunstwissenschaft, der Theorie der Kunst, der Ästhetik des Schönen oder Sublimen sein.

Die Entwicklung der technischen Medienkultur hat nämlich etwas eingelöst, was, vage gesagt, »Kunstphilosophie« immer nur auf dem Umweg über moralische Selbstdisziplinierung versprochen hat: die Einsicht, daß Bedeutungen immer Differenzkonstruktionen sind, die Zeichen nicht als Beschreibung, sondern als symbolische Ausarbeitung des Ungenügens alles Zeichenhaften verstehbar machen. Die Insuffizienz aller Zeichen ist der ihnen innewohnende Grund, bewegendes Moment ihrer Erfahrungshaltigkeit. Die Differenz zwischen Bezeichnetem und Bezeichnung bedeutet die Unterscheidungsfähigkeit im Symbolischen selbst. Diese Differenz ist zugleich das »Wirkliche«. Insofern verraten die Recodierungen nach dem Zerfall der kulturellen Wertepyramide den Zuwachs an konfliktfähigen Erfahrungen. Bilder und Symbole sind eingesponnen in den Kampf um Wirklichkeitsbeweise. Deshalb muß ästhetische Konstruktion, theoretisch und praktisch, nicht mehr als Darstellungs-, sondern als Projektionsleistung verstanden werden. Das hat gewaltige Konsequenzen für die überkommene Organisation der textkritischen, quellenkundlichen, ikonographischen und hermeneutischen Forschungen, die allesamt daran scheitern, die Semantik der Objektbestimmung vorzunehmen, ohne zu beobachten, daß solches durch den kulturellen Diskurs, die Aneignung von Persönlichkeitsrollen im Bildungssystem, nicht aber durch die ontologisch evidente Wirklichkeit der postulierten Objektsemantik erzwungen ist. Die anthropologische Formierung der Differenz, das Angewiesensein auf utopische Deregulierung, die Eingebundenheit in die Artefakte, aus denen das Wirkliche erst plastisch verständlich wird, bilden die Grundlage auch der technischen Medienkultur. Wird die Differenztheorie anerkannt, so bedeutet sie das Ende der heillosen Dialektik von technokratischem und apokalyptischem Kulturbegriff.

Verstehen wir unter »Kunst« die Veranschaulichung der Wirklichkeit konstruierenden Differenz, dann wird die Provokationskraft der gegenwärtigen Medientechnologien daran deutlich, daß sie die Suggestionen der Kunstwissenschaft und die methodischen Verkürzungen der Kunsttheorie im Gepräge des neuzeitlich dominierten Sehens als Moral der Persönlichkeitsmodellierung lesbar machen. Die Negativität des Gemeinen trifft dabei auf den Sachverhalt, daß die gebildete Pflege der Kunst zuerst von der Philosophie, dann der Theologie, dann der Kunstgeschichte und heute von der Medientheorie abgewertet, enteignet, für andere Zwecke instrumentalisiert wird. Die ästhetische Theorie der Kunst ist ein traditioneller Reflex auf die heillose Dominanz des Sehens, der Absorption des Körpers im Auge. Die historisch daraus folgenden Beschreibungen und Kategorien versagen nicht erst für die entwickelte technische Medienkultur, sondern schon für diejenige Massengesellschaft, deren visuelle Systeme Kunst marginalisiert haben. Die herkömmliche Theorie der Kunst, Zerrspiegel der moralischen Persönlichkeitsbildung, für deren Formation ästhetisch irreguläre Erfahrung gerade nicht anerkannt werden soll, reagiert auf den Abzug der

Wirklichkeit aus ihrem Ordnungssinn mit dem Schrecken des Wirklichkeitsverlustes einer perhorreszierten Massenkultur. Die technische Mediengesellschaft feiert gewiß den Kult der Körper. Das macht ihre Ästhetik, die zugunsten strategischer Rollen längst auf Eigentlichkeit und Substanz verzichtet hat, dem Kulturempfinden einer Theorie des Schönen suspekt, weil deren Sinnenfeindlichkeit als Neutralisierung des Körpers den Blick auf die Vorherrschaft der Texte einschwört und die Körperlichkeit der Bilder aus der Geschichte der Symbole verbannt. Ästhetische Theorie wird durch die Provokationen der banalen Medienkultur als Geschichte von Feindbildern lesbar. Unter dem Zugriff von Medienkultur ist das Ende der kunsthistorischen Naivität erreicht, die meint, von Kunst zu reden, wo sie doch nur von den Erkenntnisdefiziten ihres heimlich faszinierten Blicks auf die gesamte visuelle Kultur spricht. Es gibt gegenüber der Hemmungslosigkeit im Umbau des Körpers, der Intensivierung der Sinne, der Total-Ästhetisierung einer historisch kompensierenden Sinnlichkeitsgier, der primären Sprache der Natur der Medienapparate keine nominalistische Abwehr. Die Erfahrungen müssen gemacht, ihre Provokationen durchgearbeitet werden. Das könnte besser gelingen als in der theologischen Fixierung des alten Gesamtkunstwerks. Denn das »Ich« der Medienkultur ist ein parzelliertes, das für kein Eigentliches steht, sondern nur noch für die Inszenierung von Rollen oder das Selbstbewußtsein, daß nicht Reales, sondern Fiktives simuliert wird. Die Amoralität des Rollenwechsels verzichtet auf die traditionale, moralisch disziplinierte Ordnung des Lebens, die an der Denunzierung des Gemeinen, der vermeintlichen Pornographie des Kitsches, der mißratenen Schwester der schönen Künste durchexerziert wird. Das Apriori der Form, verstärkt in der Moderne und ihrer so beliebten Universalität der bildnerischen Elementargrammatik als der Selbsterfahrung künstlerischer Erkenntnis, ist letztlich Ausdruck einer ethisch gebändigten Ästhetik, formierte Angst vor transgressiver Souveränität. Und wie so oft, erweist sich dergleichen positive Gesinnung gegenüber ihrer nihilistischen Perhorreszierung als erzwungene Umkehrung des Arguments. Es ist nicht der zersetzende Nihilismus, sondern die harmonikale Doktrin der positiven ästhetischen Ordnung, welche unfähig ist, ästhetische Erfahrung zu reflektieren. Die Konterkarikatur der Ekeltechniken mißt nur den Lernort einer Komplexitätssteigerung des Rezipienten, der an der Kunst bestenfalls lernt, Wirklichkeit strategisch zu betrachten. Die Avantgarden rechnen heute zum Fundus des ästhetischen Alltagshandelns. Der Verzicht der Massenkultur auf Explikation der Sprachspiele, die sie steuern, ist für den Reflektionsanspruch der bürgerlichen Kultur ein Skandal, jedoch kein Beweis ihrer Nicht-Existenz. Die vertrackte Immanenz der ästhetischen Komplexität besteht gegen diese sprachtheoretische Meta-Reflektion auf der ihr eigenen Wirklichkeitserfahrung. Technische Medien sind Metaphern für die Erzeugung und Überschreibung von Gefühlen als aktuellen Erkenntnissen. Das Verhältnis von Kunst und neuen Medien ist grundsätzlich so zu bestimmen, daß die Erzeugung poetischer Metaphern keinesfalls mit dem gesellschaftlich Imaginären identisch ist. Das Denken des Bruchs belegt die symbolische Differenzierungskraft der technischen Medienkultur. Der Verlust der Lektüre, das Verschwinden des herkömmlichen künstlerischen und literarischen Autors ist ein Moment im Kulturkampf der Gegenwart. Diese Vermutung belegt aber nicht, was sie gerne möchte: beschriebene »neue Barbarei«, sondern enthüllt, was den Kern der ästhetischen Theorie der moralisch disziplinierten Künste immer ausgemacht hat: den maßlosen Machtanspruch der Intellektuellen. Die tiefste ästhetische Provokation der technischen Medienkultur ist keine begriffliche, sondern eine soziale. Sie beendet jede Vorherrschaft der Intellektuellen in der Kulturentwicklung, auch die, welche sich im heimlichen Traum der ästhetischen Illusion von den Wirklichkeitsschäden ihres Erfahrungsdefizits zu schützen trachtet. Erst die technische Medienkultur – auf der Ebene der Dramaturgie, nicht der Motive oder Gehalte – realisiert die Versprechen des Fragmentarischen, des Einzelnen, des Heterogenen. Das bedingt, daß an ihrer zertrümmernden Schamlosigkeit sich keine kohärente Theorie mehr aufbauen läßt. Es sei denn um den Preis, die Wirklichkeit des Heteronomen zu unterbieten.

Biobliographische Notizen

Die Abgründe und Ausweglosigkeiten einer philosophischen Theorie ästhetischer Erfahrung unter Ausblendung der Massenkultur, erst recht der technischen Medien, habe ich in verschiedene Richtungen untersucht: Hans Ulrich Reck, *Grenzziehungen: Ästhetiken in aktuellen Kulturtheorien*, Würzburg 1990; ders. (Hg.), *Kanalarbeit: Medienstrategien im Kulturwandel*, Basel / Frankfurt am Main 1988; ders. (Hg.), »*Imitation und Mimesis*«, *Kunstforum* 114 (Köln 1991). Umgekehrt tragen kulturrhetorische Befindlichkeitserklärungen wenig zur philosophischen Durchdringung der Probleme bei. Prototypisch dafür erscheinen mir alle Bücher von Vilém Flusser nach seinem *Für eine Philosophie der Fotografie*, Göttingen 1983. Gute Quellen zur gegenwärtigen Entwicklung und einer heteronomen Theoriebildung liefern: Norbert Bolz, *Theorie der neuen Medien*, München 1990; Florian Rötzer, *Digitaler Schein: Zur Ästhetik der elektronischen Medien*, Frankfurt am Main 1991; Edith Decker/Peter Weibel, *Vom Verschwinden der Ferne: Telekommunikation und Kunst*, Köln 1990. Der konstruktivistische Ansatz ist mittlerweile in ganzer Breite an einer Theorie der Massenmedien konkretisiert worden: *Funkkolleg Medien und Kommunikation*, Weinheim / Basel 1990. Ältere Arbeiten werden ihre Wichtigkeit allerdings behaupten können, namentlich Harry Pross, *Zwänge: Essay über symbolische Gewalt*, Berlin 1981; Frank Böckelmann, *Theorie der Massenkommunikation*, Frankfurt am Main 1975; Alexander Kluge / Oskar Negt, *Öffentlichkeit und Erfahrung: Zur Organisationsanalyse von bürgerlicher und proletarischer Öffentlichkeit*, Frankfurt am Main 1972; Klaus von Bismarck / Günter Gaus / Alexander Kluge / Ferdinand Sieger, *Industrialisierung des Bewußtseins: Eine kritische Auseinandersetzung mit den »neuen« Medien*, München 1985. Nicht zu verzichten ist auf Einzelanalysen: Elizabeth L. Eisenstein, *The Printing Press as an Agent of Change: Communications and Cultural Transformations in Early-Modern Europe*, London / New York/ Melbourne 1979; Michael Gieseke, *Der Buchdruck in der frühen Neuzeit: Eine historische Fallstudie über die Durchsetzung neuer Informations- und Kommunikationstechnologien*, Frankfurt am Main 1991. Besondere Bedeutung kommen empirisch gehaltvollen und methodisch reflektierten Untersuchungen über die Entwicklung der visuellen Ordnung zu: Pierre Francastel, *La Figure et le Lieu: L'ordre visuel du Quattrocento*, Paris 1967; Michael Baxandall, *Die Wirklichkeit der Bilder: Malerei und Erfahrung im Italien des 15. Jahrhunderts*, Frankfurt am Main 1977; N.H. Freeman / M.V. Cox, *Visual Order: The Nature and Development of Pictorial Representation*, London u.a. 1985. Interessanter als die immanente Darstellung des motivlichen Verhältnisses von Kunst und Massenkultur (Robert Pelfrey / Mary Hall, *Art and Mass Media*, New York 1985) sind Untersuchungen über die dramaturgische Logik des Alltagshandelns, namentlich diejenigen von Erving Goffmann, *Das Individuum im öffentlichen Austausch: Mikrostudien zur öffentlichen Ordnung*, Frankfurt am Main 1974; *Interaktionsrituale: Über Verhalten in direkter Kommunikation*,

Frankfurt am Main 1971; *Rahmen-Analyse: Ein Versuch über die Organisation von Alltagserfahrungen*, Frankfurt am Main 1977. Den zur Zeit grassierenden ästhetischen und weltbildorientierten Darstellungen einer mehr oder weniger spekulativ begriffenen Computerkultur (beispielsweise J. David Bolter, *Der digitale Faust*, Stuttgart 1991) ziehe ich immer noch die allerdings wesentlich komplexeren und nicht primär mathematisch-technischen Erörterungen der künstlichen Intelligenz als Schlüssel zu dieser erkenntnistheoretischen Technologie vor: Oswald Wiener, *Probleme der künstlichen Intelligenz*, Berlin 1990; Herbert A. Simon, *Die Wissenschaften vom Künstlichen*, Berlin 1990. An die Seite der zu Recht bekannten, a-moralischen Darstellungen der Wechselbeziehungen von Krieg und Medien (Friedrich A. Kittler, *Grammophon, Film, Typewriter*, Berlin 1986; Paul Virilio, *Krieg und Kino*, München 1984) sind Erörterungen von Schnitt- und Umbruchstellen im gesamten kulturellen Diskurs zu stellen (Hans Ulrich Gumbrecht / K. Ludwig Pfeiffer (Hgg.), *Materialität der Kommunikation*, Frankfurt am Main 1988; dies. (Hgg.), *Paradoxien, Dissonanzen, Zusammenbrüche: Situationen offener Epistemologie*, Frankfurt am Main 1991). Empirisch, methodisch, analytisch und visuell habe ich außerordentlich viel gelernt von der Zeitschrift *Frauen und Film* (Basel / Frankfurt am Main) und ihrer Autorinnengruppe (Heide Schlüpmann, *Unheimlichkeit des Blicks: Das Drama des frühen deutschen Kinos*, Basel / Frankfurt am Main 1990; Gertrud Koch, *Was ich erbeute, sind Bilder: Zum Diskurs der Geschlechter im Film*, Basel / Frankfurt am Main 1989). Als Übersicht über die wichtigsten filmischen Momente der semiotischen Analyse: Hansmartin Siegrist, *Textsemantik des Spielfilms: Zum Ausdruckspotential der kinematographischen Formen und Techniken*, Tübingen 1986. Für eine umfassende Medienanalyse allerdings scheinen mir allgemeine Theorien zur Symbolproduktion und zur Austauschlogik imaginativer Zeichensysteme unter Einbezug der immer symbolischen Modellierung der sozialen Strukturen, der Technologie der Arbeit und des »Interface« zwischen Kultur und Natur wichtiger als die notwendigerweise auf Teilbereiche eingeschränkten Untersuchungen der Sprache und Wirkung einzelner technischer Bildmedien. Für diese Zusammenhänge sind mir gerade für die ikonologische und visuelle Interpretation medialer Produkte und Diskurse aufschlußreich geworden u.a. Arbeiten von Niklas Luhmann, *Soziale Systeme: Grundriß einer allgemeinen Theorie*, Frankfurt am Main 1987; Rudolf M. Lüscher, *Henry und die Krümelmonster: Versuch über den fordistischen Sozialcharakter*, Tübingen o. J.; Hans Peter Duerr, *Der Mythos vom Ziviliationsprozeß*, Frankfurt am Main, bisher 2 Bände, 1988 / 1990; Mary Douglas, *Wie Institutionen denken*, Frankfurt am Main 1991; besonders aber diejenigen von André Leroi-Gourhan, *Hand und Wort: Die Evolution von Technik, Sprache und Kunst*, Frankfurt am Main 1980, und von Pierre Bourdieu, *Zur Soziologie der symbolischen Formen*, Frankfurt am Main 1970.

Zu den AutorInnen

Hartmut Böhme, geb. 1944, Professor für Literaturwissenschaft an der Universität Hamburg.

Karl Heinz Bohrer, geb. 1935, Professor für Neuere deutsche Literaturgeschichte an der Universität Bielefeld, Herausgeber des *Merkur*.

Christina von Braun, geb. 1944, Dr. phil., Filmemacherin und Autorin in den Bereichen literarischer, historischer und geistesgeschichtlicher Themen, Lehrtätigkeit an verschiedenen Universitäten in Deutschland und Österreich.

Jörg Huber, geb. 1948, Dr. phil., Publizist und Ausstellungsmacher, Dozent für Foto- und Kulturgeschichte an der Höheren Schule für Gestaltung Zürich, Leiter der »Interventionen«.

Jean François Lyotard, geb. 1924, Professor für Philosophie, gegenwärtig an der Universität Irvine (Kalifornien), Mitglied des »Collège international de Philosophie«.

Eva Meyer, geb. 1950, Dr. phil., Philosophin, Berlin, internationale Lehrtätigkeit, zuletzt in Berkeley, Kalifornien.

Hans Ulrich Reck, geb. 1953, Dr. phil., Philosoph und Kunstwissenschaftler, Dozent für Kunstgeschichte, visuelle Kommunikation, Architektur und Design an der Höheren Schule für Gestaltung Basel.

Hans-Wolfgang Schaffnit, geb. 1936, Dr. phil., Philosoph, Zürich und Meilen.

Wolfgang Welsch, geb. 1946, Professor für Philosophie an der Universität Bamberg.